조선의 힘

조선의 힘
─ 조선, 500년 문명의 역동성을 찾다

초판 7쇄 발행 2016년 6월 13일
초판 1쇄 발행 2010년 2월 15일

지은이 오항녕
펴낸이 정순구
책임편집 조원식
기획편집 정윤경, 조수정
마케팅 황주영

출력 블루엔
용지 한서지업사
인쇄 한영문화사
제본 한영제책사

펴낸곳 (주) 역사비평사
등록 제300-2007-139호 (2007. 9. 20)
주소 10497 경기도 고양시 덕양구 화중로 100(비젼타워 21) 506호
전화 02-741-6123~5
팩스 02-741-6126
홈페이지 www.yukbi.com
이메일 yukbi88@naver.com

ⓒ 오항녕 2010
ISBN 978-89-7696-535-6 03910

이 도서의 국립중앙도서관 출판시도서목록(CIP)은 e-CIP 홈페이지(http://www.nl.go.kr/ecip)에서
이용하실 수 있습니다.(CIP 제어번호 : CIP2010000235)

책값은 표지 뒷면에 표시되어 있습니다.
잘못 만들어진 책은 구입하신 서점에서 바꾸어 드립니다.

朝鮮

조선의 힘

조선, 500년 문명의 역동성을 찾다

오항녕
지음

역사비평사

프롤로그

> 비판적 사상의 과제는
> 과거를 보존하는 것이 아니라,
> 과거의 희망을 건져 올리는 것이다.

1

이 책은 500년 이상 지속했던 조선 문명의 저력을 찾는 글들로 엮여 있다. 조선인들의 삶의 양식, 생각, 제도 중에서, 돌아갈 수는 없지만 여전히 유효하다고 생각하는 몇 가지 주제를 다루어보았다.

그런데 여전히, 명시적으로나 암묵적으로, 사람들은 조선이 근대로의 전환에 실패했다는 생각을 가지고 있는 듯하다. 그러나 근대로의 전환은 시험에 합격, 불합격을 따지듯 말할 수 있는 성격의 것이 아니다. 일부만 제외하고는, 지구상에서 조선을 비롯해 대부분의 문명들이 지금 우리가 알고 있는 근대를 자신들의 미래로 생각하지 않았다. 자신이 설정하지 않은 목표나 결과에 어찌 실패와 성공이 있을 수 있겠는가? 예를 들어 길 가다 강도를 만나 상해를 당하면 그 사람에게 운이 없다고 하지, 그 사람이 실패했다고는 하지 않는다.

근대는 보편적이지 않은 목표를 보편화하는 과정이었다. 그리고 그 방법에는 당연히 식민주의와 제국주의라는 폭력성이 포함된다. 이 폭력성을 내면화하면서 사람들은 성립할 수 없는 명제를 당연한 것으로 받아들이기 시작했다. 그러면서 그 폭력성을 분석하고 그것에 저항해야 할 노고와 정열은, 실패자에 대한 모멸과 분노로 바뀌었다. 전도顚倒가 시작되는 지점이다.

2

나에게 역사공부는 크게 두 가지 의미를 지닌다. 분명 지금의 나를 형성하는 데 영향을 끼친 과거의 지층이 있다는 것, 그 지층의 탐사가 나를 이해하는 데 도움을 줄 것이라는 기대가 그 하나이다. 이런 관점에서 내가 올라간 과거가 조선 문명이었다. 또한 크로마뇽인 이후 인간의 몸뚱이는 변하지 않았다는 것, 즉 인간이 문명을 만들고 살아가는 욕망(欲)이 같다는 사실, 인간은 다른 시대에 살지만 같은 인간이라는 사실, 결국 그들이 산 흔적을 살펴보면 내가 살 흔적도 알게 되리라는 기대가 두 번째이다. 그래서 역사는 반복되지 않지만 반복되는 것이다. 유가儒家 등 제자백가諸子百家의 사상을 비롯한 이른바 고전古典에서 이런 원형들을 배우고자 했다.

그래서 나는 진보라는 근대역사학의 담론, 즉 자유와 해방의 기치 아래 가야 할 목표로 규범화된 근대의 담론과 거리를 두고 있다. 그것이 고대-중세-근대로 표현되든, 원시사회-노예제사회-봉건사회-자본주의사회(또는 공산주의사회)로 표현되든, 이는 천불 소득, 만불 소득을 외치는 구호만큼 맹목적이지는 않더라도, 억압성은 근본적으로 다르지 않다고 생각한다.

그 삶의 획일화, 동질화의 측면까지도.

이를테면 이런 것이다. 유럽 일부와 북아메리카를 제외한 지역의 사람들에게 '근대'는 '피와 오물'을 뒤집어쓰는 일 이상의 비극이었다. 아니, 그 유럽 일부와 북아메리카에서도 여성, 어린이, 노동자 등은 마찬가지로 근대의 비극을 견뎌내야 했다. 근대로의 길은 당연히 전혀 법칙이지도 않았을 뿐 아니라, 적어도 그들 대부분에게는 결코 해방도 아니었다. 이 엄연한 '사실事實'이 있음에도 아직 우리는 근대를 절대화한다. 근대의 제도, 문화, 경제, 가치 등등을. 그러나 반성되지 않은 근대는 또 다른 질곡일 뿐이다.

그래서 십 수년 전에 어렴풋이 감지했던 근대문명에 대한 불안감은 단순히 청년기의 예민한 감수성의 산물만이 아니라는 것을 확인하고 있다. 그 불안감과 불확실한 공포는 문명의 '진보'에 따라, 또는 자본주의의 발달에 따라 해결될 수 있는 부수적 산물이 아니다. 마치 구조조정이 가끔 있는 나사 조이기 행사가 아니라, 일상적으로 만성이 되어버린 요즘의 우리 사회처럼. 이제 진보의 이미지는 마치 끊임없이 서로를 앞지르려 하는 게임 같은 것으로 바뀌었고, 그 게임에서 한순간이라도 방심하면 돌이킬 수 없는 패배와 취소할 수 없는 추방으로 이어진다.

3

종종 오해하는 것 중의 하나가 '식민주의'의 본색에 대한 것이다. 식민주의는 역사학에서 식민사관으로 나타났다. 그런데 이 식민사관을 가볍게 생각하는 분들이 많은 것 같다. 그래서 이제 식민사관은 극복되었다고 착각하는 분들도 많은 듯하다. 내가 보기에는 결코 '아니다'. 여전히 그 담론에 포섭되어 있다. 식민지의 지식인을 포함해 독립성을 상실한 인민들에게 '너희들의 유전인자에는 원래 사대주의의 피가 흐르고 있었다'는 세뇌는 마치 상처를 다시 후비는 일이었다. 조선이 망해서 식민지가 된 것은 엄연한 사실이었으므로, 그들에게 조선은 더 이상 방패가 아니었다. 저주의 대상이 되었다. 그래서 '사대주의에 찌들었다'고 세뇌 당한 조선시대를 피해, 머리를 쥐어뜯으며 고대古代로, 고대로 올라갔다. 고대의 영광을 찾아서. 식민지시대에 그런 생각을 품었던 것은 이해한다. 문제는 요즘도 그런 콤플렉스가 계속된다는 점이다. '아! 고구려', '황제국 고려' 등, '왕년에는 우리도 ……'와 비슷한 심리이다.

이런 사대주의를 극복한다고 내놓은 대안이 '사대주의자도 있었지만 주체적인 민족주의자도 있었다'는 반론 같지 않은 반론이었다. 게다가 이 '사대-주체' 구도로 정치세력도 사상도 줄줄이 줄을 세운다. 전형적인 '콩쥐-팥쥐' 구도이다. '사대 = 나쁜 나라' 대 '주체 = 좋은 나라'. 웃을 일이 아니다. 역사 연구서뿐 아니라 대중서 역시 이 프레임에서 벗어나지 못했다.

이런 대안으로는 사대주의가 극복되지 않는다. 사대는 사실事實이므로, 이를 부정할 수 없다. 그러면 '사대? 그게 왜 문제지?' 라고 되물어보아야 한다. 요즘 하는 말로 '쿨하게' 담론을 해소해야 한다. 하지만 이 담론을 해소하기에는 시간이 조금 걸릴 것이다.

'근대주의' 역시 우리의 눈을 왜곡시키는 데 일조하고 있다. 그렇지만 근대의 어떤 현상을 비판하면 곧바로 전통주의자로 보는 견해도 있다. 참 단순하다. 근대주의에는 목적론과 진보주의가 깔려 있다. 인류사회는 근대자본주의사회를 향해 진보해왔다는 관점이다. 분명 근대사회에는, 신분

해방, 민주주의, 의료 혜택 등, 사람들의 삶을 더욱 편안하고 쾌적하게 만든 성과가 있다. 문제는 그 근대를 절대화하는 데 있다. '근대 = 선' / '조선 = 전통 = 악'이란 도식이다. 과장이 아니다.

근대주의는 일제 식민사관의 토양이었다. 광복 이후에 한국 역사학계는 식민사관의 극복을 기치로 내걸었지만, 근대주의에 빠져 실패할 수밖에 없었다. 하나마나한 말이지만, 근대주의로 다시 근대주의(식민주의)를 극복할 수는 없는 것이 아닌가? 그래서 나는 위의 식민주의와 근대주의를 합쳐 '범식민주의'라고 부른다. 이렇게 이름 지으니 가슴이 아프다. 사실은 식민사관을 극복하려던 선배 학자들의 치열한 노력을 오랫동안 듣고 보아 잘 알기 때문이다. 그렇기에 나의 평가는 그 노력에 대한 매도일 수도 있다. 그러나 매도가 아니다. 담론이 식민주의 프레임에 갇혀 있다고 말할 뿐이다. 이 프레임을 깨면, 그간의 성과가 훨씬 더 선명하게 왜곡 없이 드러나리라고 믿는다.

진보보다 '변화와 적응'이라는 말이 역사의 표상으로 더 낫다고 나는 생각한다. 점진적이든 급격하든 변화가 생긴 뒤, 여러 가지 방법과 대안을 가지고 그 변화에 적응하는 과정. 평범하지만 그것 이상으로 역사를 정식화할 수 있을까?

여기서 한 걸음 더 나아가보자면, 사람들은 어느 때에 '그런대로 살 만하다'고 생각하고, 어느 때에 '못 살겠다, 갈아보자'라고 생각하는지, '그런대로 살 만하다'고 생각하는 세상은 어떤 세상인지, 하는 것도 역사공부에 들어갈 것이다. 난 연산군대나 광해군대를 공부하면서, 연산군이나 광해군이 쫓겨나는 게 당연하다고 수긍하기보다도, 도대체 왜 사람들은 조짐이 있을 때 갈아치우지 못하고, 무려 10여 년 이상 그런 형편없는 '정치'를 견디며 살았는지 이해가 가지 않았다. 그리고 둘러보니, 그런

시대는 널려 있었다. 결국 질문만 남았다. 사람들은 어떤 조건에서 적응하고 살며, 어떤 조건에서 저항하고 변화를 꿈꾸는가?

4

통상 제도사는 재미없다고 한다. 그러나 우리의 모든 삶은 제도를 통해 이루어진다. 재미의 문제가 아니라는 뜻이다. 우리가 알고 컨트롤해야 할 삶의 조건이다. 아니면 우리가 소외된다.

1장에서는 조선 문치주의의 핵심인 경연을 다루었는데, 약간 어깨에 힘이 들어간 느낌이다. 그래도 중요하다. 권력에 대한 통제를 제도화하는 방법을 보여주고 있기 때문이다. 군주제와 대통령제 사이에 어느 제도가 더 책임성이 높은가는 그 권한과 권력에 대한 '관리 방법'에 달려 있다. 언제부턴가 조선 정부를 이끌었던 문치주의의 '트로이카'라는 말을 썼는데, 비평과 탄핵을 직임으로 하는 언관言官, 기록만을 직임으로 하는 사관史官, 그리고 1장에서 다루는 경연관을 말한다.

2장은 위의 트로이카 중 사관들이 남긴 『조선왕조실록』이라는 조선의 인프라에 대해 쓴 글이다. 조선시대의 유산 중 가장 익숙한 대상이면서도 의외로 아는 분이 많지 않았다. 안다고 생각했지만 아는 것이 아니었다. 실록은 인프라가 진정으로 무엇인가를 보여주는 문화유산이다. 실록은 하나의 시스템이다. 실록 없이 조선 문명은 생각할 수 없다.

3장은 '예치와 법치', '헌법과 경', '헌법과 강상' 등이 주제이다. 고등학교 교사인 아내가 수업시간에 학생들에게 읽게 했는데, 학생들이 과거와 현재의 문화적 차이를 이해하는 데 매우 유용했다고 한다.

4장은 대동법의 실시에 대한 내용인데, 다른 연구의 도움을 많이 받았다. 물론 원래 대동법에 대해 내가 쓴 논문도 있어서, 그것으로 대략의 윤곽과 아이디어를 언급했지만, 다른 학자들의 후속 연구가 없었으면 이 글은 불가능했다. 이 글을 위해 파일까지 내준 분들에게는 미주에 달아 고마움을 대신했다. 대동법을 주제로 잡은 이유는, 국정 시스템의 혁신이 무엇이고, 어떻게 이루어져야 하는가를 보기 위해서였다. 그 과정에서 대동법 추진 주체에 대한 오해를 바로잡을 수 있었고, 이른바 '정책'이 무엇인지 생각해보는 기회도 되었다. 요즘 정부가 하는 작태와 조선시대 관료들이 대동법을 추진하는 자세를 비교해보라. 절대로 '역사가 발전한다'는 등의 말을 함부로 꺼내기 어렵지 않을까 한다.

5장은 조선 문명을 이끌어간 사상인 성리학에 대한 글이다. 내가 발견한 성리학은, 중용中庸과 민民을 키워드로 하는 매우 일상적인 학문이었다는 것이다. 물론 긴장된 일상이다. 뭇 생명이 그렇듯이. 정확히 말하면, 일상과 경세經世의 사상이지만, 여기서는 성리학의 일상성에 주목하면서, 조선 사상사의 정통과 이단, 조선성리학과 양명학, 성리학과 실학 등 기존 조선사상사의 이해 중에서 재고가 필요한 논제를 소개했다.

6장과 7장은 조선에 대한 전도된 표상의 사례를 다루었다.

먼저 6장에서는 광해군에 대한 논의를 다루었다. 자료를 정리하면서 나는 경악했다. 석연치 않은 생각은 있었지만 막상 뚜껑을 열어보니, 그동안 광해군을 띄우기 위해 동원된 사실과 논리의 왜곡은 혹세무민이라는 낡은 단어를 떠올리게 했다. '이렇게 역사를 공부하면 안 된다'는 걸 보여주는 종합선물세트였다. 관심이나 가치관에 따라서 생긴 관점의 차이는 있을 수 있다. 그러나 관점의 차이가 사실과 논리의 왜곡에 의해 빚어졌다면?

그건 경우가 다르다. 근거와 상식의 문제이기 때문이다. 광해군 시대에 대한 이해는 조선시대를 보는 관점을 규정하는 핵심 주제이기도 하다.

7장도 6장의 연장에서 사실과 논리에 왜곡과 오류가 있는 관점에 대한 문제제기이다. 우연히 보았던 〈한겨레〉에 실린 한승동 기자의 책소개 기사와, 이덕일의 〈한겨레21〉 칼럼이 계기가 되었다. 그 글들을 보면서 조선시대 사람들에 대한 인식이 '콩쥐-팥쥐' 구도와 무척 닮아 있다는 생각을 했는데, 그 뒤 '콩쥐-팥쥐'론은 내가 한국 역사학을 설명하는 유용한 구도가 되었다.

2009년 7~8월, 〈한겨레〉에 이덕일이 연재하는 글에 대해 비평을 한 적이 있는데, 그 상세한 전개는 7장 말미에서 확인할 수 있다. 나의 비평, 이덕일의 반론, 나의 재반론으로 이어졌다. 그런데 논쟁을 유도하기 위해 기획했다던 〈한겨레〉 문화부에서는 막상 논쟁에 불이 붙으니까 서둘러 판을 거뒀다. 이때 2년 전에 내가 쓴 글이 결코 우연이 아니었음을 알게 되었다. 이번에도 한승동 기자는 이덕일이 연재한 그 글들을 묶어낸 책을 아무런 비평 없이 충실하게 인용하며 전면으로 소개해주었다. 같은 책에 대해 〈경향신문〉이 균형을 갖춰 소개하려는 태도와는 사뭇 달랐다.

8장에서는 단종과 사육신의 복권을 다뤘는데, 바로 이 시기가 다름 아닌 장희빈과, 서인(노론)과 남인이 엎치락뒤치락했던 환국換局이 등장하는 숙종 때였다. '망해가는' 것으로 알고 있던 시기에 조선식의 '역사바로세우기'라고나 할 일이 이루어졌다는 것은 충격이었다. 200년이 훨씬 더 걸린 이 쾌거는 '냄비근성'이 조선인들의 유전인자가 아니라는 것을 여실히 보여준다.

5

　이왕의 조선 역사를 이해하는 관점이나 해석에 동의하지 못하는 데가 꽤 있기 때문에, 즉 조선 역사에 깨진 데가 많다고 생각하고 이 글을 썼기 때문에, 독자가 읽다보면 이미 알고 있는 사실이나 해석과 차이가 있는 경우가 많을 것이다. 특히 독자들이 내가 '범凡식민주의'라고 부르는 '식민주의'와 '근대주의'에 오염되어 있다면 더욱 그럴 것이다. 그래서 읽는 동안 불편할지도 모른다. 흔히 "진실은 불편한 것"이라고 말한다. 그러나 이 말에 기대어 나의 견해를 합리화할 생각은 없다. 그건 오해이기 때문이다. "정작 불편한 것은 편견이다."

　이 책에 실린 글들은 깨어진 거울을 맞추어가면서 나의 삶과 우리 사회에 이리저리 비추어본 사유와 실험의 흔적이자, 후속 연구를 위한 아이디어를 모아놓은 연구노트이기도 하다. 나는 조선에 대한 긍정, 부정 이런 것에 관심 없다. 거듭 말하거니와, 거기에 숨겨진 내 질문은 이렇다. 사람들은 언제 행복해하고 편안해할까? 힘든 세상에 산다면, 어디까지 견딜 수 있고 왜 견디는 걸까? 사람들이 '그래도 살 만하다'고 느낄 수 있는 세상을 만드는 데 역사학이 기여할 수 있는 것은 무엇일까? 등이다. 막연한가? 이 질문이 막연하다면, 그것은 인생을 막연하다고 생각하기 때문일 것이다.

　이 책은 원래 『역사교육』에 연재한 글을 바탕으로 엮은 것이다. 연재를 시작한 지 얼마 안 되어, 역사비평사의 조원식 실장으로부터 전화가 왔다. 책 출간을 협의하자는 연락이었다. 만났다. 그리고 곧 벗이 되었다. 책 이야기, 역사 이야기만으로 안주는 충분했다. 고마웠다.

　그리고 무엇보다 흔히 하는 주문, '쉽고 재미있게 써 달라'는 주문을 하지 않았다. 요즘 나는, 어려운 것은 어렵게, 쉬운 것은 쉽게 전달하는 것이 좋은 글이자 선생이라는 생각을 한다. 어려운 것을 쉽게 전달할 방법은 없다. 어려운 것은 어려운 것이다. 그래서 어렵게 배워야 하는 거다. 어려운 것을 쉽게 설명했다는 것은, 그것이 본디 어려운 것이 아니라 쉬운 것이었기 때문이다.

"대중화란 진지한 학문이 갖는 위대한 휴머니즘적 전통의 일부분이지, 단순히 즐거움이나 이익을 위해 쉽게 고쳐 쓰는 훈련이 아니"라는(S. J. 굴드) 내공 깊은 말을 흉내 내려는 것이 아니다. 어렵고 복잡한 것을 쉽게 단순화하려는 욕구는 피할 수 없다. 다만, 피하더라도 그게 뭔지 알고나 피하자는 것이다. 자칫 그 과정에는 종종 모종의 '야합'이 개입할 수 있다. 이 책의 본문 중에서 내가 날카롭게 반응하는 데가 있다면, 그것은 이런 '야합'이 개입했다고 생각되는 논의나 주제일 것이다. 그리고 그것은 바로 나 자신에게서도 그런 '야합'이 감지되었기 때문이다.

6

뜰 앞의 감나무를 본다. 지난 가을에도 감이 익었다. 시식은 까치와 참새들이 먼저였다. 주인을 잘못 만난 감나무이건만 그래도 때가 되면 수확의 기쁨을 안겨준다. 내내 농약을 치지 않고 버티다가 허옇게 깍지벌레가 기승을 부려 얼마 전에 할 수 없이 약을 쳤다. 이제 감나무에 다시 감이 열렸다. 한 친구는 올해 쉬는 해이고, 한 친구는 회춘이라도 하듯이 잎도, 열매도 무성하다. 높은 데 있는 것을 빼고는 따서 여기저기 돌렸다. 미안하다. 거름도 제대로 못 줬는데.

이 책의 집필을 전후해 내 학문이 다소 변할 듯한 느낌이다. 수유너머

연구실에서 루쉰魯迅 공부를 계기로 시작된 전환이다. 이런 게 인연인지 모르지만, 역사비평사 김백일 대표는 루쉰에 정통한 학인이었다. 그 빌미로 원고를 디밀었다. 이 업은 감 몇 개나마 편집부에 드리는 것으로 덜었다. 그리고 이제 다른 저자들이 편집부에 감사하는 이유도 알게 되었다.

반짝이는 감나무 잎을 상상하며
오항녕 씀

차례

조선의 힘

프롤로그 | 5

1장 문치주의의 꽃 | 22

역사의 쓰임새 | 제도사는 재미없다? | 왕정은 '전제적'인가 | 정치제도의 두 유형 | 겸직의 의미 | 문한관서의 구조 | 경연, 성경聖經을 공부하는 자리 | 어떤 이상주의 | 서연, 세살 버릇 여든까지 | 경연經筵의 조직 | 주무관서 홍문관 | 성인聖人 만들기 | 세습과 시험의 공존 | 교과서, 몸의 훈련 | 경연의 한 모습 | 전쟁 중에도

2장 실록, 그 돌덩이 같은 저력 | 54

실록 맛보기 | 실록의 탄생과 진화 | 죽음과 역사: 상례와 실록 편찬 | 배제와 비장秘藏 | 선입견의 재음미 | 상상의 추체험 | 실록청의궤實錄廳儀軌 | 편찬 프로세스 | 풀리지 않는 의문 | 세초洗草와 상전賞典 | 실록과 정통성

3장 헌법과 강상綱常 | 78

트랙터와 호미 | 진화와 적응 | 『경국대전』, 대전에서 편고便考까지 | 『경국대전』과 정부조직법 | 헌법과 역사성 | 거주 이전의 자유 | 예치와 법치 | 전환에 대한 어떤 해석 | 헌법과 경經 | 강상綱常이란 말 | 누군가는 가슴 뜨끔할 본의 | 어리석은 아들 | 답답한 이유 | 강상의 회복 | 예禮의 자기화

4장 대동법, 혁신하는 시스템 | 112

오래된 궁금증 | 둘 다 공론입니다 | 외삼촌의 숭어 | 공물 변통의 두 방향 | 연산군에서 율곡으로 | 실은 200년 | 왜곡된 대동법 추진 주체 | 광해군과 방납 커넥션 | 좌절된 대동법 시행 | 가타가이의 웃음 | 다시 시작된 대동법 논의 | 삼도 대동청의 실패 | 비전과 여건의 마련 | 호서대동법 | 구조의 재조정 | 그럼 우리도_호남대동법 | 연해에서 산군으로 | 공안개정론의 아쉬움 | 긴 여정과 기억

5장 오래된 미래, 조선 성리학 | 152

태동기의 현실 | 유가儒家의 르네상스 | 재역전의 기획 | 유한자의 두려움 | 안티노미 | 사상의 구체성 | 학문 센터의 이동 | 조정에서 쫓겨나고 | 현실주의와 이상주의 | 이젠 끝장인가보다 | 퇴율의 대비 | 전습록 독후감 | 딛고 선 땅이 다르기에 | 훈련된 인격이 필요하다 | 일찍 일어나기 | 체계성과 문제의식, 농담 하나 | 사단칠정논쟁 | 시냅스와 경敬 | 논쟁, 긴장의 힘 | 주리와 주기 | 사문난적에 대한 오해 | 식민주의 이데올로기를 넘어

6장 부활하는 광해군 | 196

혹세무민 | 왕대비 교서 | '백성들에게 은택을 입힌 임금'이 되다 | 형, 임해군 | 동생, 영창대군 | 어머니, 인목대비 | 짓고 또 짓고, 끝없는 궁궐 공사 | 국방비를 초과하는 공사비용 | 거두고 또 거두고 | 대명 관계 | 소심한 제국 | 강홍립에게 내린 지시 | 기회주의 외교 | 사료의 왜곡, 해석의 왜곡 | 내정內政과 외교外交 몰개념성 | 왜곡과 축소 | 결과론과 패배주의 | 식민주의 프레임 | 내면화와 미래 | 사대事大와 사소事小 | 광해군을 제자리로

7장 당쟁과 기氣에 대한 오해 | 242

거울鑑과 대화 | 부정적 접근과 불임의 논법 | 적극적 접근의 전망 | 질투의 화신 선조는 못 말려 | 점입가경 | 또 다른 희생자, 선조 | 사라진 침략과 전쟁 | 불쌍한 전근대 | 기철학과 주기론 | 가상의 끝쥐를 만들고 | 부활! | 왜 조심해야 하는가
【부록】 이덕일 소장의 '십만양병론 및 송강행록 조작설'에 대한 비판
        이덕일 소장의 반론에 대한 재반론

8장 역사 바로세우기 ─ 단종과 사육신 | 282

청령포 단상 | 궁금해진 상식, 노산군과 단종 | 반성의 실마리 | 연도, 그 시간 구획 | 합수부장과 9사단장 | 선위禪位의 명분 | 그 어려운 첫걸음 | 찬탈은 간신을 낳고 | 중종반정 이후 | 거스를 수 없는 대의 | 끊이지 않는 문제제기 | 군君에서 대군大君으로 | '단종'으로, '충신'으로 | 냄비근성은 유전자가 아니다 | 고운 님 여의옵고

에필로그 | 309   미주 314

1장 문치주의의 꽃

역사의 쓰임새

도대체 역사는 어디에 쓰는 것이냐는 천진스런 아들의 질문에, 답으로 책 한 권을 썼던 역사학자 마르크 블로흐(Marc Bloch)[1]를 떠올리지 않더라도 우리는 종종 역사에 대한 이런 물음에 맞닥뜨린다. 며칠 전 한 지기知己도 비슷한 말을 했다. "모든 역사책의 서문에 보면 과거를 교훈삼아 현재의 우리를 알고 운운으로 시작하는데 ……" 라는 그의 말은 굳이 말끝을 기다리지 않아도 무슨 말인지 알 수 있었다.

나는 이 자리서 이런 양면성을 띤 — 근원적이기도 하고, 현상적이기도 하다는 점에서 — 질문에 대해 길게 논할 필요를 느끼지 않는다. 다만, 반성이 결여된 삶 속에서는 어떤 질문도 의미가 없다는 말이 틀리지 않다면, 적어도 우리 역사를 반성해가고 있는 노정에서 조금씩 자연스런 답이 나오리라 기대할 뿐이다.

조선 건국 후 고려시대를 정리하는 의미에서 시작되었던 『고려사高麗史』의 편찬이 끝나자, 편찬책임을 맡았던 정인지鄭麟趾는, 아니 정확히 말하면 수양대군首陽大君(세조)의 왕위 찬탈에 협력한 뒤에, 원래 편찬책임을 맡아 『고려사』를 완성했던 김종서金宗瑞의 전문箋文을 자기 이름으로 바꿔치기했던 정인지는, 그 전문 첫머리에서 편찬의 의미를 이렇게 말했다.

> 새 도끼자루를 다듬을 때는 낡은 도끼자루를 보아 기준으로 삼고, 뒤에 오는 차는 앞차가 가는 것을 보고 자신의 경계를 삼는다 하니 …….[2]

흔히 근대에 들어와서야 비로소 역사 연구와 그 효용에 대해 큰 발견이 있었다고 생각한다. 그래서 전통시대의 역사를 '포폄을 주로 하는 도덕주의'라고 규정하기도 한다. "베른하임이 '발생적(genetic)'인 설명의 기능을 근대 역사학에 귀속시켜, 마치 근대 역사사상이 이전 시대에는 알지 못했던 보다 고급한 원칙에 바탕을 두고 있는 것처럼 생각한"[3] 데서 시작된 것으로 보는 이런 오해를, 한국 역사학계가 전통시대 역사학에 대해 반성 없이 반복하고 있다.

역사 연구와 그 효용은 보편적이라고 생각한다. ① 과거의 이러저러한 사실들을 알고자 하는 욕구, ② 삶에 필요한 유용한 교훈을 얻고자 하는 욕구, ③ 과거 사실을 통해 현재 사실(문제)의 기원을 찾고자 하는 욕구가 그것이다.

①은 호기심이자 박물학적 취미일 것이며, 언제 어디서나 생길 수 있는 욕구이다. ②는 '교훈을 찾는 도덕주의'로 해석될 수 있는 요소를 가지고 있으며, 연구대상에 대한 특정한 목적과 이유를 수반한다. 그러나 그것은 인간으로서의 보편성에 기반한 관찰이다. ③은 우연과 필연을 탐색해 인과성을 찾는 노력이다. 시대적 인접성 또는 내적 연관성이 전제가 된다.

물론 위의 세 요소가 중첩되어 우리의 역사 연구 활동을 형성한다. 비중으로만 말하자면, 지금 다루는 조선 정치제도의 특성에 대한 논의는 ②의 욕구에 해당된다.

제도사는 재미없다?

정치제도라고 하면 사람들은 무슨 관직이나 관청을 외우는 일로 생각한다. 나도 마찬가지였는데 요즘 생각이 바뀌었다. 1999년부터 약 3년, 다시 2005년부터 약 2년간 행정자치부 국가기록원에서 관료생활을 한 적이 있다. 조선시대 사관제도의 성립 과정을 학위논문으로 썼던 나로서는 공직 경험이 관료제를 이해하는 데 큰 도움이 되었다. 실제 경험해보지 않으면 문서와 위계로 움직이는 관료제를 느끼기가 사실 쉽지 않다. 그나마 관료제에 대해서는 베버(M. Weber)의 논문밖에 아는 것이 없었던 나로서는 더욱 그러했다. 체험을 통한 실감의 중요성을 한껏 느낀 몇 년의 경험이었다.

그러면서 새삼 발견한 것은 우리 삶의 대부분이 제도의 규정 속에 놓여 있다는 것이다. 대한민국이라는 나라, 어느 학교나 회사, 관청, 가족이라는 제도 등등. 그 제도의 규정력이 너무 일상적이어서 마치 물이나 공기처럼 의식하지 못하고 사는 셈이었다. 그러나 제도가 한번 의식에 떠오르자, 그것의 엄청난 힘을 느끼지 않을 수 없었다.

여권이 없으면 바로 앞에 보이는 곳, 법무부 출입국 관리소 직원이 앉아 있는 바로 저편에조차 갈 수 없다. 그곳은 바로 보이는 곳이 아니라, 실제로는 철벽 이상으로 격절되어 있는 곳이다. 그곳은 물리적 공간만이 아니라, 제도에 의해 가로막힌 추상적 공간이기도 하다. 그 추상적 공간은 다시 물리적 공권력에 의해 뒷받침된다. 그뿐이랴, 공무원증이 없이는, 적어도 주민등록증이 없이는, 나는 청사에 출입할 수가 없다. 학생증이 없으면 학교 도서관을 드나들 수도 없고, 법이라는 제도가 승인하지 않으면 군대도 갈 수 없다. 제도는 전체였다. 〈트루먼 쇼〉⁴는 이미 벌어지고 있다.

몇 년 전에 한국사 영어교재를 만드는 팀에서 학술발표를 하길래 가서 들어본 적이 있다. 발표가 끝나고 자유롭게 묻고 대답하는 시간을 가졌다. 목차를 보니 '정치제도'의 내용이 없어서 "정치제도사가 없이 한국사 교재로 쓸 수 있겠는가, 무슨 이유가 있어서 그런 건가" 하고 물었다. 그 가운데 한 분이 대답하기를 "학생들이 재미없어 한다"라는 것이었다.

나는 순간 당혹스러웠다. 우선 학생들이 재미없어 한다는 게 집필 항목에서 빼도 될 만한 이유가 되는지, 그게 대답이 되는지 당황스러웠으나, 할 말을 잃어 더 묻지 못했다.

"학생들이 재미없어 한다"라는 대답이 나의 뇌리를 떠나지 않았다. 왜 그럴까. 우리의 일거수일투족을 규정하는 제도가 재미의 문제일까? 아니, 규정력이 아무리 커도 배울 때 재미가 없다면 우리 삶과 괴리되어 있다는 말과 같았다. 나의, 우리의 삶과 괴리되어 있다 ……. 그렇다. 일단 나의 일, 나의 문제라고 생각하면 관심을 갖게 된다. 그리고 관심이 장악력이 되고, 리듬을 타게 되면 재미가 된다.

결국 문제는, 과거의 정치제도가 지금 나와 상관이 없는 것으로 느낀다는 것, 알거나 모르거나 상관없는, 상관이 있다고 하더라도 시험 칠 때밖에 없다는 것이었다. 그러나 과연 그럴까? 이 문제는 민주주의의 제도화라는 현재 우리 사회의 과제와 직접 맞닿아 있다.⁵ 제도화되지 않는 민주화의 동력은 지속되기 힘들다. 제도가 되어야 일상이 된다.

그래서 든 생각이, 조선시대의 국가제도로서 당시의 특성을 가장 잘 나타내주는 문치주의 제도, 즉 언관言官·경연經筵·사관史官을 중심으로 살펴보아야겠다는 것이다.

왕정王政은 '전제적'인가

왕정주의자라는 비난을 받을 각오로 몇 마디 하겠다. 우리가 서양의 절대주의시대, 즉 봉건국가 말기와 근대국가의 초기에 나타나는 상비군(국군과 같음)과 관료제(공무원제도)를 기반으로 한 중앙집권적 왕권의 시대를 '절대왕정(Absolute Monarchism)'이라고 부른다. 봉건 귀족의 보수적 지지와 특권적 모험상인(그들은 당시 미숙했던 부르주아지인데, 제국주의의 선조들을 이렇게 부른다)의 계급적 이해 위에서 성립한 체제였다.

서양의 어떤 왕정도 '전제적專制的(despotic)'이지 않다. 가장 '전제적'이었을 때조차도, 그들은 '봉건적封建的(feudal)'이라거나 '절대적'이라고 학술용어로 점잖게 부른다.

그런데 이와 달리, '전제적'이란 말은 '동양'에서만 의미를 지닌다. '전제주의(Despotism)'란 말은 동양사회의 정치적 특성, 아니 단지 정치영역에 국한되는 것이 아니라, 동양사회의 일반적 특성을 설명하는 가운데 나온 '예견된' 개념이다. 한번 발음해보라. '오리엔탈 데스포티즘(Oriental Despotism)', 얼마나 부드러운가. 반면에 '웨스턴 데스포티즘(Western Despotism)'이나 '옥시덴탈 데스포티즘(Occidental Despotism)'을 발음해보라. 어색하지 않은가. 이것은 결코 장난으로 하는 실험이 아니다. 이 실험에 대해 과학적 의문을 가진 사람에게는 더 상식적인 실험을 권하고 싶다. '전제왕권' 하면 머리에 무엇이 연상되는가. 루이 14세인가? 태종太宗인가? 단연코 후자일 것이다.

이런 논법은 우리가 알고 있는 쟁쟁한 학자들, 예컨대 헤겔의 『역사철학강의』나 마르크스의 『루이 보나파르트 브뤼메르 18일』 등에 나오는 지배적인 사고경향이며 어투이다. 수리사업水利事業을 통해 중국의 중앙집권적 전제적 정치체제의 발달을 설명한 비트포겔의 방대한 저서의 제목이 바로 『오리엔탈 데스포티즘(Oriental Despotism)』이다.

이러한 사고 구조는 현재 우리의 의식 속에 확고하게 자리를 틀고 있다. 일일이 예를 들기가 버거울 정도로 우리는 우리역사를 서술하는 과정에서 '왕권'을 '전제왕권'이라고 쓰지 않으면 무슨 큰 죄나 짓는 듯이 한결같이 '전제왕권'이라 한다. 이런 생각의 기저에는 말 그대로 한 사람만이 마음대로 했고, 나머지는 죽은 듯이 살았다는 전제가 깔려 있다. 정말 그랬나? 그러면 우리 조상들은 모두 인간으로서 제정신이 아니었거나, 노예 그 자체였다는 말이다. '동양사회에서는 한 사람만이 자유로웠고, 그리스사회에서는 약간의 사람이, 그리고 게르만 근대사회에 이르러서야 모든 사람이 자유로워졌다'는 가공할 '절대정신(Das Geist)'에 대한 헤겔의 확신과 한 치의 오차도 없다. 그러니 노예처럼 살았던 조상들의 삶에서 무슨 '과거와 현재가 대화'를 할 것이며, '현실과 미래를 비출 교훈'이랄 것을 찾을 수 있겠는가. 이런 점에서 '전제적'이라는 관념을 거쳐 역사로 들어가는 한, 우리의 역사이해는 이미 그 현실적 가치를 상실하게 된다.

정치제도의 두 유형

정부조직의 성격에 따른 분류에 대해서는 다음과 같은 가설이 성립할 수 있다. 국가라는 제도의 유지와 관리를 위해 기초적인 역할을 수행하는 정부조직이 그 하나라면, 어떠한 국가나 사회를 지향하는가를 보여주는 조직이 다른 하나이다. 전자를 행정형 조직이라 한다면, 후자는 이념형 조직이라고 부를 수 있을 것이다.

동아시아 국가기구 성립사를 정리한 『주례周禮』에 제시된 군주君主 - 총재冢宰 - 6부部 체제는 대표적인 행정형 조직이다. 조직은 매우 장구한 지속성을 지녔는데, 실제로 현대사회의 정부조직도 『주례』에 나오는 정치제도의 기본골격을 벗어나지 않는다. 행정안전부가 이조吏曹이고, 교육과학기술부와 외교통상부는 예조禮曹이다. 국방부는 병조兵曹이고, 지식경제부와 금융감독원 등은 호조戶曹이다. 사회가 복잡해지면서 업무량에 따라 관청이 분화되었을 뿐 기본 구조는 같다.

그에 비해 이념형 조직은 대체로 그 국가나 왕조의 흥망과 운명을 같이한다. 의회나 선거제를 통한 조직구성 등은 근대 민주주의 사회를 대표하는 이념형 조직이 된다. 수평적이고 수직적인 상호 견제와 감시 기능의 원리에 더해, 인민 주권의 원리를 구현한 것이 근대 정치제도의 성격이다.

그런데 동아시아 중에서도 한국과 중국은 유가정치이념이 지속되어, 표면적으로는 이념형 조직이 행정형 조직과 마찬가지로 장기지속적 생명력을 가지고 있는 것으로 보인다. 경연이나 사관제도가 그러하며, 언관제도도 그러하다. 고려 - 조선으로 이어지는 문한관서文翰官署 중, 사관제도와 밀접한 연관성을 갖는 경연제도도 같은 방법으로 설명할 수 있다. 그리하여 유가정치제도가 기본인 국가나 왕조의 경우에는, 이러한 이념형 조직이 행정형 조직과 미분화되어 공존하는 경향이나, 또는 이념형 조직이라도 시대에 따른 편차가 있거나, 두 성격이 중첩된 모습으로 나타나는 것을 볼 수 있다.

그러나 이러한 측면이 있다고 하더라도, 한漢나라 때의 유가정치제도가 조선이나 송宋나라의 제도와 같을 수는 없고, 경연이나 사관제도를 공통적으로 가지고 있었다 하더라도 남종선南宗禪 계통의 불교가 주도이념이었던 고려와 성리학이 주도이념이었던 조선의 그것이 같을 수는 없었을 것이다.

법회法會를 통해 인간에 대한 철학적 질문을 해결하던 사회에서 경연이 했던 역할과, 처음부터 성학론聖學論에 입각해 수기修己·치인治人을 논하는 자리로 경연을 생각하던 사람들이 이끄는 경연이 같을 수는 없다. 또한 윤회와 해탈을 받아들였던 사람들이 가진 시간관과 현실사회를 중심으로 존재의 생멸을 생각했던 사람들이 가졌던 역사관이 같을 수는 없다. 여기에 제도사와 사상사의 접점이 있다.

조선 정치제도의 특징인 언관 및 경연이나 사관제도는 유가적 문치주의를 추구하는 이념형 조직이었다. 여기서 '문치주의文治主義'란, 먼저 '외적外敵 방어를 위해 조직된 군대를 자국 인민들에 대한 통치의 수단으로 이용하지 않는 것'을 말한다. 둘째, 적극적인 의미의 문치주의는 국가의 정책 방향이나 의사결정, 집행에서 논의와 설득에 기초한 일련의 제도적 장치가 현실적으로 작동하고 있음을 의미한다. 문치주의를 구현하는 과정에서 역할이 달랐던 언관을 제외하고, 경연이나 사관제도 등 주요 문서 작성이나 정책 논의를 맡던 관청을 합해 흔히 '문한관서'라고 불렀다. '붓을 들고 일하는' 관서라는 의미였다. 이들 문한관서들은 기구의 변화나 기능에서 매우 밀접한 연관성을 보이고 있다.

겸직兼職의 의미

조선의 정치제도는 고려시대의 연장이며, 더 멀리는 유교정치의 제도적 전범이라고 할 수 있는 『주례周禮』에 기초했다. 그러므로 서로 비슷한 제도도 있다. 인간이 만들고 살아가는 국가나 사회의 제도가 과연 얼마나 다를 수 있을까 하는 데 생각이 미치면 그 유사성은 어느 정도 수긍할 수 있다. 현재 공무원은 10급까지 있는데, 조선시대에도 비슷하게 정正·종從 9품으로 나뉘어 있었다.

그런데 조선의 법전인 『경국대전』을 보면, 한 가지 흥미로운 사실이 발견된다. 그것은 다름 아닌 한 사람이 다른 관직을 동시에 같이 맡는 겸직제兼職制이다. 아직 학계에서도 겸직제의 의의에 대해서는 합의된 견해가 없는 상황이다. 영의정領議政 등 삼정승을 중심으로 한 도제조都提調·제조의 겸직은 행정적 관리 책임을 나타내는 상징적 의미가 강하다. 흥미로운 것은 그 밖의 겸직이다. 우선 문제가 되는 것은 관원 전원이 겸직인 직책인데, 바로 경연經筵을 담당한 홍문관과 역사를 다루는 춘추관春秋館이다. 경연은 국왕과 함께 공부하고 — 실제로는 가르치고 —, 국가 정책에 발언권을 가진 공직자가 모이니만큼 그 자리에서 중요한 국가 정책이 논의되기도 했다. 경연은 전원 겸직으로 구성된 관서였지만, 이를 담당하는 핵심부서는 홍문관弘文館(별명은 옥당玉堂)이었다.

춘추관은 역사를 편찬하는 기관이다. 마찬가지로 전원 겸직이다. 실제 관원의 핵심은 예문관의 참외관參外官(7품 이하관)이다. 예문관은, 당상관堂上官 이상은 국가 주요 문서를 담당했고, 하급관리는 사관史官인 이원적 체제로 운영되었다. 이들은 참외관이면서 조선왕조 내내 『조선왕조실록』의 인사기록에 항상 등장했던 존재들이다.

이쯤에서 겸직 중에 뭔가 하나가 빠졌다는 느낌을 가질 것이다. 그렇다. 하나가 빠졌다. 앞서 조선의 정치제도 중에서 경연제도·언관제도·사관제도를 다루겠다고 한 뒤 겸직 얘기를 꺼냈고, 그러다가 경연과 춘추관을 설명했으니, 빠진 것은 언관이다.

유가 정치관에서 보면 모든 관원은 언관이다. 사헌부司憲府와 사간원司諫院을 합쳐서 '대간臺諫'이라 부르고 독립된 관청으로 있었지만, 누구나 관직에 있는 이상 언관이었다. 그러므로 경연과 춘추관을 설명했던 방식으로 언관도 설명할 수 있다. 언관은 모든 신하의 겸직이다. 그 핵심 관원이 대간이다.

겸직은 관료제의 미분화란 관점에서 생각해볼 수도 있다. 일이 많지 않은 시대에 굳이 관직마다 사람을 둘 필요가 없었을 것이다. 참고로『경국대전』에 실려 있는 관직대로 공무원 수를 뽑아보면 대략 5천 명이 조금 넘는다. 중종대에 조선 인구가 약 1천만 명이었으니, 인구 2천 명당 공무원이 1명꼴인 셈이다. 현재 한국의 공무원 수는 약 90만 명이다. 총인구를 4천 8백만 명으로 잡으면, 인구 5십 명당 1명인 셈이다. 조선시대에도 국가비용 절감이라는 차원에서 겸직이 논의되고 있음을 종종 확인할 수 있다.

정치권력의 배타성에 주목하는 학자들은, 지배층이 권력을 장악하고 유지하는 데 겸직제가 유효한 수단이었다고 해석한다. 양반 중심의 권력유지라는 지상 목표를 효율적으로 수행해준 것이 겸직이라는 뜻이다. 일견 일리가 있어 보이는 이 해석은 다소 재고가 필요하다. 왜냐하면 겸직을 통해 다른 계층이 권력중심으로 진입하는 것을 차단하려 했다고 해석하기에는, 겸직에 해당하는 관원이 그다지 많지 않았기 때문이다. 행정상의 책임을 지기 위한 겸직인 제조提調 등을 제외하고, '이념형' 제도의 겸직만 따져보면 많아야 수십 명이다.

결국 조선시대의 겸직제에 대한 일반론적이고 부분적인 이해는 가능하겠지만, 그 역사적 성격의 전체 모습은 아직 뿌옇게 남아 있다. 이제부터 그 안개 속을 조금씩 헤쳐 가보자.

문한관서文翰官署의 구조

어느 사회의 제도든지 두 측면이 있다. 행정을 실현하기 위한 제도와 그 사회의 이념을 실현하기 위한 제도가 그것이다. 지금의 행정부가 전자라면, 입법부와 사법부는 후자가 될 것이다. 입법부와 사법부는 법치주의에 기초한 의회정치라는 근대국가의 이념을 실현하고자 하는 제도이다. 조선시대에도 현재 행정부에 해당되는 의정부議政府와 육조六曹가 있었던 한편에, 경연관·언관·사관이 그 시대의 이념을 실현하기 위한 제도적 장치로 기능하고 있었다.

그런데 이 세 관서 사이에도 중층성이 눈에 띤다. 경연관과 언관은 당대의 (contemporary) 현실에 주된 관심을 갖는 데 비해, 사관은 인간 삶의 연속성과 그 연속성 속에서 이루어지는 평가에 관심을 갖는다. 이렇듯 경연관·언관과 사관은 횡橫·종從으로 얽혀 기능하도록 짜인 정교한 구조였다.

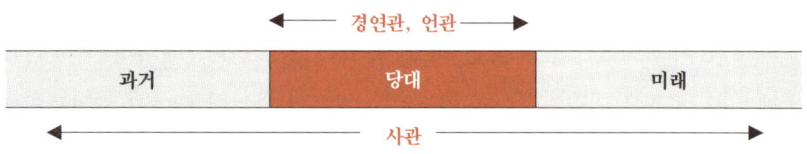

겸직이 조선이라는 국가를 움직여가는 이념의 제도적 표현이라면, 이들 관청에 대한 이해를 통해 우리는 조선이라는 나라를 좀 더 분명히 이해할 수 있을 것이며, 처음에 제기한 '전제왕권'이라는 판단의 타당성도 검증할 기회가 될 것이다.

제도 일반의 성격을 '행정의 실현'과 '이념의 구현'이라는 두 측면으로 갈라볼 수 있다면, '행정의 실현'은 역사적으로 장기지속적이며 각 시대별 구조를 비교해보아도 차이보다는 유사성이 눈에 띤다. 한편, '이념의 구현'은 조직의 성격이나 운영 방향, 그리고 궁극적으로 조직의 존재 목적을 드러내주는 경향이 있어 해당 사회의 성격을 드러낸다. 우리가 밥 먹는 일을 놓고 볼 때, 음식의 조달 → 가공 또는 조리 → 차리기 → 먹기 → 처리 등의 일련의 과정이 전자라면, 어떤 음식을 어떻게 조달하고(사냥을 할지, 심어 먹을지), 어떻게 가공하며(날로 먹을지, 삶아 먹을지), 어떻게 먹고(손가락으로 먹을지, 수저를 쓸지), 먹고 난 음식과 배설물은 어떻게 처리하며(분리수거를 할지, 퇴비더미에 버릴지, 정화조를 쓸지), 왜 그래야 하는지 등이 문제되는 것은 후자이다.

이런 전제 위에서 조선시대는 의정부 및 육조의 행정 체계와, 경연經筵·사관史官·언관言官으로 대변되는 이념형 제도로 나누어 이해할 수 있다.

경연, 성경聖經을 공부하는 자리

'경연'이란 말 그대로 풀면 '성경聖經을 공부하는 자리'이다. 경전을 놓고 임금과 신하가 세미나를 한다는 말이다. 그런데 이 장면을 가만히 상상해보면 참 이상한 느낌이 든다. 공부야 집에서 각자 하면 되고, 또 그 공부한 힘으로 나라를 잘 이끌면 될 일이지, 정치하려고 모인 사람들이(그것도 임금과 신하가) 무엇 때문에 모여서 스터디를 한 것일까. 요즘 선량 중에는 보좌관과 함께 열심히 국정을 연구하는 분들도 있다지만, 그것도 그다지 일반적인 경향은 아닌 듯하다. 더욱이 최고권력자가 장관·비서진이나 자문위원들과 매일 모여, 『국부론』이나 『자본론』, 『논어』나 『맹자』, 『성서』나 『화엄경』 등을 읽고 토론했다는 말을 아직 들어본 적이 없다. '경연'이란 분명 지금 사람들에게 무척 낯선 어떤 것이다.

흔히 세계를 바꾸는 방법으로 교육과 혁명을 든다. 근대사회로의 전환이 프랑스혁명과 계몽주의라는 양대 축을 돌면서 이루어졌던 것을 떠올리면 될 듯하다. 마찬가지로 전통사회에서도 이런 이해는 진작부터 있었다. 동아시아에서 2천 년 이상 주도적 이념으로 역할을 해온 유학儒學의 경우도 예외는 아니다. 비중은 아무래도 교육 쪽에 더 있었던 것으로 보인다. 공자가 주유천하周遊天下하면서, 또 맹자가 제齊·양梁 등지를 오가면서 이상을 펴고자 했던 방법들은 대개 그러했다. 당시 유세객들의 논조가 외교 등의 국가정책에 초점이 놓여 있었던 반면, 맹자의 논조는 다분히 '교육적'이고 이상주의적이었다. 당장 국가의 존망이 우려되는 등滕나라에 가서 태자太子에게 진실한 마음으로 삼년상을 치러 신민臣民에게 모범을 보일 것을 충고하는 대목에 이르러 맹자의 이상주의는 극치를 이룬다.

어떤 이상주의

이상주의 얘기가 나왔으니, 잠깐 쉬어갈 겸 퀴즈 하나 풀어보자. 다음 글은 언제 누가 한 말일까. 답은 이 장 끝에 있다.

> 요즘 아이들을 가르치는 사람들은 매일 오직 글귀나 읽고 시험 답안 쓰는 연습만 시키고 있다. 그들에게 행동거지를 잘하라고 요구하면서도 막상 예의를 가르치지도 않는다. 그들에게 총명하기를 바라면서도 바른 길을 가르쳐줄 줄을 모른다. 몸을 묶어 놓고 매를 때리며 죄수 대하듯 하니, 그들은 학교 보기를 감옥처럼 하고 가기를 싫어한다. 선생 알기를 원수처럼 보고 만나려고 하지 않는다. 기회를 보아 자기들이 좋아하는 게임만 하려고 한다. 속이고 거짓말을 하고, 어리석고 용렬한 짓을 멋대로 한다.

춘추전국시대에 못지않게 바쁜 세상에 살고 있는 우리들이기에, 공자나 맹자의 이상주의는 비현실적이고 심지어는 고리타분한 견해로 비칠지도 모른다. 그러나 막상 무대를 21세기 한국사회로 옮겨 생각해보면, 그리고 그 속에서 이루어지는 교육의 문제를 떠올리면, 그 이상주의는 우리에게 너무도 현실적인 호소력을 갖는다. 적어도 교육을 걱정하는 모든 이들은 그 이상주의에서 자유로울 수 없다. 인간의 역사는 결국 이상을 실현하기 위한 끊임없는 투쟁이 아니었던가. 난세亂世란 한마디로 인간의 이상과 현실의 괴리가 견딜 수 없이 병적으로 벌어져버린 상태를 의미한다. 반대로 치세治世란 그 괴리가 있을지라도 그 때문에 건강을 상하는 일이 없는 정도로 편안한 세상일 것이다.

지금 살펴보는 조선의 경연이라는 제도는 크게 보아 위와 같은 전통의 맥락에서 이해할 수 있다. 흔히 유가의 학문을 치자治者의 학이라고 하기도 하고, 그렇기에 지배층의 이데올로기라고도 이해하는 경우가 있는데, 나는 생각이 다르다. 인간에게는 보편적인 이상이 있다. 그런데 현실사회에서 그 이상의 실현을 저해하고 빗나가게 하는 존재는 치자이지 피치자가 아니다. 물론 일반 인민들도 종종 다른 사람들의 삶을 상하게 하는 일을 저지르지만, 그런 일의 파장이나 범위는 일회적이거나 부분적이다.

반면 권력이든 부든 학식이든 가진 자들이 저지르는 폐해는 일반 인민들의 그것과는 비교되지 않는다. 이는 따로 실례를 들지 않더라도 늘 보는 일이다. 그러므로 관리 대상은 일차적으로 가진 자들에게 맞춰져야 한다는 유가의 상식은 말 그대로 상식적이다. 이런 점에서 어느 시대 어느 사회를 불문하고 치자에 대한 엄격한 훈련이 필요하다고 생각한다. 그 사례를 조선시대에서 확인하고자 한다.

서연書筵, 세살 버릇 여든까지

경연을 보기 전에 살펴봐야 할 제도가 서연書筵이다. 둘은 같은 범주에서 다뤄져야 할 제도이다. 서연 제도는 세자, 즉 장차 국왕이 될 왕자를 교육하는 것이다. 세자는 장차 국왕이 될 것이므로, 서연의 연장이 경연이라고 할 수 있다. 인격 성장은 하루아침에 이루어지는 것이 아니기에, 종신 임기가 보장된 왕조체제에서는 서연이 경연만큼이나 중시되지 않을 수 없었다.

서연을 담당하는 관서를 세자시강원世子侍講院이라고 하는데, '세자를 모시고(侍) 공부하는(講) 일을 맡은 관청(院)'이란 뜻이다. 이 관청의 목적은 '세자를 모시고 경서와 사서를 공부하면서, 인간이 살아야 할 올바른 길을 깨우치는(侍講經史, 規諷道義)' 데 있다. 도표로 서연의 관직을 알아보자.

관품	관직	비고
정1품	사師, 부傅	삼정승
종1품	이사貳師	찬성贊成
정2품	좌빈객左賓客, 우빈객右賓客	
종2품	좌부빈객左副賓客, 우부빈객右副賓客	이상은 겸직
종3품	보덕輔德	
정4품	필선弼善	
정5품	문학文學	
정6품	사서司書	
정7품	설서說書	
이상 각 1명 : 겸관 7명, 녹관 5명		

서연은 종2품 이상이 겸직이고, 실제 녹관祿官(월급을 받는 관원)은 종3품 보덕 이하이므로 종3품 아문衙門으로 분류된다. '몇 품 아문' 하는 말은 해당 관청의 녹관 중 우두머리가 몇 품인가에 따라 결정된다. 영의정 등은 의정부에서 녹을 받으므로 세자시강원의 녹관이 아니라 겸관兼官이었다. 아무튼 서연에는 겸관과 녹관을 포함해 12명이 속해 있었다. 그렇지만 실제로는 필선이나 보덕도 겸직을 하는 경우가 많았고, 꼭 관원의 정수를

채우는 것도 아니었다. 따라서 위의 도표에 나타난 조직은 다소 변동이 있을 수 있다.

서연은 세자를 교육하는 곳이기에 아무나 임명하지 않았다. 우선 문신文臣이어야 했다. 여기서 문신이란, 무신武臣과 대비되는 문신이 아니라 과거급제자를 말한다. 과거가 아닌 음서蔭敍(공신 등 조상 중에 공덕이 있는 자손을 특채하는 임명 방식) 출신은 배제되었다. 또 문신에서 사師(道之敎訓의 의미)는 영의정이 맡고, 부傅(傅之道義의 의미)는 좌·우의정이 나누어 맡는다. 흔히 우리가 '싸부님' 할 때의 사부가 바로 여기서 보는 '사'와 '부'를 합한 말이다. 한편 이상적인 사부는 덕행이 있는 노성老成(연세 지긋하고 경륜을 이룸)한 '신하'이며, 충직유도忠直有道(진실하고 바르며 학문에서 일가를 이룸)한 '학자'였다. 반드시 행실이 단정하고 바른 학자(端良正士)를 임명해 세자의 덕성을 단련해야 했다.

경연經筵의 조직

『경국대전』에 나오는 경연 조직은 다음과 같다.

관품	관직	비고
정 1 품	영사領事 3명	삼정승
정 2 품	지사知事 3명	
종 2 품	동지사同知事 3명	
정 3 품	참찬관參贊官 7명	승지, 부제학
정 4 품	시강관侍講官	
정 5 품	시독관侍讀官	
정 6 품	검토관檢討官	
정 7 품	사경司經	
정 8 품	설경說經	
정 9 품	전경典經	

앞서도 말했듯이 경연은 전원이 겸관으로 구성되었다. 경연은 정3품 아문이다. 종2품 이상(참판급 이상)은 국가의 원로급 중신들이다. 그러므로 국왕이 공부하는 자리에 있는 것은 당연했다. 답사를 가서 신도비神道碑를 보면 '영경연사領經筵事 아무개' 또는 '영춘추관사領春秋館事 아무개' 하는 글귀를 발견할 수 있는데, '영사'의 '영領'과 '사事' 사이에 경연관직의 관청 이름을 끼어 넣어 불렀다.

정3품 관직에는 승지와 부제학이 참찬관으로 참여하고 있는데, 승지는 6승지(도승지都承旨, 좌·우승지左·右承旨, 좌·우부승지左·右副承旨, 동부승지同副承旨 등 6명의 국왕 비서)를 말하며, 부제학은 홍문관 부제학이었다. 이렇게 해서 참찬관은 7명이 된다.

한편 시강관·시독관·검토관은 책을 읽고 토론하는 데 참여하는 학자들이었다. 정확히 역할이 어떻게 구별되었는지는 사료로 보아도 뚜렷하지 않다.

사경·설경·전경은 토론에 직접 참여했다기보다는 경연을 원만히 진행하기 위해 애쓴 사람들로 보인다. 책을 준비하고 간수하는 일이라든지, 서안을 준비한다든지 했으리라 추측된다. 요즘의 연구조교와 비슷한 역할을 했던 것 같다. 이들이 비록 문과에 우수한 성적으로 합격한 학자들이었다고 해도 경연석상에서는 아직 말석에 불과했기 때문이다. 또 경연에는 아무나 들어올 수 없었기 때문에 더욱 그러했다.

주무관서 홍문관弘文館

홍문관은 고려시대에는 한림원翰林院, 예문관藝文館 등의 이름으로 불렸던 관청이다. 조선시대에 들어와서도 예문관으로 칭하다가, 성종대에 홍문관이라는 이름으로 불리게 되었다. 관제官制는 시기에 따라 성격이 유사하거나 업무 분화가 그다지 필요치 않은 경우에는 통폐합을 거듭했으므로 변천사가 무척 복잡하다. 그래서 그 변화의 의미를 꼼꼼히 따져보지 않으면 자칫 무미건조하고 혼란스러워지기 쉽다. 여기서는 그런 과정을 생략하고, 일단 세종대의 집현전集賢殿도 홍문관의 전신前身이라고 할 수 있다는 정도로만 기억하면 홍문관의 전력을 짐작하는 데 도움이 될 것이다.[6]

세조는 단종을 내쫓고 경연 관청이었던 집현전을 폐지했다. 집현전을 중심으로 단종 복위운동이 전개되었기 때문이었다. 결국 세조는 조선 건국 이래 문화의 산실이자 인재 양성의 보고였던 관청을 없애버린 것이다. 성종 9년에 다시 설립된 경연 관청을 집현전이라고 하지 않고 홍문관이라고 한 것은 이유가 있다. 세조가 성종의 할아버지인데, 그대로 집현전이라고 하면 할아버지의 행적을 부정하는 것이 되므로, 시대의 요청에 따라 '집현전'에 해당하는 관청을 다시 세우되, 이름을 바꿔 '홍문관'이라고 한 것이었다.

홍문관은 '옥당玉堂'이라고도 불리며 그 별명에서 느낄 수 있듯이 대표적인 문한직文翰職으로, '청직淸職' 곧 깨끗한 인물만이 들어갈 수 있는 관직이었다. 개인적인 인격의 결함은 물론, 조상 중에 뇌물을 받은 사람이 있는 경우에도 임명될 수 없는 자리였다.

대제학은 옛날 제도에 대해 잘 모르는 사람들도 대단한 학자로 여길 것이고, 교리라는 관직도 '누구누구 교리댁' 하는 사극史劇의 한 장면에서나 혹은 살던 동네에서 들어본 적이 있는 관직일 것이다. 대제학은 '문형文衡'이라고 하여 '학자로서 모범이 되는 사람'이 맡았던 가장 영예로운 자리였다. 제학 이상은 다른 관서에 겸임했고, 부제학 이하가 전임관專任官인 녹관祿官이었다. 따라서 홍문관은 부제학의 품계가 정3품이므로 정3품 아문이 된다. 동시에 경연이 정3품 아문이 된 것도 주무관서인 홍문관의 관청 품계에 따라 결정된 것임을 알 수 있다.

관품	관직	비고
정1품	영사領事 1명	삼정승
정2품	대제학大提學 1명	
종2품	제학提學 1명	
정3품	부제학副提學 1명 직제학直提學 1명	당상관 당하관
종3품	전한典翰 1명	
정4품	응교應敎 1명	
종4품	부응교副應敎 1명	
정5품	교리校理 2명	
종5품	부교리副校理 2명	
정6품	수찬修撰 2명	
종6품	부수찬副修撰 2명	
정7품	박사博士 1명	
정8품	저작著作 1명	
정9품	정자正字 2명	

 법전에 규정된 대로 홍문관의 임무를 알아보면 다음 몇 가지로 정리할 수 있다. 우선 왕립도서관의 관장 업무인 경적經籍 관리를 들 수 있다. 또 문한文翰, 즉 문서의 작성 등 붓(翰)으로 하는 중요한 일, 예를 들면 외교문서나 제문祭文 작성 등을 이 관서에서 담당한다.

 무엇보다 중요한 것이 국왕의 고문顧問 역할이었다. 요즘으로 말하면 대통령 무슨 자문위원회 정도가 되겠지만, 차이가 있다면 명실상부名實相符 여하에 있다. 바로 이 고문 역할이 홍문관의 위상을 결정한 것이다. 나아가 이것은 홍문관이 주축이 되어 유지되는 경연의 성격을 말해주기도 한다.

 홍문관의 모든 관원은 경연을 겸대兼帶(겸임)한다. 그리고 모두 문신文臣, 즉 문과 급제한 관리가 임명되었다. 경연의 규정에도 모두 다른 관서의 관원으로 겸직시킨다고 되어 있는데, 승지를 제외한 정3품 이하의 경연관은 주로 홍문관 관원이었다.

앞서 홍문관 관원의 자격을 소략하게 말했는데, 이들에 대한 예우도 각별했다. 학문에만 매진할 수 있도록 '사가독서賜暇讀書'를 주기도 했다. 휴가를 주어 책을 읽게 하는 것인데, 요즘 대학에서 시행하는 연구년과 비슷하게 관청 업무를 보지 않고 공부만 하도록 배려한 것이다. 그리고 근무의 연속성을 보장하기 위해서 근무일수를 채워도 다른 관서로 보임하지 않고 홍문관 내에서 승진시키게 했다(次次遷轉).

『홍문록弘文錄』이란 것이 있다. 홍문관의 관원을 뽑을 때는 먼저 후보자 명단을 적어놓고, 인사를 맡은 전형관銓衡官이 합당하다고 생각하는 사람의 이름 아래 동그라미(圈點)를 치는데, 동그라미를 가장 많이 얻은 사람이 뽑힌다. 그들의 이름이 기록된 흔적이 『홍문록』이다. 이렇듯 일종의 선거방식을 택한 것은 홍문관 관원에 대한 검증이 그만큼 중요했다는 것을 뜻한다.

성인聖人 만들기

치자인 국왕에게 요구되는 자질은 기능인이나 전문가가 아니다. '한 사람이 다 잘하기를 바라지 말라(無求備於一人)'는 점에서 보면, 관리는 기능인이자 전문가여야 한다. 그러나 '군자는 한 방면에만 치우치는 전문가여서는 안 된다(君子不器)'는 관점에서 보면, 치자는 '다 잘해야 한다(不器)'. 그런데 '다 잘해야 한다'니! 어떻게 영어도 잘하고 음악도 잘하고 100미터도 잘뛰나? 어떻게 국방도 잘하고 외교도 잘하고 교육도 잘하나? 이게 다기多器(다재다능)지, 어떻게 불기不器가 되나?

그러나 옳은 말이다. 달리 말하면, '군자란 전문성으로 평가될 수 있는 차원의 인격이 아니다(君子不器)'라는 뜻이다. 여기에는 두 측면이 있다. 여러 방면에서 전문성을 나타낼 수 있는 내공이 그 하나이다. 상황과 조건에

능동적으로 대처할 수 있는 감각과 몸의 훈련이 갖추어져 있는 것이다. 둘째는, 그 내공이 갖는 보편적인 지향이다. 그리고 둘은 서로 맞물려 있다. 이것이 군자이다. 대개 소인은, 보편적 지향이 결여된 내공만 있는 경우가 많다.

이제 자연스럽게 치자의 자질에 대한 결론이 나온다. 많은 사람이 가치 있는 것으로 평가하는 덕성을 최대한 구현한 인격! 그래서 강요할 필요가 없고 풍기는 기품으로 따르게 하는 사람, 그가 통치자로 있되 있는지 없는지 모르고(不知有之) 살아도 되는 사람! 꿈같은 얘기일까? 본디 이상은 꿈이다(誠者, 天之道也). 인간은 그 꿈을 이루려고 노력하기만 하면 된다(誠之者, 人之道也).

그런데 그런 인격은 그냥 나오지 않는다. 인간이 문명의 문턱으로 들어선 이후 아마 가르쳐서 사람 만드는 일처럼 많은 고민을 던져준 주제는 없을 것이다. '전인교육全人教育'이라는 표현이 언제부터 어디서 쓰이기 시작했는 지 모르겠으나 그 문제의식은 전혀 새로운 것이 아니다. '전인교육'이라도 좋고 '성인聖人 만들기'라고 해도 좋다.

사극이나 역사소설 또는 관련 자료를 보면, 임금을 가리켜 '성군聖君' 또는 '성상聖上'이라고 부르는 것을 보게 된다. '주상' 혹은 '주상전하'라고 부르기도 한다. 참고로, 우리 귀에 익은 '전하殿下'란 말을 잠깐 보자. '전殿 아래(下)'란 무슨 뜻일까. 요즘 흔히 자신보다 나이가 많은 어른이나 스승에게 편지를 쓰면서 봉투에 '아무개 귀하貴下'란 표현을 쓴다. 그런데 이 '귀하'는 일본식 표현이고, 우리는 '안하案下'나 '좌하座下'라는 표현을 썼다. 이것은 상대방을 직접 지칭하기가 편치 않은 경우에 쓰는 표현이었다. 즉 웃어른이 사용하고 있는 서안書案(책상)이나 앉은 자리 밑에 드린다는 의미이다. 전하라 는 말은, 대개 임금이 정사를 보던 경복궁의 근정전이나 창덕궁의 인정전 같은 '전'에다가, 아래 '하' 자를 붙여 부르는 이를 낮추고 듣는 이를 높이는 말이 되었던 것이다.

다시 성군이나 성상이란 말로 돌아와 보자. 여기서 '성'은 말할 것도 없이 '성인聖人'할 때의 성이다. 그러면 성군이란 호칭은 임금이 성인이란 뜻인데, 듣기 좋으라고 한 말인가. 아니다. '내성외왕內聖外王', 곧 유가에서 왕은 성인이어야 했다. 그것은 훈련, 공부를 통해서 달성된다. 지금은 성인이 아니라도 성인이 되도록 노력하는 모습이 군주의 덕성이라고 생각했다. 결국 조선사회는 이런 군주가 가져야 할 이상적 인격을 경연이란 제도를 통해 구현하고자 했던 것이다.

세습과 시험의 공존

경연과 관련된 제도의 변화를 살펴보면, 고려와 조선 사이에는 미묘하지만 심상치 않은 변화가 눈에 띤다. 중국의 경우 송대를 거치면서 국가의 공적 영역의 지도력이 대지주나 귀족에서 관료계층으로 바뀌었는데, 관료층이란 다름 아닌 시험을 통해 관계에 진출한 사람들이다. 고려도 후기에 이르러 신진사대부라고 하는, 유가 교양과 관리로서의 자질을 과거시험을 통해 검증받은 인물들이 정계에 자리하게 된다.

'세습에서 시험으로' 공무를 담당하게 되는 이런 제도적 변화는 공무원 채용방식에서 볼 때, 인류사에 매우 중요한 획을 긋는 사건이라고 할 수 있다. 지금도 공무원을 시험으로 뽑고 있다. 우리의 주목을 끄는 것은 귀족사회라고 일컬어지는 고려시대에는 경연이 그다지 활성화되지 못했다는 사실이다. 부정기적으로 열렸고, 그나마도 무신난과 몽골의 침략 등으로 거의 기능을 발휘하지 못했다. 왜 그랬을까? 경연보다 법회가 중요했기 때문이다. 불교 사회에서는 경연보다 당연히 법회가 우선이었다.

다만 고려가 귀족제 사회라고 해도 관료제가 있었고, 조선이 관료제적 성격에서 좀 더 강한 것이지, 귀족제와 관료제가 배타적인 정치제도는 아니다. 각기 속성이 다르지만 그것은 배타적인 것이 아니라 공존 가능한 속성이었다.

귀족제(세습)에서 관료제(시험)로의 변화는 동아시아 공통의 세계사적 의미를 지니는데, 흥미롭게도 그 속에서 변화하지 않았던 것이 있다. 바로 정치권력의 가장 정점에 있는 국왕의 세습이었다. 그런데 왜 왕은 시험으로 뽑을 생각을 하지 않았을까. 과거시험에 장원을 하면 왕을 시킨다든지, 하다못해 요즘처럼 투표를 할 수도 있지 않았을까.

하지만 이런 정도는 얘기할 수 있을 것 같다. 어떤 역사적 조건이 국왕을 과거시험을 통해 뽑는 일을 막았든지 간에, 이들은 이러한 추세 속에서 국왕도 예외일 수 없는 장치를 만들어냈다. 즉 과거시험을 통해 뽑힌 사대부들이 추구한 민본주의와 왕도정치의 이상에 국왕이 동의하게 하는 장치, 그것은 말할 필요도 없이 경연이었다. 경연은 그들의 이상을 국왕에게 끊임없이 교육함으로써 동의하게 만드는 일, 아니 몸에 배게 만드는 일이었다. 조선사회에 들어와 경연이 제도적으로 완결성을 갖게 되고 활발해지는 이유는 아마도 이 때문일 것이다.

교과서, 몸의 훈련

이런 점을 분명히 이해하기 위해, 또 경연의 실제에 접근하는 한 방법으로 경연에서 읽었던 교과서를 살펴보자. 고려시대에는 주로 오경五經을 중심으로 이루어졌다가, 고려 말에 이르러 사서四書(『논어』, 『맹자』, 『중용』, 『대학』)가 언급되기 시작하면서 조선시대에는 사서를 중심으로 하되 삼경三經을 더불어 강의했다. 『자치통감』이나 『자치통감강목』, 『사기』 등의 역사책도 중요한 교재였다. 이러한 변화는 물론 앞서 언급한 관리 선발에 과거제가 중요한 기준으로 작동하기 시작했고, 사상으로는 성리학性理學이 새롭게 자리잡았기 때문이다.

조선의 학자들에 의해 성리학이 자기 식으로 이해되는 시점에 이르자, 퇴계 이황은 『성학십도聖學十圖』를, 율곡 이이는 『성학집요聖學輯要』를 저술해 왕에게 바침으로써, 국왕의 수신과 치국을 위한 자료로 삼도록 권하기에 이른다. 이것은 바로 경연의 목적, 즉 국왕을 성리학의 이상에 어울리는 인격으로 교육하려는 목적의 연장에서 나타났던 노력이었다.

『조선왕조실록』을 읽다가 궁금증이 생긴 적이 있었다. 17세기, 그러니까 인조대 이후를 먼저 보다가 나중에 조선 초기의 실록 기사를 읽어가면서 이상한 느낌이 들었다. 국왕과 신하들의 연회가 끝나면 춤을 추는 것이었다. 선조 이후에는 잘 보이지 않던 일이었다. 물론 연산군 때는 자주 나오고, 세조 연간에도 이런 기록이 나온다. 세조의 찬탈 후에, 세종의 형이자 세조의 큰아버지인 양녕대군(세자답지 못한 행실 때문에 태종에게 혼나고 세종에게 세자 자리를 넘겨줬다)이 종친과 공신을 모아놓고 연회를 베풀던 중 일어나 춤을 추었다는 것이다.

왜 한때는 잔치에서 춤을 추었고, 또 어느 시대부터 그만둔 것일까? 그 이유는 무엇일까? 이런 일련의 흐름이 조선시대 국왕의 행동거지에 대한 사회적 압력과 관련이 있는 것은 아닐까? 그렇다면 그것이 혹시 경연과 무슨 상관관계가 있는 것은 아닐까? 국왕은 말을 빨리 해서도 안 되고, 화를 내서도 안 되었다. 뛰어서도 안 되고, 칼을 잡아서도 안 되고, 안 해야 할 일이 너무 많았다. 국정의 최고결정권자인 국왕은 한마디 말이나 행동이 미칠 파장을 염두에 두고 늘 신중하기를 몸에 익히는 것이 중요했다. 중절中節, 그것은 모자라거나 넘치지 않게 늘 상황에 적절하게 행동할 수 있는 인격을 만들려는 노력, 아마 그 노력의 결과였을 것이다.

경연의 한 모습

조선 초기에 집현전의 설치로 제도화된 경연은, 단종 때 하루 세 번으로 정식화되었다. 아침 조회가 끝나고 시작하는 조강朝講, 한낮에 하는 주강晝講, 저녁 무렵의 석강夕講이 그것이다. 물론 상중喪中이거나, 공부를 할 수 없을 정도로 국왕의 건강이 좋지 않거나, 한여름 혹서기에는 공부를 하지 않았다. 그러나 이런 예외적인 경우를 제외하고는 성군이 되기 위해서 경연을 게을리해서는 안 되었다.

그러면 『조선왕조실록』의 숱한 경연 기록 중에서 경연의 실제 한 장면을 보자. 인조 원년(1623) 3월 26일에 있었던 경연이다. 괄호 안은 당시 상황의 이해를 돕기 위해 덧붙였다.

> 상이 조강朝講에 명광전明光殿(창덕궁에 있는 건물)에서 『논어』를 강했다. 시독관 이민구李敏求가 아뢰기를,
> "근년 이래 명분이 땅을 쓴 듯이 없어지고 사치가 풍조를 이루어, 노복 등의 하천배가 모두 참람한 옷을 입었는데 지금은 벗어 버리고 입지 않습니다. 이는 필시 두려워하는 마음이 있어 그러는 것이니, 이 기회를 계기로 엄금해 백성들의 심지를 안정시키지 않을 수 없습니다."
> 하고, 영의정 이원익李元翼은 아뢰기를,
> "가난한 사람은 자연 할 수 없겠지만, 가난하지 않은 자는 오직 힘만을 믿어 기탄하는 바가 없으니, 사헌부조차도 이를 금하지 못합니다. 세상의

도의가 이 지경에 이르렀으니 참으로 한심합니다."(이원익은 광해군 때 대동법 실시를 주장했던 인물이다. 인조반정 이후 다시 조정에 들어와 대동법을 추진했다. 그는 부자들이 힘만 믿고 날뛰게 된 상황을 고발했다.)

하고, 지사 신흠申欽은 아뢰기를,

"인품이 고르지 않아, 상등인 사람은 성군을 기다리지 않고도 분발하지만, 중등 이하 사람은 조정이 숭상하는 것을 보고 본받습니다. 사치와 토목 등의 일 같은 것은 오직 위에서 하는 것을 그대로 따르는 것입니다. 그러므로 본체가 단정하면 그 그림자는 자연 곧게 되기 마련입니다."(신흠은 문장으로 이름이 높았다. 그는 광해군 때 대규모로 벌인 토목공사와 사치풍조를 비판했다. 인조에게 광해군의 실정을 반면교사로 삼아 경계하라는 말이다.)

하니, 상이 이르기를,

"경들의 말이 옳다. 위에서 행하면 아래서 본받는 것은 당연한 이치이다."

했다. 특진관 이필영李必榮이 아뢰기를,

"수령은 직접 백성을 다스리는 관원이라 신중히 선택하지 않을 수 없습니다. 듣건대 어제 수령을 특별히 제수하는 명이 있었다 하는데, 이는 곧 광해군 시대의 구습입니다. 만약 공로가 있는 사람이라면 후히 상을 내리면 됩니다. 시초가 이와 같으니 말류의 폐단이 몹시 우려됩니다."(특진관은, 원래 경연관이 아니지만 덕행과 학문이 높은 사람을 경연에 초빙하는 것이다. 수령은 백성들의 삶과 직접 관련이 있으므로, 상으로 주는 자리가 아니라고 반론을 폈다.)

하고, 이원익은 아뢰기를,

"인척이 되는 사람에게 특별 제수의 명이 있었다면 이는 사은私恩인 것입니다. 새로이 시정하는 이때 의당 이와 같은 일은 삼가야 합니다."(이원익은 아예 '사사로운 은혜'라고 못 박았다. 광해군대에 수령 자리를 은銀을 바치고 얻는 일이 비일비재했다. 그렇게 바친 은은 백성들을 착취해 벌충했다. 그래서 반정 후 제대로 된 사람들을 수령으로 파견해야 한다는 여론이 높았다. 그런데 바로 전날인 25일에 반정에 참여한 공으로 심기원沈器遠의 아버지 심간沈諫과 홍진도洪振道의 아버지 홍희洪憙를 수령에 제수하라는 명이 있었다. 이에 대해 이 사실을 실록에 기록한 사관은, "조정에서 사람에게 벼슬을 시키는 것은 대중과 함께하는 것이다. 심기원과 홍진도가 큰 공이 있으나, 그 당사자에게 상을 주면 그것으로 충분하다. 어찌 그들의 아비에게 벼슬을 내려 목민관을 제수할 수 있겠는가. 반정으로 새로이 시작하는 즈음에, 당연히 지극히 공정한 조치로 시범을 보여야지, 사은私恩을 베푸는 것은 부당하다. 더구나 심간과 홍희는 용렬해 취할 게 없으며 홍희는 또 임금과 가까운 척속이다. 식자들이 잘못이라고 생각했다." 라고 준엄하게 평가했다. 이원익의 말과 궤를 같이 하는 비판이다.)

하니, 상이 이르기를,

"그들 부자가 모두 공로가 있기 때문에 이번의 제수가 있었던 것인데, 이 또한 시험해보고 쓸 만하면 쓴다는 뜻에서 나온 일이다."(심간과 홍희를 수령으로 삼은 데 대한 비판이 이어지자 인조도 일단 시험해본 뒤에 판단하자고 미루었다.)

했다. 정언 오숙이 아뢰기를,

"임금의 학문이 고명하면 궁중이 깨끗해지고 여알女謁도 자연 근절됩니다. 자주 경연을 열어 자문하기를 게을리 아니하면 폐정은 자연 제거될 것입니다."(여알은 '궁중의 치맛바람'이다. 광해군대에 왕비의 외척이나 상궁들이 협잡을 꾸미고 모략하는 데 앞장섰던 일을 경계하는 말이다.)

하고, 이원익은 아뢰기를,

"선조 대왕께서 즉위하신 처음에, 아뢰는 말을 즐겨 들었기 때문에 사람들이 다투어 진언했습니다. 지금의 조정의 신하들이 모두 착한 사람은 아니나 그들이 말하는 것은 모두가 좋은 일을 하자는 의도입니다."(신하들이 하는 말을 귀담아 들으라는 충고이다.)

하니, 상이 대답하지 않았다.(사관은 일부러 인조가 '대답하지 않았다'고 적은 것이다. 인조가 이원익의 말을 깊이 새기지 않고 있다는 것을 보여주는 기록이다.)

지평 조정호趙廷虎가 아뢰기를,

"임금이 직언을 받아들이는 것은 실로 아름다운 일인데, 전하께서 경연에 임해 문답이 적으신가 하면, 대신의 말까지도 너그럽게 받아들이는 의도가 없으십니다. 정치 쇄신의 초기에도 오히려 이와 같으니 훗날의 일이 몹시 염려됩니다."(인조의 대답이 없자 조정호가 다시 한 번 비판한다. 경연에서 문답이 적다는 것은 경연에 적극적이지 않다는 비판이다. 반정 후 경연을 몇 번이나 했다고 이렇게 인조를 다그치나 싶어 측은하다. 대신의 말까지도 너그럽게 받아들이는 뜻이 안 보인다는 말은, 바로 이원익의 말에 대해 대답하지 않은 것을 두고 직격탄을 날린 것이다. 이래서야 어디 국왕 노릇이 편하겠는가.)

하니, 상이 이르기를,

"내 어찌 듣기 싫어하는 마음이 있겠는가."(이렇게라도 대답해 포화를 피하는 게 상책이다.)

했다. 이원익이 아뢰기를,

"즉위하신 처음에 궁중에 혼탁한 일이 있다면 말도 안 되는 일입니다. 이런 폐단은 통렬히 끊어야 합니다."(뭔가 들은 소리가 있어서 이런 말을 꺼냈을 것이다.)

하니, 상이 이르기를,

"궁중이 혼탁하다는 말은 무슨 일을 지적함인가? 분명히 꼬집어 말하라." (인조가 민감하게 반응한다. 벌써 이런 말이 나오면 지도력에 치명적이기 때문이다. 아마 이원익의 말에 대답하지 않았다가 조정호에게 추궁을 당한 데 대한 부끄러움이 배어있는 반응이다.)

했다. 이원익이 아뢰기를,

"앞서 대간이 아뢴 것을 보니, 사사로운 선물을 가지고 궐문으로 들어갔다는 등의 일이 있었습니다. 이는 실로 폐조 때의 그릇된 습관입니다. 이 어찌 보고 듣기에 놀랄 만한 일이 아니겠습니까."(구체적으로 사실을 지적했다. 역시 단순히 경계하는 말이 아니었다.)

하니, 상이 이르기를,

"나 역시 그 말을 듣고 놀랐다. 이 뒤로 어찌 또 다시 그런 일이 있겠는가."(대간, 즉 사헌부와 사간원에서 증거를 갖고 있다는 데야 인조도 할 말이 없다. 인정하는 수밖에.)

했다. 이원익이 아뢰기를,

"성상의 하교가 이와 같으시니 매우 다행입니다. 임금이 허물이 있어 그것을 즉시 고칠 경우, 마치 해와 달이 일식·월식이 끝나 원상회복이 되어 광채가 있으므로 사람들이 모두 우러러 보는 것과 같습니다."(국왕이 잘못을 바로잡겠다고 할 때는 이렇게 경의를 표하는 게 예의이다.)

하고, 신흠은 아뢰기를,

"옛날에 명석한 군주를 염려하고 치세를 걱정했다는 말이 있으니, 이 말이 참으로 좋습니다. 성인은 천하의 이치를 통달하기 때문에 천하의 일을 아는 것입니다. 상께서 성심으로 학문을 하시어 현사賢邪를 분별하신다면 지치至治를 이룰 수 있을 것입니다. 선조 대왕께서는 즉위하신 처음에 하루 세 차례씩 경연을 열어 부지런히 강학하며 어진 인재를 초치함으로써 초야에 유일遺逸이 없었습니다. 이황李滉은 대유大儒로 등용되어 비록 오랫동안 조정에 머물지는 않았으나 사람들이 모두 흠모해 본받아 10년 사이에 풍속이 크게 달라졌습니다. 지금 모름지기 이를 본받아 선조의 초년으로 본보기를 삼는 것이 가합니다."(경연을 부지런히 하라는 당부이다.)

하고, 이원익은 아뢰기를,

"임금이 인재를 등용하는 방법에 있어 붕당에 구애하지 말고 쓰면 사정과 시비가 자연 판별되어, 어진 자는 자연 그 유를 따라 진출하고 불초한

자는 물러가게 될 것입니다."(붕당이 아닌, 인재 중심의 인사정책을 강조했다.)

하니, 상이 이르기를,

"붕당의 폐단은 나 역시 몹시 미워한다. 의당 사정을 따르지 말고 동서남북의 당색을 논하지 말고 오직 어진 인재만을 취할 것인바, 조정도 나의 뜻을 본받아 인물을 취사하는 즈음에 지극히 공정함을 힘써 따르라."

했다. 신흠이 아뢰기를,

"『서경』에 '사람을 알아보면 명철하다.'고 했습니다. 평소에는 사람이 모두 스스로 착한 사람이라 하나 큰 화복에 임하게 되면 흔들리지 않는 자가 드뭅니다. 이 경연에 임해 신료들이 각자 진언하고 있거니와, 그 중 귀에 거슬리는 말을 피하지 않고 하는 자는 훗날의 소위를 상상할 수 있습니다. 상께서는 의당 자세히 살필 일입니다."(신흠 역시 인조에게 귀에 거슬리는 말도 들으라고 재삼 강조하고 있다.)

하니, 상이 이르기를,

"나 역시 귀에 거슬리는 말은 사람마다 쉽게 할 수 없는 것이라 생각한다. 어제 폐주를 잘 대우하라는 윤지경尹知敬의 말은 실로 남들이 말하기 어려운 것이다. 그러므로 내가 몹시 가상히 여긴다."(이런 정도의 말을 하는 걸 보면 인조는 군주의 자질이 있었던 듯하다.)

했다.

이어서 신흠은 박지계朴知誡와 장현광張顯光을 재야에 있는 인재로 추천했고, 이로써 이 날의 경연은 끝난다. 3월 26일은 인조반정이 일어난 지 불과 13일밖에 지나지 않은 날이었음에도 경연은 열렸다. 며칠 전인 3월 22일에 홍문관에서 경연 과목을 정했는데, 아마 그에 따라 열린 경연이었을 것이다. 위 기록에서 긴장을 느꼈다면, 그것은 막 반정이 끝난 뒤의 긴장이 아니라, 경연 자체의 긴장일 것이다.

전쟁 중에도

조선시대에 겪은 가장 참혹한 전쟁을 꼽으라면 아마 임진왜란을 드는 데 주저하지 않을 것이다. 이 임진왜란 중에도 경연은 계속되었다. 국왕이 평양과 의주로 파천하는 와중에 책이 눈에 들어올 리 없건만, 이런 때일수록 공부를 계속해야 한다는 진언進言에 따라 경연이 열렸다.

그러면 누가 경연을 게을리했을까? 두 경우만 들어보자. 우선 세조는 즉위 후에 1일 3강으로 되어 있던 경연을 1일 1강으로 되돌렸다. 이어서 세조 2년에 단종복위 사건을 계기로 집현전을 혁파하고 경연마저 폐했다. 이후 양성지梁誠之(1415~1482) 등이 경연을 열자고 상소했으나, 이러저러한 이유를 들어 받아들이지 않았다. 대신 월강月講으로 대체했다. 하지만 그것은 안타깝게도 신하들의 경연 강의를 듣는 것이 아니라, 자신이 신하들을 시험하는 것이었다. 이를 '친강親講'이라 하는데, 시대에 역행하는 일이었다.[7]

『연산군일기』의 기록에 따르면, 연산군은 왕위에 오른 후 경연에 나오는 날이 얼마 되지 않아 6년 동안『자치통감강목』도 끝내 마치지 못했다는 홍문관의 상소가 있다. 이후 연산군이 경연에 나간 기록은 몇 차례 눈에 띄지만, 문제는 누가 경연을 이끌어갔느냐는 점이다. 경연에서 임금을 인덕으로 감화시키고 국가경영에 대한 전망을 부여할 인물이 없다면, 경연은 의미가 없기 때문이다.

실제로 앞서 세조가 집현전을 혁파하고 경연을 폐지한 것은, 제도적 폐지 이전에 세조의 권력찬탈 과정에서 그 제도를 이끌어갈 인물들이 이미 상당수 불운을 당했기에 가능한 일이자 결과였다. 제도의 치폐置廢도 결국은 사람의 문제이기 때문이다. 연산군 역시 연산군 4년(1498)의 '무오사화戊午史禍'에서 많은 신진 학자들이 죽거나 관직을 떠난 상황임을 전제해야, 연산군대 경연의 실상이 이해될 것이다.

우리는 지금까지 경연에 대해 알아보았다. 글의 성격상 어떤 답을 구하기보다는 해답의 통로를 발견하는 방향으로 논의를 풀어나가려 했다. 따라서 애당초 들고 나온 문제였던 '전제왕권론(Despotism)'에 대해 다음과 같은 답을 마련할 수 있다. "적어도 경연에 한해서는 조선의 왕은 전제적일 수 없었다. 경연을 거부하는 것이 전제적이기 때문이다."

조선시대의 경연에 대해 궁금하다면, 율곡 이이의 『경연일기』를 한번 읽어보기 바란다. 『국역 율곡전서』(한국정신문화연구원, 1988) 명종 20년(1565)~선조 4년(1571) 사이의 기록이다. 재미있다.

아, 앞에서 냈던 퀴즈 정답을 발표해야겠다. 답은 왕수인王守仁이다. 호는 양명陽明으로, 성리학을 혁신한 사상가이다. 그의 학문을 통상 양명학陽明學이라고 부른다. 앞에 냈던 문제는 『전습록傳習錄』에 실린 「초등교육의 핵심 의미를 선생인 유백송 등에게 보이다(訓蒙大意示敎讀劉伯頌等)」라는 글의 끝 대목이다. 종종 참교육을 지향하는 모임의 발기문이라고 혼동할 만한 글들이 옛 사상가들의 교육론에 많이 있다. 그만큼 교육문제는 시대를 초월한 보편적인 과제인 것이다.

2장 실록, 그 돌덩이 같은 저력

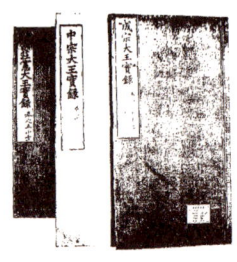

실록 맛보기

친히 활과 화살을 가지고 말을 달려 노루를 쏘다가 말이 거꾸러짐으로 인해 말에서 떨어졌으나 다치지는 않았다. 좌우를 돌아보며 말하기를,
"사관史官이 알게 하지 말라."
했다.[1]

병조 판서 조말생趙末生이 춘추관에 가서 사사로이 대제학 변계량卞季良에게 요청해 일찍이 납입한 사초를 내어다가 고쳤는데, 변계량이 여러 사관을 경계해 바깥사람에게 알리지 못하게 한 일이 있었다.[2]

이 날에 이현로李賢老가 승정원承政院에 이르러 일기日記를 보고서 장리贓吏란 두 글자를 고쳐 주기를 요청하니, 주서注書가 그 말에 따라서 중죄重罪로 고쳤다.[3]

그러나 들켰다. 역사에 들키고, 지금 이를 읽는 우리에게 들켰다. 사관에게 알리지 말라고 한 태종의 말은 사관이 듣고 실록에 적었고, 다른 사람에게 알리지 말라고 한 변계량의 경계는 아무런 효과도 없었다. 자신의 죄를 애매하게 바꿔친 이현로의 이름은 600년을 넘어 지금 우리에게 전해지고 있다.

실록의 탄생과 진화

어떤 역사적 현상이 왜 생겼는지에 대한 답은 늘 맨 나중에 나오는 듯하다. 사람들이 왜 실록을 만들기 시작했고, 어떻게 유지되었으며, 왜 사라졌는지.

개념으로 따지면 실록은 등록謄錄의 일종이다. 그러니까 책보다는 문서(또는 문서 모음) 쪽에 속한다. 보존하는 문서이다. 한때 요즘 말하는 'Archives(보존기록, 영구보존기록)'의 번역어로 '실록'을 쓰자고 한 적이 있다. 그러나 그 분야에 이해가 깊은 분들조차도 난색을 표했다. 전형적인 인상주의적 접근이다. 실록을 국사편찬위원회에서 출판한 '책'으로만 생각하고 있는 것이다. 그러면서 'Archives'의 번역어로 '사초'를 고려하는 데는 별 이견이 없다. 국가기록의 보존을 강조하면서 "사초를 보존하자"고 말한다. 그러나 사초는 원래 보존하는 것이 아니라, 실록을 편찬하고 나면 '세초洗草'해 없애는 것이었다. 그러니 보존기록을 말하는 'Archives'의 번역어로는 적절치 않다. 흔히 실록을 역사서라고 하는데, 이는 오해할 수 있는 부정확한 표현이라고 생각한다.

또한 실록이 편찬 과정, 즉 등록 과정을 거쳤다고 해서 학계에서는 이를 2차 사료라고 하는데, 나는 이에 동의하지 않는다. 문서 규격이 일정치 않았고, 보존 방법이 마땅치 않았던 시대에는 등록이 매우 보편적인 문서 관리 방법이었음을 고려해야 한다. 아직 우리에겐 낯설지만, 기록학(Archival Studies)에서 말하는 관할권(Custodianship)[4]의 개념에서 보아도, 실록은 1차 사료에 속한다는 것이 내 생각이다. 실록 편찬을 위해 사초史草나 다른 관청의 문서를 요약하는 과정은, 컴퓨터로 문서를 작성하다가 불필요한 내용이 있으면 고치고 다시 쓰는 행위와 하등 다르지 않다. 즉 역사학자들이 희망하는 자료의 순결성과, 그 자료에 대한 개념적 이해는 차원이 다른 문제이다.

실록 편찬은 조선시대 사람들의 전유물이 아니었다. 실록은 중국 당唐나라 태종太宗 때 편찬되기 시작했다. 한국사에서는 통일신라 말 9세기쯤부터 편찬된 것으로 추정한다.[5] 그러면 이 무렵 사람들은 왜 실록을 편찬하기 시작했을까? 기록의 역사를 보면, 모든 역사 기록은 늘 실용적인 목적에서 작성되기 시작했다.

우리는 당 태종을, 고구려를 침략했다가 안시성安市城 싸움에서 패퇴한 중국 황제로 기억한다.[6] 아마 우리에게 당 태종만큼 실제 역사상歷史像과 동떨어진 인상을 남긴 이도 없을 것이다. 중국사에서는 당 태종이 가장 탁월한 황제로 꼽히고 있다. 그는 당나라의 두 번째 황제로 중국 관료제를 혁신했으며, 법률과 관제에서부터 복식服飾에 이르기까지 이전과는 다른 시대를 열었다.[7] 그리고 실록 편찬은 그 결과였다. 기록할 일이 많아졌던 것이다.

당 태종은 고조高祖 이래 당대까지의 기록을 편찬하게 했는데, 그것이 실록 편찬의 시작이었다. 우리는 군주가 세상을 뜬 뒤 실록을 편찬하는 것으로 알고 있다. 그러나 실록이 처음 만들어질 무렵에는 재위 중에도 편찬했다. 대개 당나라 중엽까지 그러했다. 연호年號 단위로 편찬하기도

하다가, 이후 재위 기간 단위로 편찬했다. 아무래도 시기를 나누는 것이 가장 편한 기준이 아니었을까. 오늘날 대통령이 바뀌는 것도 말 그대로 '획기적'인데, 평생 왕좌에 있던 군주의 죽음은 말해 무엇 하겠는가.

실록은 국사國史의 대명사였다. 한 나라의 역사라는 말이다.[8] 그래서 무엇보다도 직필直筆, 즉 기록학 또는 문서학文書學의 개념으로 보면 원본성原本性(Authenticity)이 강조되었다. 왜곡되거나 훼손되지 않은 기록이어야 한다는 말이다. 믿을 수 있는 기록의 보존, 다시 말해 직필의 보존은 원본성의 유지다.[9] 이런 위상 때문에 실록은 자연스럽게 마치 사회의 신분身分처럼 그 시대 기록의 위계位階에서 '첫머리를 차지하는 등록謄錄'이 되었다.

죽음과 역사 : 상례喪禮와 실록 편찬

고려시대에도 실록을 편찬했는데, 안타깝게도 지금은 남아 있는 것이 없다. 고려와 조선의 실록 편찬에 관련된 자료를 들여다보면 흥미로운 사실이 눈에 띈다. 조선의 실록 편찬은 국왕의 승하 후 바로 시작되었던 것에 비해, 고려시대에는 몇 년 뒤에도 편찬하고 다음 왕대에 편찬하기도 하는 등 편찬 시기가 서로 달랐다. 왜 그랬을까.

조선시대에는 국왕이 승하하면 상례喪禮를 치르는 중간에 실록 편찬을 시작했다. 상례가 국가적 행사일 경우 흉례凶禮라고 불렀는데, 이 흉례에는 장례식 절차 뿐 아니라 왕위를 잇는 사왕嗣王의 즉위 절차와 예식도 포함되어 있다. 종종 장난삼아 '국왕의 즉위가 흉례인가, 길례吉禮인가' 하고 묻는다. 답은 흉례이다. 선왕先王의 장례식 과정에서 즉위하기 때문이다. 그 장례식 절차 중에 졸곡卒哭(삼우제 뒤에 지내는 제사)이 있는데, 이 졸곡을 기점으로 실록 편찬이 시작됐다. 졸곡은 국왕이 마냥 상주喪主로 남아 있으면 국정을 담당할 수 없기 때문에, 상복이 아닌 평복으로 갈아입고 국정을 보기 시작하는 단계로, 상주의 역할과 국정 담당자의 소임을 다하게 하기 위해 마련된 절차였다.

고려시대라고 사람이 죽었는데 그에 대한 예식이 없었겠는가마는, 조선시대 같은 3년상 예식은 없었다. 그러니 실록을 재위 기간 단위로 편찬한다는 점에서는 같지만, 조선시대처럼 편찬 시기의 규칙성이 발견되지 않는다. 이는 좀 더 추상적으로 설명하는 편이 오히려 이해가 쉬울 것이다.

역사의식은 궁극적으로 자신이 살지 못했던 시대(또는 삶), 살 수 없는 시대를 자신의 시대로 끌어들임으로써 형성된다. 그래서 어떤 광고처럼, '백 년도 못 살면서 천 년을 얘기'할 수 있는 것이 인간이고, 또 그래야 역사의식이 생기는 것이다. 이런 맥락에서, 역사는 인간의 시공時空의 유한성을 넘어서는 인간의 자기 이해이며, 그러한 이유 때문에 역사의식에는 종교성이 있다고 본다. 이 유한성을 어떻게 보느냐에 따라 역사는 각기 다른 의미를 띠고 다가올 것이다.

불교에서는 누구나 해탈解脫을 통해 윤회를 벗어날 수 있는 불성佛性을 지니고 있다고 한다. 그러나 '지금의 나'는 윤회輪廻의 굴레를 벗어나지 못하고 업業을 지고 사는 가련한 존재이다. 게다가 그 해탈은 누가 해주는 것이 아니라 스스로 이루어야 할 깨달음의 길이다. 이런 점에서 불교에서 이해하는 인간의 유한성과 그 극복은 기본적으로 개인적이며 초월적인 성격을 띤다.

하지만 유가儒家는 다르다. 애당초 유가에서는 수사적 표현 이상으로 초월적 존재를 용인하지 않았다. 따라서 유한과 무한의 변증법이 다르게 전개된다. 각각의 인간이 갖는 유한성은 가족, 사회 등을 통해 무한히 확대된다. 이 점은 불교의 연기緣起와 부분적으로만 비슷하다. 그리고 그

유한성은 자손과 후대 사람들에 의해 시간적으로 연장된다. 자손에 의해 연장되는 유한성, 곧 개별적 유한성의 극복은 핏줄이라는 엄연한 생물학적 사실에 의해 뒷받침된다. 그리고 인간 문명을 전수받을 후대 사람들은 그 문명을 통해 한평생밖에 살지 못하는 지금의 나를 이어간다. 이런 점에서 유가는 사회적이고 현실적이다.

따라서 불교가 성했던 시대와 유가가 주도했던 시대의 역사의식은 같을 수 없다. 우리가 전제하는 역사학 또는 역사의식은 불교 쪽보다는 유가 쪽에 친연성親緣性을 갖는다. 역사는 사회와 문명의 문제이며, 현실 속에서 살아가는 인간에 대한 성찰이지 종교적 깨달음의 영역이 아니기 때문이다. 그렇다면 고려시대와 조선시대에 모두 실록을 편찬했음에도 불구하고 관례가 다르게 나타났던 이유를 어느 정도 이해할 수 있을 것이다.

〈학생부군신위〉라는 영화에서도 잘 그려냈는데, 장례식에 갈 때마다 역시 상례는 산 자들의 일이라는 것을 발견한다. 역사도, 역사의 편찬도 모두 산 자들의 일이다. 죽음에 대한 인식과 역사에 대한 인식은 이렇게 맞닿아 있다. 그럴 수밖에 없다. 인간의 유한성의 문제이고, 그 처리 방식의 문제이기 때문이다.

고려시대까지 유가는 불교에 밀려 2선으로 후퇴해 있었다. 그러다가 유가의 입장에서 불교와 도교를 재해석한 성리학性理學이 수용되면서, 상례에 대한 관심이 높아지고 역사 편찬이 융성해졌던 것이다. 윤회가 아닌 역사가 인간의 삶에 대한 최종 심판자로 재등장하게 되었다. 그러니 조선시대에는 실질적인 상례가 마무리되는 졸곡에 이어 바로 실록 편찬이 이루어졌던 것이다.

'대간臺諫이 한 시대의 공론公論이라면, 사관史官은 만세萬歲의 공론'이라는 말은 실록 편찬을 두고 자주 했던 말이다. 그 만세 뒤에 살 후세 사람들이란 조선이라는 나라가 망한 뒤에 사는 사람을 의미한다. 비밀리에 보관된 실록이 공개되는 것은 바로 다음 왕조나 국가일 수밖에 없기 때문이다. 왕조 시대에, '왕조 이후'를 입에 올린다는 것은 곧 '대역大逆'을 뜻한다. 따라서 오직 역사의 이름으로만 '나라는 망할 수 있어도, 역사는 없을 수 없다'고 말했다. 입에 올릴 수 없는 금기를 역사를 빌어 입에 올리고 의식 속에서 반추할 수 있었던 것이다.

배제排除와 비장秘藏

실록은 함부로 볼 수가 없었다. 기록부터 편찬과 보존에 이르기까지 체계적으로 관리되면서 '배제排除와 비장秘藏'이라는 원칙이 생겼다. 이는 동아시아 역사학의 독특한 성격을 기반으로 한다. 즉 전통적으로 동아시아의 역사 기록에는 늘 기록을 남기는 사관의 평가가 포함되어 있었다. 잘잘못을 따졌으니 민감할 수밖에 없었다. 역사는 법정法庭이었기 때문이다.

현재 남아 있는 실록을 보면, 중국의 명나라 실록과 청나라 실록에는 평가를 기록한 '사론史論'이 없다. 그런데 조선의 실록에는 넘길 때마다 사론이 나온다. 실록에 '사신왈史臣曰'이라고 사관의 사론임을 당당하게 밝히는 방식이 정착된 것은 『성종실록』이후의 일이다. 그 전에도 사실 중간에 간간이 끼어든 사론이 있었지만, 정식으로 활성화되지는 않았다.

사론이 실록을 구성하는 한 부분이 된 것은 『자치통감資治通鑑』과 『자치통감강목資治通鑑綱目』의 영향 때문이었다. 새로운 사상으로 세상을 만들어가겠다는 지식인들이었으니, 역사를 통해 하고 싶은 말이 오죽 많았겠는가? 그래서 이 시기에는 전보다 사론이 무척 증가했다. 조선 초기 세종대를 거치면서 역사학을 깊이 탐구한 조선의 학자들이 그런 흐름에 동감했고,

이는 통사通史의 역사편찬 방식을 당대사當代史인 실록에 창의적으로 적용하는 것으로 나타났다.

오해를 피하기 위해 한 마디 덧붙인다. 흔히 이 시대의 역사학을 '경사일치經史一致'라는 말로 표현하는데, 동아시아 역사학에서 경사가 일치된 적은 한 번도 없었다. 경은 경이고, 사는 사다. 그런데 왜 이런 인상을 갖게 되었을까? 이유는 바로 사론에 있다. 해석의 장에서는 언제나 사실과 가치판단이 만난다. 그래야 해석이 된다. 그러므로 모든 역사학에서 사론은 '경사일치'를 지향한다. 쉽게 말해서 '경사일치'가 '전근대적' 역사학의 고유한 성격이 아니라는 것이다.

그런데 『춘추』를 제외하면, 모든 역사 편찬물은 예외 없이 사실과 사론을 분리해 서술하는 방법을 택했다. 근대 철학이 설정한 인식론의 두 범주인 주관과 객관이라는 숙제를, 근대 역사학에서는 해석과 사실史實의 문제로 제기했다.[10] 그리고 그 숙제를 푸느라 고민이 적지 않았다.

전통 역사 편찬에서는 주관과 객관, 해석과 사실의 문제를 아주 단순한 방법으로 해결했다. 사실은 사실대로, 해석은 사론으로! 실록도 같은 방식을 취했다. 실록의 사론은 곧 평가를 포함하게 마련이었으니, 누구나 접근이 가능할 경우 그 기록이 온전할 수 없었을 것이다. 그래서 사람들은 이 실록만은 공개하지 않는 방향으로 의견을 모아갔다. 대신 국가 정책에 참고할 필요가 있으면 실록에 접근이 가능했던 사관史官을 통해 확인하든지, 다른 대체 기록인 『승정원일기承政院日記』 등을 활용했다.

실록의 묘미는 아무나 볼 수 없었다는 데에 있다. 국왕은 물론이고, 사관을 제외하고는 그 누구도 볼 수 없는 기록이었다. 조선 양반 관료제가 자정성自淨性을 유지할 수 있었던 큰 힘이 바로 이 실록에 있었다. 역사라는 심판관이 쥔 판결문을 아무나 볼 수 없었던 것이다.

한편 이러한 비공개 방법을 택한 데는 시대적 제약도 한몫했다. 우선 실록에 접근한다는 말을 상식적으로 생각할 필요가 있다. 이는 간단히 말하면 기록을 '본다'는 말이다. 보려면 가야 한다. 지금처럼 교통이나 통신이 발달하지 못한 시대에는 기록(정보)에 대한 접근이 쉽지 않았을 것이다. 그러나 현대사회는 그런 인프라가 있다. 그렇기 때문에 이제는 공개를 통해 시민들의 알 권리를 보장하는 것이 모든 공직자의 책임이 되었다. 그저 얻을 수 있는 권리는 물론 없다. 그래서 참여민주주의가 중요하고, 요즘의 실록이라고 할 수 있는 공공 기록의 공개운동은 바로 참여민주주의의 통로이자 실현의 유력한 방법이다.

선입견의 재음미

실록이 군주의 재위 기간을 단위로 편찬된다는 점 때문에 종종 우리는 실록을 '국왕 중심의 역사'라고 말한다. 얼핏 일리가 있다는 생각이 들기도 하지만, 뭔가 이상하다.

먼저 생각할 수 있는 것은 시간을 나누는 방식이다. 과연 실록을 편찬하던 시대의 사람들이 택할 수 있는 가장 적절한 시간 구획 방법은 무엇이었을까? 자고 깨는 하루, 농사 주기에 따른 일 년, 한평생인 60갑자甲子가 있지만, 정치제도의 차원에서 가장 설득력 있는 시간 구획은 군주의 교체라는 정치적 사건이 주는 끝과 시작의 구분일 것이다.

그러나 군주의 재위 기간을 단위로 한 편찬을, 이렇게 시간 구획의 경험적 편리성만으로 설명하기는 어려울 듯하다. 왜냐하면, 실제로 실록 기사는 국왕을 중심으로 서술되어 있기 때문이다. 국왕의 거소居所가 나오고, 국왕의 전교를 비롯한 거둥은 모두 기록하는 것이 원칙이었다.

여기서 실록은 중앙집권적 정치제도를 기반으로 가능했던 역사 기록이었음을 상기할 필요가 있다. 실록은 중앙정치조직 중에서도 선별된 주요 관청의 문서와, 애당초 실록 편찬을 위해 작성된 사초를 중심으로 편찬되었다. 물론 겸춘추兼春秋(곧 겸임사관)가 있어 지방의 기록을 남기기도 했고 이를 실록에 등재하기도 했지만, 이 역시 지방관청이나 지방사회를 바라보는 중앙정부의 관점에 의해 규정될 수밖에 없었다.

결국 실록 기사에서 보이는 '국왕 중심성'은 바로 중앙집권적 관료제의 위계가 반영된 것이었다. 실록의 봉안奉安(서고에 실록을 보관하는 일)이나 포쇄曝曬(실록을 햇빛에 쏘여 습기 등을 제거하는 일)에서 나타나는 사관들의 행차와 그에 대한 지방관의 접대는 실록을 매개로 중앙과 지방의 위상을 확인하는 절차였고, 실록의 현재성을 논할 때 숙고해야 할 전통적 가치의 함정도 여기에 있다.

상상의 추체험

실록은 눈에 보이는 문화적 성과 그 이상의 체계를 담고 있다. 실록을 둘러싼 관례와 규정을 지키는 사회적 역량이 없이는 실록의 편찬도 그렇게 오래 지속될 수 없다는 말이 평범하게 들릴지 모른다. 그러나 실록을 중심으로 한 '국사 체계'는 짐작하기 쉽지 않은 깊이를 지니고 있다.

이 깊이를 실감할 수 있는 한 가지 생각거리가 있다. 관료제 일반의 관리 임용 원리와는 달리, 사관은 하급 관리이면서도 승진할 때는 후임자를 자기가 뽑았다. 이를 자천제自薦制라고 부른다. 이런 관례는 조선 초기에 정착되었다. 그리고 이는 영조 중반에 사관들이 당색에 따라 후임자를 뽑는다는 비판이 제기되면서 고위 인사권자가 신임 사관을 뽑는 권점제圈點制

로 바뀔 때까지 거의 300년 이상 계속되었다. 자천제가 유지될 수 있었던 안팎의 조건은 무엇이었을까? 안팎을 다 따지기 어려우면 안의 조건, 즉 당사자들의 자세만을 생각해도 좋겠다. 만일 자신이 승진했을 때 그 자리에 누구를 뽑을까 가정해보면 도움이 될 것이다. 요즘 우리 사회의 인사人事 문화를 상정해보는 것도 한 방법이다. 그리고 그렇게 가정한 방식이 300년 이상 유지될 수 있을 만큼 합리적이며 설득력이 있는지 가늠해보는 것이다.

행정자치부 정부기록보존소(현 국가기록원)의 전문위원으로 임용된 뒤, 나는 부산지소에 출장 가서 실록이 보관된 서고에 들어갈 기회를 얻었다. 오동나무 상자에 태백산본 실록이 담겨 있었다. 종이가 어찌나 깨끗한지 마치 엊그제 인쇄한 듯했다.

서고문을 열고 들어가 실록을 처음 접했을 때 온몸을 휘감던 전율을 잊을 수가 없다. 한 장, 한 장 실록을 넘겨보았다. 손끝에서 느껴지는 한지의 찰진 부드러움과 그 손끝으로 활자를 타고 들어오는 정령精靈들. 그해 겨울 서늘한 서고에서 그렇게 실록을 보았다. 그런데 그때 한 가지 큰 실수를 저질렀다.

그만 실록을 처음 보는 흥분에 도취되어, 장갑을 끼지 않고 맨손으로 책장을 넘긴 것이다. 사람의 손에는 우리가 보통 소금기라고 부르는 나트륨과 암모니아가 섞인 땀이 배어나게 마련인데, 이 땀 때문에 종이가 쉽게 부식된다. 그래서 종이 기록을 만질 때는 꼭 장갑을 끼는 것이 상식이다. 그런 면에서 나는 몰상식했다. 당연히 안내하던 직원은 우리에게 장갑을 주었다. 그런데 그립던 님을 만난 나는 기어코 규정을 무시하고 맨살을 만져보았다. 저 하나의 님이면 누가 뭐라하겠는가만, 많은 사람의 님을 탐했으니 죄가 무겁다. 그래서 이 일을 고백해 '후세에 경계로 삼고자' 한다.

실록청의궤實錄廳儀軌

실록을 편찬하는 과정을 기록한 책이 의궤儀軌이다. '의궤'란 말 그대로 '행사(儀)가 진행된 궤적, 과정, 절차(軌)'라는 의미이다. 쉽게 말해 '종합보고서'인 셈이다. 그러니까 실록을 편찬하는 과정에 대한 기록이 '실록청의궤'이다. '등록謄錄'이란 표현도 '문서를 베껴서 모은 것, 혹은 베끼는 행위'라는 의미와 함께 '종합보고서'란 의미를 가지고 있다. 국가나 왕실 차원에서 이루어지는 전례典禮의 경우에는 등록이라고 하지 않고 의궤란 표현을 썼는데, 행사나 사안의 성격에 따른 위계位階가 이렇듯 용어에도 나타난다.

국왕이 승하한 뒤 그 국왕의 재위 기간을 단위로 실록을 편찬하므로, 조선조에는 27왕대의 실록이 있어야 한다. 그러나 고종과 순종대의 실록은 일제시대에 편찬되었으므로 보통 말하는 『조선왕조실록』에 포함시키지 않는다.[11] 그러므로 25대 실록에 해당하는 25종의 실록청의궤에 더해, 조선 후기에 수정修正과 개수改修가 4차례 있었으니 모두 29종의 의궤가 있어야 할 것이지만, 현재는 15종의 의궤만 남아 있다. 『선조실록』 이전의 의궤는 전쟁이나 내란으로 모두 없어졌다.

편찬 프로세스

다른 실록청의궤에도 실록 편찬 과정이 기록되어 있지만, 다른 의궤들보다 좀 더 체계적으로 기록된 것이 『영종대왕실록청의궤英宗大王實錄廳儀軌』이다. 여기에는 산절청등록刪節廳謄錄, 실록찬수청등록實錄纂修廳謄錄, 개찬수등록改纂修謄錄, 교정청등록校正廳謄錄, 교수청등록校讎廳謄錄 등이 실려 있다. 통상 실록청의 조직을 보면, 실록 편찬을 총괄하는 총재관總裁官 아래에, 도청都廳과

3방房이 있다. 그리고 편찬의 진행에 따라 그에 맞게 명칭을 붙인다.

우선 산절청에서는 실록의 자료인 '시정기時政記(사관이 매일 모아 놓은 기사 모음)' 중에서 버릴 것과 취할 것을 골라내는 작업을 한다. 시정기는 사관의 사초史草를 비롯해 각 관청에서 수집한 문서를 모은 것이다.[12] 참고로 산절청 등록에 실린 다음 기사를 보자.

> 춘추관春秋館에 있는 시정기를 내일 가져와야 하는데, 권질卷帙이 크고 많아 한꺼번에 모두 다 받들기 어려운 형편입니다. 갑진甲辰년(1724, 영조 즉위년) 8월부터 정미丁未년(1727, 영조 3년)까지 4년 동안의 시정기를 먼저 옮겨오고, 그 중에서 실록에 들어갈 내용을 뽑는 순서대로 봉안하겠습니다. 승정원일기도 햇수를 계산하기 위해(計年) 가져오는 것이 어떻겠습니까.[13]

위의 기사를 보면 한꺼번에 시정기를 다 꺼내오지 않고, 4년 또는 6년 단위로 옮겨와서 실록에 들어갈 내용을 뽑아냈음을 알 수 있는데, 이는 실록청의 제한된 공간 때문이었을 것이다. 이렇게 시정기를 가져다 실록에 들어갈 내용을 초출하는 것이 산절청의 역할이었다. 산절 과정이 끝나면 각 방房에서는 실록의 모습을 갖춘 초초初草를 작성하게 된다. 이 단계부터를 '찬수纂修'라고 부르며, 관련 문서는 '찬수청등록'에 실려 있다. 그러므로 초초부터는 '실록'의 체재에 따른 '찬수범례纂修凡例'가 적용되는데, 그 내용은 다음과 같다.

1. 사관의 시정기, 주서注書의 일기, 서울과 지방의 겸춘추兼春秋의 기록 외에, 비변사 장계축狀啓軸, 의금부 추안推案 및 형조의 참고할 만한 중요하고 핵심적인(緊關) 문서, 사변事變과 추국推鞠에 대한 주서 일기도 마찬가지

로 가져와서 검토해 갖추어 적는다.

2. 모든 조칙詔勅 및 우리나라(本朝)의 유관 교서敎書는 찾아내어 기록한다.
3. 이름 있는 신하는 졸기卒記를 작성하는데, 빠진 대목이나 소략한 데가 있으면 당시의 공론이나 혹은 문집의 비문과 지문誌文을 참고해 상세히 보충해 기록한다.
4. 매일 매일의 날짜는 갑자甲子만 기록한다.
5. 모든 재변의 경우, 관상감 초록抄錄을 하나하나 첨가해 적고, 지방의 바람, 비, 지진 등 각각의 사항은 그 당시 보고한 문서(啓聞)를 반드시 살펴보고 갖추어 기록한다.
6. 대간의 논계論啓는, 첫 번째 논계(初啓)의 경우 중요하고 핵심적인 내용은 모두 적고, 잇달아 올린 논계(連啓)의 경우는 단지 '연계'라고만 적고, 혹시 중요한 내용이 첨가되어 있으면 뽑아낸다.
7. 대간의 논계는 단지 '사헌부', '사간원'이라고만 적고, 와서 보고한 사람의 성명은 적지 않는다. 다만 첫 번째 논계했을 때는 성명을 모두 적는다. 중대한 시비가 걸린 사안의 경우는, 다른 의견을 꺼낸 경우도 적지 않으면 안 된다. 어사御史의 성명 및 관리를 쫓아낸 일(黜陟), 폐단을 변통한 일 등도 상세히 기록한다.
8. 상소 중에서 중요하고 핵심적인 내용은 상세히 갖추어 싣고, 그 사이의 불필요한 글자는 해당 구절을 빼더라도 무방하다. 예에 따라 사직하는 상소나 차자의 경우는 반드시 모두 적을 필요는 없지만, 혹시 거취나 시비 같은 당시 정치에 관련된 사안은 역시 기록하지 않으면 안 된다.
9. 모든 관직 임명(除拜)의 경우, 중요하지 않고 잡다한 관직이나 산직(冗散) 외에는 이조와 병조(兩銓)의 문서를 다시 살펴보아 상세히 기록한다.
10. 각 연도의 과거에 합격한 인원은 '아무개 등, 몇 사람'이라고 적는다.

11. 군병의 숫자, 서울과 지방의 법제, 호구 숫자에 대해서는 각 해당 문서를 상소해 상세히 기록한다.

12. 도움이 되지 않는 번잡하고 쓸데없는 문자는 참작해 다듬어서 간결하고 압축적인 문장이 되도록 힘쓴다.

13. 조정(朝家)의 길흉吉凶 등 여러 의례 중에서 나라의 헌장憲章에 관계되어 후세 사람들에게 남겨 보여줄 만한 것은 문장이 비록 번거롭고 잡다해도 갖추어 기재하지 않으면 안 된다.

14. 서울과 지방의 관리 출척이나 공적 또는 사적 시비는 반드시 그 대략을 뽑아 기록한다.

찬수범례는 모두 14개 조항으로 구성되었는데, 현재 남아 있는 실록청의궤를 보면 이 14개 조항이 공통된다.[14] 하지만 이렇게 산절과 찬수를 구분해 기록했다 하더라도 도청과 각방에서 이토록 엄밀히 구분되었는지는 의문이다. 사실 산절은 곧 찬수를 전제로 하고 또 동시 진행이 가능하기 때문에 일련의 프로세스를 거치게 될 것이다. 산절과 찬수는, 뒤에 살펴볼 찬수와 교정·교수처럼 명확히 구별되는 프로세스가 되기 어려웠다.

이상과 같이 산절, 찬수 과정을 거치면서 나오는 산물이 초초初草와 중초中草이다. 현존하는 『광해군일기光海君日記』는 활자로 간행되지 못하고 바로 이 중초 단계에서 사고史庫에 보존된 것이다.

이들 찬수본을 토대로 교정을 담당한 곳이 교정청이며, 그 활동 내용은 교정청등록에 남아 있다. 교정은 찬수가 끝나고 인쇄에 들어가기 전에 이루어지는 작업이다. 여기에는 잘못된 글자나 편집의 수정도 물론 포함되었을 것이며,[15] 이를 교정청 당상과 낭청이 담당했던 것이다.

그런데 의궤를 보면, 초초와 중초 말고도, '초견본初見本'과 '재견본再見本'이라는 용어가 나온다. 교정 당상이 초견본을 보았다고 했으므로, 초견본은 교정청에서 사용하는 교정본임을 알 수 있다. 아마 교정은 초견본과 재견본을 통해 이루어진 듯 싶다. 이렇게 수정이 끝나면 분판粉板에 베껴 쓰고 활판을 짜서 인쇄에 들어간다.

인쇄 결과를 놓고 검토하는 과정이 교수校讎인데, 이는 교수청에서 맡았고, 그 내용은 교수청등록에 수록되어 있다. 교수가 어떻게 이루어졌는지에 대해서는 최근 일본에서 반환된 오대산본의 교수 방법을 보면 알 수 있다.

1. 글자 바꿈 : 붉은 글씨 또는 검은 글씨로 덧쓰거나 옆에 고쳐 씀
2. 글자 추가 : 붉은 점을 찍고 붉은 글씨로 삽입
3. 경사 세움 : 붉은색으로 / 표를 하거나 덧씀
4. 글자 세움 : 글자 옆에 붉은 점을 찍고 바로 써넣음
5. 글자 뺌 : 빼야 할 글자 위에 ×, ○, - 등으로 표시
6. 글자 붙임 : 빈 간격에 -로 이어줌
7. 띄어쓰기 : 띄어야 하는 만큼 ○표를 삽입
8. 글자 뒤바꿈 : 윗글자 옆에 下자를, 아랫글자 옆에 上자를 붉은 색 또는 검은 색으로 써넣음[16]

위의 8가지 교정 방법 외에, 활자가 빠진 곳에 써넣는 방법('掌院' → '掌樂院', '罷事' → '罷榜事' 등과 같이 교정하는 방법)을 포함하면 모두 9가지가 된다. 현존 오대산본은 임진왜란 이후에 소실된 실록을, 선조 때 전주사고본을 토대로 복간하면서, 그 '교정본'을 오대산에 보관했던 것이다. 따라서 『영종대왕실록청의궤』의 용례대로라면 '교정본校正本'이라기보다는 '교수본校讎本'이라고 해야 옳다. 그런 점에서 위의 교정 방법은 인쇄 후에 최종 교수

방법이었다고 생각된다.

인쇄 작업에 따라 교수 여부가 결정되므로, 인쇄 작업이 일시 중단되면 교수 당상과 낭청을 일단 감원하기도 했다. 또한 일단 교정이 끝난 부분을 먼저 인쇄했기 때문에, 교수 낭청에서 감원한 사람을 일이 급한 교정 낭청에 임명하는 일도 있었다. 교수 작업은 교정이나 찬수와 달라서 날마다 근무하지 않아도 간행되는 대로 수정해 기한을 맞출 수 있었기 때문이다. 즉 교수 작업은 전체 작업의 진척에 따라 융통성 있게 인원을 활용했다. 아래는 실록 편찬 과정별로 주체, 활동, 산출물을 표로 만든 것이다.

행위 주체	산절청 刪節廳	찬수청 纂修廳	교정청 校正廳	분판 낭청 및 창준唱準 등 기술자	교수청 校讎廳	실록청 전원
활동	사초를 비롯한 시정기에서 초출抄出	실록 체재로 원고 작성	작성된 원고의 교정	활자 인쇄	인쇄물 확인 교정	봉안 및 세초
산출물	초초初草, 중초中草		초견본 初見本, 재견본 再見本	실록 인쇄본	실록 최종본	

풀리지 않는 의문

누차 강조했듯이, 실록은 비장秘藏에 그 힘이 있는 기록이다. 그런데 편찬을 하자면 사초를 비롯한 시정기를 꺼내야 했고, 그러자면 기록을 편찬하는 동안 노출되게 마련이었다. 우리가 잘 아는 무오사화戊午士禍는 바로 김종직金宗直의 「의제를 애도하는 글(弔義帝文)」이 『성종실록』을 편찬하는 과정에서 이극돈李克墩이 누설하면서 시작된 것이었다.

일정한 기간 실록을 편찬하기 위해서는 일단 관원을 동원해야 했다. 실록청이 임시 관청이었으므로, 자연히 편찬에 참여하는 관원들은 겸임 사관으로서 다른 관직을 본직으로 가지고 있던 사람들이었다. 관직이 없는 사람을 동원하려면 군직軍職을 주어 관원 신분을 띠고 편찬에 참여하게 해야 했다. 본직이 있다 보면 아무리 실록 편찬에 참여하는 것이 영예로운 일이라고 해도 본직의 구애를 받을 수밖에 없다. 실제로 편찬에 참여한 관원들은 편찬하던 중에 지방관이나 사신으로 나가거나, 병환 등을 이유로 교체되는 일이 매우 빈번했다.

그렇다면 실록청의 정보 보안이 가능했겠는가 하는 의문이 생길 수밖에 없다. 사실 이 문제는 실록 편찬이 시작되었던 초기에 세계 최초의 역사학개론인 『사통史通』을 저술한 유지기劉知幾가 지적했던 것이다.[17] 유지기는 『측천무후실록則天武后實錄』의 편찬 과정에서 무삼사武三思·위원충魏元忠 등과 의견이 대립했고, 이로 인해 자신이 더 이상 사관직에 몸담지 못할 이유를 조목조목 열거한 뒤에, 공동 편찬의 문제점 가운데 하나로 기록의 누설을 들었다.

즉 역사 편찬 장소가 궁중에 자리한 것은 인정에 이끌린 청탁을 막고 기록될 내용에 대한 비밀보장을 위한 것인데, 사관이 많다 보니 먹이 마르기도 전에 기록한 내용이 조정과 재야(朝野)의 신하(搢紳)들에게 바로 누설되어, 비밀이 보장될 수 없음은 물론이고 직서直書를 해야 하는 사관의 신변까지도 위협받게 된다는 것이다. 이는 역사를 공동 편찬할 경우 쉽게 예상되는 문제점이기도 했다. 특히, 기록과 편찬이 서로 다른 주체들에 의해 수행되는 작업이었기 때문에, 편찬 과정에서 나타나는 기록의 누설은 매우 심각한 문제였다.

조선은 무오사화를 일으켰던 이극돈의 사례로부터 얻은 교훈으로, 중종

초판에 편찬 과정에서 기록을 누설할 경우에도 사초 훼손에 버금가는 처벌을 받게 하는 법령이 마련되었다. 실록청(史局)의 일을 누설한 자는 변방에 종으로 보내고 자손을 금고禁錮해 사면이 있어도 풀어주지 말도록 법을 정했던 것이다.[18]

그러나 법령이 있다는 것과 그것이 준수되는 것은 다른 문제이다. 법이 있으면 불법이나 위법도 있는 것이다. 그런데도 이 편찬 과정에서 기록이 누설됨으로써 불거진 소동이나 사건을 아직 발견하지 못했다. 더구나 그렇게 편찬에 참여하는 겸임 사관이 많았고 자주 교체되었으면 그런 소동이나 사건이 연출될 법도 하건만, 조선 초기 실록 편찬 관례가 뿌리내린 뒤로는 전혀 발견되지 않는다.[19]

세초洗草와 상전賞典

실록 편찬 뒤에 벌이는 '잔치'는 이미 중국 송대宋代에서 발견된다.[20] 그러나 조선시대에 언제부터 세초를 했는지에 대한 확정된 사료는 발견하기 어렵다. 세초의 관례는 『성종실록』 편찬 이전에 있었던 것으로 보인다. 특히 당시 이미 "우리 선왕 대대로 전례가 있는 일(祖宗朝故事)"이었다고 한 것으로 미루어,[21] 『세조실록』과 『예종실록』이 편찬되던 성종 초반에 이미 세초가 이루어졌다고 보아야 할 것이다. 한편 세종 20년에 헌릉獻陵(태종) 비문 개수에 관한 논의가 있을 때 『태조실록』의 편찬에 이용된 사초가 거론되는 것으로 미루어, 그때는 세초가 이루어지지 않았음을 알 수 있다.[22] 결국 세초가 성례가 된 것은 세종 31년 사초의 엄격한 관리를 위한 규정이 마련되고, 실록청 중심으로 편찬이 전환되는 『세종실록』 편찬 무렵이라고 생각된다.

편찬을 끝으로 효용을 다한 사초를 물에 씻는 방식으로 처리한 것은, 불에 태웠던 중국 명明나라의 경우와 분명히 차이가 있는데,[23] 왜 이런 방법을 택했는지는 알 수 없다. 사초의 누설을 막는다든지, 종이를 재생하려는 목적이 있었을 것이라 짐작할 뿐이다. 실제로 세초가 시행되었던 현재 상명대학교 앞 세검정 차일암遮日巖에서 한국고전번역원(구 민족문화추진회)이 있는 구기동 방향으로 조금 올라가면 종이를 만들던 조지서造紙署가 있었다.

물로 씻든지 불로 태우든지, 이는 어떤 단계의 변화, 즉 죽음이나 이별 또는 승화를 나타내는 상징적 행위라는 해석이 가능할 것이다. 세초가 단순히 사초를 처리하기 위한 실무의 의미에 그쳤다면 당상관과 낭청이 서리나 아전을 데리고 마무리해도 될 일이었다. 그러나 세초에 모든 실록 편찬자가 참여했고 이들에게 국왕의 선온宣醞이 내려지는 잔치였다는 것은 의례적 집단성의 표현으로 보아야 할 것이다. 세초와 세초 때의 잔치(洗草宴)는 곧 '사초의 상례喪禮'로 한 시대의 마감, 그리고 새로운 시대의 출발을 세초라는 구체적인 행위를 통해 공감하는 예식이었으며, 차일암은 곧 그 의례와 연행演行의 마당이었다고 생각된다.

국가의 중대사를 마감하는 자리에 상賞이 빠질 수 없는 것은 요순堯舜 임금 시대에도 마찬가지였다. 관직의 품계를 높여주는 가자加資와 상전賞典은 실록을 둘러싼 예식의 주인공들에게 그간의 수고를 구체적인 물질로 전환시켜주는 역할을 했다. 본디 제사와 젯밥은 떼려야 뗄 수 없는 의례의 구성요소인데,[24] 이는 실록 편찬에서도 예외가 아니었다. 젯밥만 탐하는 것이 문제이지, 원래부터 젯밥은 제사 참석자의 몫이기도 했다.

상으로는 대개 말이나, 마구·활 등을 주었다. 『예종실록』 편찬이 끝난 뒤 성종은 『세종실록』 편찬에 이어 수찬관들에게 자급을 더해주었는데, 논란이 있기는 했지만[25] 이후 실록 편찬 뒤의 가자加資는 상례가 되었다.

그리고 편찬에 참여했던 신하들은 '감사하는 마음에서 바치는 글(進謝箋)'을 올려 자신들의 행위에 대한 보상에 인사하는 절차를 거쳤다.

　이렇듯이, 실록은 역사적 가치와 그에 부응하는 의례를 통해 국가 최고의 역사기록으로 높임을 받았으며, 조선 후기 어느 시점까지는 명실상부한 권위를 이어갔다. 적어도 『순조실록』 편찬 무렵부터 실록 편찬에 참여하는 사람들에게 그 일이 '제사'가 아니라 '젯밥'이 되기 전까지, 또 내실 있는 의례로서의 실록 편찬이 허례화虛禮化하기 전까지는 그러했다. 이렇게 지고한 국사로서의 이념에 기초해 직필의 역사 기록을 실록에 담기 위해 배제의 장치가 마련되고, 그에 상응하는 의례가 갖추어짐과 동시에 상징성이 사람들의 뇌리에 각인되면서, 실록은 거부할 수 없는 또 하나의 힘을 갖게 되는데, 이는 정통성의 문제와 관련된다.

실록과 정통성

　대통령 취임식에서 보듯이 의례나 의식은 정통성의 표현이기도 하다. 실록을 둘러싼 관례의 준수는 그에 '관계된 사람'들에게 하나의 의무가 된다. 그리고 그 의무의 수행 여부는 바로 정치적 지지 기반의 확보와 관련된다. 마치 국가가 새로 서면 이전 국가의 정사正史를 편찬함으로써 정통성을 확인하듯이, 선왕대의 역사(=실록實錄)를 편찬함으로써 자신이 나무랄 데 없는 후계자임을 과시하고, 앞으로도 실록으로 상징되는 관례와 전통을 준수하겠다는 태도를 보임으로써 지지를 확보하는 것이다. 반정反正으로 즉위한 국왕이 선왕대先王代의 역사를 '실록'이라 하지 않고 '일기日記'라는 평범한 이름으로 불렀던 것도 정통성에 차이를 두는 방법이었다.

　실록 편찬의 관례를 준수함으로써 국왕과 신료들이 정통성을 확보하는 한 가지 사례를 봉안식奉安式에서 확인할 수 있다. 국가 차원의 권위를 가진 역사 기록(예를 들어 국조보감)에는 의례가 따라 다닌다. 이들과 실록 의례의 차이는, 바로 실록 봉안식에는 국왕에게 바치는 예식이 빠져 있다는 것이다.

여기서 상상력이 필요하다. 궁궐의 관청 어딘가에 설치된 실록청에서 출발한 취타대와 호위군, 담당 관원이 실록을 가마에 싣고 수많은 도성 사람들이 보는 가운데 서울 한복판을 행진한다. 그런데 그 실록은 춘추관春秋館과 외사고外史庫에 바로 봉안될 뿐, 국왕이 이런 예식을 행하는 경복궁의 근정전勤政殿(또는 창덕궁의 인정전仁政殿)에는 들르지 않는다. 이 예식을 보는 사람들에게 어떤 인상이 남을까. 군주가 실록을 둘러싼 배제의 논리를 받아들이고 전통과 관례를 지키는 새로운 모습을 지켜봄으로써, 신료들은 '우리 정부(朝廷)와 사회'의 한 기능이 별 탈 없이 작동하리라고 기대하고 안도했을 것이다.

취임 이후 어떤 모습을 보이든, 선서하는 신임 대통령에게는 대선大選 당시 득표율과 무관하게 축하와 신뢰가 쏟아지는 법이다. 관례를 준수하는 한, 사람들의 눈과 귀로 실감할 수 있도록 정통성을 설득하는 것은, 즉 새로 즉위해 정치를 시작하는 초기(新政之初)에 성덕盛德을 칭송케 하는 것은 생각보다 어렵지 않은 것이다.[26]

3장 헌법과 강상綱常

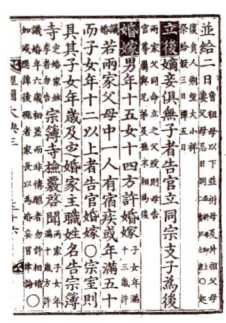

트랙터와 호미

근대국가인 대한민국에는 나라의 정체성을 정리한 '헌법(Constitution)'이라는 게 있다. 그러면 조선이란 나라의 헌법은 무엇일까? 그것을 보면 조선이란 나라의 정체성에 좀 더 다가갈 수 있지 않을까?

근대 각국에는 헌법이 있다. 상식적으로 보면, 헌법이란 국가운영의 기본이념을 제시하고 국민의 기본적 의무나 권리를 규정한 법이다. 근대국가의 헌법은 계몽주의 이래의 철학사상을 기초로 삼아 토마스 제퍼슨(Thomas Jefferson)이 입안한 미국헌법에서 압축적으로 표현되었다. 현재 대한민국의 헌법도 그 기본정신에서는 큰 차이가 없다. 헌법에는 전문前文이 있고, 국가의 정체政體에 관한 선언, 국민의 기본권 제시, 그리고 행정·입법·사법부에 대한 기본운영 규정이 담겨 있다.[1]

늘 그렇듯이 역사를 이해하는 데는 현재 우리가 지닌 관념이 걸림돌이 되는 경우가 많다. 그렇게 빚어지는 오류를 아나크로니즘(Anachronism),

즉 '당시의 시대 상황을 고려하지 않은 역사인식'이라고 부를 수 있다. 엄밀히 말하자면 '당시의 시대 상황을 고려하지 않는' '역사인식'은 '역사적 인식'이 아니다. 그러나 한편으로는 이렇게 말해버리는 것도 정당하지 않다. '역사적이지 않은 역사인식'이 있다면 그것이 가능한 이유가 있을 것이고, 그런 비역사적 역사인식조차도 역사성을 가지고 있는 것이며, 역사학의 임무는 그것을 비난하는 데 있는 것이 아니라, 그것을 사실로 받아들여 설명하는 데 있다고 생각한다.

물론 역사를 공부하는 이유가 현재 우리의 삶에 대한 문제의식에서 출발한다는 점에서 현재적 관심을 벗어날 수 없을 것이다. 그러나 지금부터 수백 년 전의 농민들이 트랙터를 이용해서 농사를 짓지 않고 호미로 농사를 지었다는 사실로부터, 21세기 농민이 수백 년 전의 농민보다 똑똑하다거나 잘산다든지, 또는 그런 트랙터를 만들어 제공할 수 있는 사회가 호미를 사용하는 사회보다 발전된 사회라든지 하는 결론이 도출되지 않는다는 사실이다. 만일 21세기의 우리가 그런 결론을 내린다면, 마찬가지로 고려나 조선시대 농민들이 그 귀찮은 조작법을 익혀가며 농사를 지어야 하는 21세기의 농민을 안쓰럽게 본다거나, 그런 괴상한 물건을 만들려고 노심초사한 사회(또는 그 사회 구성원)를 한심하게 쳐다본다고 해도 별로 대꾸할 말이 없게 될 것이다.

결국 대화가 가능하려면 이해가 가능해야 할 것이다. 그 뒤에 확인하는 차이의 의미는, 그 차이가 무엇이든지 간에, 이해를 바탕으로 한 대화 속에서 나올 수밖에 없다. 문명 단위로 발생하는 이해의 차이는 유전인자가 되어 우리 일상에 남아 있기도 하고, 개체 발생이 종의 발생을 반복하듯이 우리 일생의 어떤 시점에서 반복되기도 한다.

진화와 적응

한때 난감했던 기억이 있다. 십 년도 훨씬 지난 일이다. 나는 당시 두 가지 고민을 떠안았다. 하나는 컴퓨터의 워드프로세서를 치다가, 또 하나는 그때 세 살이었던 아들 필성이를 혼내다가 있었던 일이다.

하나. 업그레이드한 지 얼마 안 되는데 자꾸 업이 풀려 부팅이 안 되었다. 그래서 며칠 동안 여기저기 가서 손을 봤는데도 마찬가지다. 원고는 넘겨야 해서 어쩔 수 없이 펜을 들었다. 그런데 이게 웬일인가. 원고지 한 장을 제대로 메우기가 힘들었다. 쓰다 보니 논리나 자료가 빠진 부분, 앞뒤가 바뀐 문장. 섬뜩함이 엄습했다. 불과 몇 년 전까지도 자료 읽고, 목차 잡고 나면 리포트 30~40매는 대체로 버리는 원고지 없이 무난하게 각주 처리까지 하면서 한 호흡에 써나갈 수 있었다. 문득 어떤 선생님께서 "컴퓨터를 쓴 뒤로 글들이 늘어져서 ……" 하신 말씀, 또 자판기 앞에 앉아야 생각이 떠오른다던 동료 연구자의 말이 떠올랐다.

나는 두 가지 방향에서 타협점을 찾았다. 하나는 컴퓨터에 무식한 점을 반성하고 그 겨울을 컴퓨터와 살기로 했다. 결심을 굳히는 의미에서 우선 정품 윈도우즈 용 한글 3.0b를 사다 깔았다(지나고 보니, 내게는 한글 2007이나, 한글 3.0 b나 마찬가지였다). 또 하나는 필자 수고용 手稿用 원고지를 주문하는 일이었다. 그런데 이 타협이 자꾸만 미봉책으로만 느껴지고 있었다. 왜일까? 이 사이에서는 중용 中庸이 없을 것 같은 불길한 예감은 어디에서 연유하는 것일까.

기술 발달은 과거로 돌아가지 않는다. 그렇다고 원고지보다 컴퓨터의 한글 파일이 안전한 것도 아니다. 전기가 나가면 끝이다. 한없이 취약하다. 또 효율에 질적 수준이 보장되지 않는다면 효율적인 것이 생산적인 것도 아니다. 어렸을 때 살았던 충남 성환읍 홍경리에 경운기가 처음 들어오던 무렵, 그 경운기는 경이로웠다. 하지만 지금은 그렇지 않다. 이제는 적응과 발전을 구별해야겠다.

또 하나. 어느 날인가 내가 밥상에서 필성에게 생선을 발라주고 있는데, 아이가 자꾸 손으로 만지려고 했다. 몇 번이나 "지지~"라고 했는데도 듣지 않고 지분거리다가, 결국 아비에게 야단을 맞았다. "넌 임마, 그렇게 말했으면 알아들어야지!" 하고는 눈을 흘겼다. 그런데도 아비의 위세 때문에 더 이상 안 그럴 뿐, 잘못했다는 기색은 찾아볼 수 없었다. 녀석이 아비를 우습게 아는 것 같아 괘씸하기는 했지만 '아직 애니까' 하고 넘어갔다.

그런데 이때부터 하늘로부터 품부받은(天命之) 사단지심四端之心 중에 시비지심是非之心이 발동하기 시작했다.[2] 저 녀석이 내 비판을 수긍하지 않는 것은 뭔가 이유가 있을 것이라는 생각이 들었다. 그게 뭘까. 정말 저 녀석이 아비를 우습게 아는 것일까. 그것도 아닌 것 같다. 나만 심각하지, 저는 언제 그랬냐는 듯 방긋방긋 웃으며 내 무릎에 앉았다가 이내 저쪽 장난감에 눈이 쏠린다. 내내 그 단서를 잡지 못하다가 밥상머리에서 아이에게 했던 말을 되돌아보았다.

생선을 손으로 만지려는 아이에게 "지지"라고 말했다. '지지'란 '더럽다'고 판단되는 사물을 가리킴과 동시에 그 사물을 '만져서는 안 된다'는 뜻을 포함한 말인데, 어원은 어딘지 모르지만 조상 전래로 내려온 가장 명료하고 간단하면서도 그 표상의 전달과 의사소통을 완벽하게 할 수 있는 말 중의 하나이다. 갓난아기가 자기 몸의 연장인 '엄마', '아빠'를 배우고 나서, 사물과의 관계에 대해 최초로 획득하는 언어가 바로 이 '지지'일 것이다. 이런 점에서 '지지'란 말에는 개체의 생명을 보존하기 위한 제1차적 구분, 곧 생명에 대한 위험요인을 제거함으로써 한 생명으로 생존하기 위한 환경을 조성하려는 일상적이고도 축적된 노력이 담겨 있다고 보아야 할 것이다.

생선을 '손'으로 만지려는 아이에게 "지지, 숟가락으로 먹어라" 했던 말은, 그 자체로 아이가 지금까지 교육받은 내용과 충돌하며 커다란 혼란을 일으켰다. 간단히 말해서 '지지'와 '먹어라'는 모순인 것이다. 아비가 아이에게 먹어서는 안 되는 더러운 '지지'인 '생선'을 먹으라고 발라준 것이다. 또 아이의 입장에서 보면, '먹는다'는 일차적 목적에 충실한 것뿐이다. 엄마, 아빠도 생선을 숟가락으로 먹지 않고 젓가락으로 먹고 있고, 그런데 자기는 젓가락질을 못하니까 젓가락에 가장 가까운 것으로 자신의 신체 일부인 손가락을 찾아 그 대용으로 썼던 것이 아닐까. 여기까지 생각하고 나니 마음이 편해지는 것을 보면 나의 해석이 시비지심을 온전히 하는, 즉 천리天理에 부합하는 것을 알 수 있었다. 마음은 편해졌지만 남은 것은 반성이다.

그렇다면 나는 왜 아이에게 그런 무지無智한 요구를 했을까. 아이가 아비를 우습게 본 것이 아니라 내가 아이를 우습게 본 것은 아니었을까. 아이는 단지 아비의 말을 자기 상식으로 이해할 수 없었을 뿐이다. 아비로부터 자꾸 이해할 수 없는 요구를 받다 보면, 아비는 당연히 우습게 보이게 된다. 어른이 어른답지 않으면 대접을 받지 못하는 것은 당연하지 않은가. 그런데 어른답다는 말은 무언가.

어른은 종족보존과 사회적 재생산(敎)의 선배라는 점에서 존경의 당위성을 갖는다. 여기서 사회적 재상산은 '가르친다는 것(敎)'으로 문명의 산물이다. 그 문명이 『중용』에서 말한 '도를 닦아서 얻어진 가르침(修道之謂敎)'이 아니라면, 즉 오랜 습관에 의해 익숙해지지 않은 경우, 아비의 요구는 어린아이에게 폭압적으로 비쳐질 것이다. 그만큼 '부자유친父子有親'이나 '장유유서長幼有序'

의 기치는 빛이 바랠 것이다. 아직도 "젊은 것들이 ……" 하는 어른들이 많다면, 공은 이미 그 '어른'에게 넘어갔음을 분명히 알아야 한다.

결국 나는 아이에게 어른답게 말하지 않은 것이 분명하다. 여기에 생각이 미치자 아이 얼굴에, 카레를 손으로 먹던 인도의 어느 아낙의 얼굴 ─ 손으로 먹는다고 비웃는 여행객을 무념의 얼굴로 아무 악의 없이 맑은 눈빛으로 바라보던 ─ 이 겹쳐진다. 그나저나 아이에게 이런 아비의 생각을 어떻게 전달하나. 미안한 마음으로 돌아보자, 아이는 아까의 사태와는 무관하게 블록 쌓기에 몰두하고 있다. 마치 자신의 세계를 쌓아가듯이. 곤지困知[3]가 아비 노릇하기는 소경이 바늘구멍 찾기보다 힘든 것 같다. 바늘구멍 찾는 소경이야 옆 사람이 도와주면 되고, 그러다 보면 정도 들어 좋겠지만, 어른 노릇 못한 죄는 여러 사람의 가슴에 멍을 남긴다.

문명의 두께, 역사의 상대성은 그리 단순한 깊이와 폭을 가진 것이 아니라는 말을 하려다 보니 서설이 길어졌다. 그러나 앞으로 다룰 주제와 관련되기에 에피소드와 함께 엮어보았다.

『경국대전』, 대전大典에서 편고便考까지

조선시대의 헌법은 무엇인가. 이 질문의 답은 어렵지 않게 말할 수 있을 것이다. 『경국대전經國大典』! 그런데 우리의 이 상식이 과연 옳은지 의문을 달아보기로 한다.

먼저 『경국대전』에 대해 간단히 알아보자. 『경국대전』은 조선조 제7대 임금인 세조 6년(1460)부터 시작해 성종 16년(1485)에 이르는 시기에 만들어 졌다고 한다. 조선건국의 시점에서 보면 근 한 세기를 경과한 뒤에야 완성된 것인데, 이는 다른 사회영역에서도 나름의 질서를 잡아가고 있던 과정과 일치한다. 물론 이전에도 『조선경국전朝鮮經國典』·『경제육전經濟六典』등, 『경국대전』이 완성되기까지 모태가 된 법전들이 있었다. 이 시기의 '경제'란 말을 요즘 흔히 쓰는 경제라는 말로 이해하면 오해가 생긴다. 당시의 경제는 경세제민經世濟民, 곧 인간사회의 운영에 관한 포괄적인 의미를 담고 있다. 물론 거기에는 Economy의 경제란 의미도 포함된다.

혹자는 『경국대전』이 세조의 명으로 시작된 편찬 작업이라는 점을 들어, 세조를 조선조의 기틀을 잡은 군주로 평가하고, 심지어 그의 왕위찬탈이 정당하다고 주장하기도 한다. 그러나 그 정당성의 가부를 판단하기에 앞서, 조선 초부터 그런 노력이 계속되었다는 점과, 비록 세조의 명으로 편찬 작업이 시작되긴 했으나 거기에 참여했던 최항崔恒 등은 세종 때의 집현전集賢殿에서 고제古制(옛 제도)를 연구하던 학자들이었다는 점을 염두에 두어야 할 것이다. 이렇듯 『경국대전』은 세조정권의 정통성을 좌우할 만한 작업이었을 뿐 아니라, 이후 조선을 경영하는 만세불역萬世不易의 법전으로 자리를 잡게 되었다.

물론 『경국대전』만 있었던 것은 아니다. 『경국대전』만 해도 영조 때 『속대전續大典』, 정조 때 『대전통편大典通編』, 고종 때 『대전회통大典會通』으로 증보되었다. 아무래도 시대가 변하면서 보완이 필요했을 것이다. 그러므로 '만세불역'이란 말이 그대로 적용되었던 것도 아니다. 대체로 이들을 '대전류大典類'라고 부를 수 있을 텐데, 가장 늦게 간행된 『대전회통』을 보면 이러한 변화가 한눈에 알 수 있도록 정리되어 있다. 순서대로 '원原', '속續', '증增', '보補'라 하여 덧붙여 편집했으므로, 『경국대전』을 기초로 대전류가 이후 어떻게 변화했는지 알 수 있게 표시되었다.

이러한 대전류 외에, 중요한 법률의 역할을 한 것이 국왕의 전교傳敎였다. 전교는 국왕의 명령인데, 조선의 주요 정책 결정은 국왕의 승인을 거쳤고,

그에 따라 전교가 법률과 같은 효력을 갖게 되었다. 물론 전교가 있기 전에 지금과 마찬가지로 실무 회의, 부처 간 회의, 고위정책자 회의 등을 거쳐 의견을 조율, 수렴하는 절차도 거치게 마련이었다. 명령을 받고 집행하는 관청의 입장에서 보면 이러한 전교는 '받은 전교(受敎)'가 되며, 이를 모아 『수교집록受敎輯錄』을 만들었는데, 이 역시 대전류를 보완하는 법령의 역할을 했다.

한편 각 관청별로 '편하게 참고하는 규정(便考)', '일반적으로 두루 참고하는 규정(通考)'하는 식으로 설명서를 만들어 사용했는데, 요즘으로 치면 시행규칙이나, '시행세칙, 지침 등이 될 것이다. 승정원의 관서 규정이라고 할 수 있는 『은대조례銀臺條例』나, 문무 관원의 인사를 담당했던 이조吏曹와 병조兵曹의 업무 편람이었던 『양전편고兩銓便考』가 여기에 해당된다.

『경국대전』과 정부조직법

'조선의 헌법' 하면 첫 번째로 머리에 떠올랐던 『경국대전』은 과연 조선의 헌법이었을까? 『경국대전』은 서문을 빼고 모두 6권卷이다. 그 6권이 각각 이吏·호戶·예禮·병兵·형刑·공전工典으로 구성되었는데, 이는 이른바 '삼례三禮'(『예기』, 『주례』, 『의례』)의 하나인 『주례周禮』의 6관六官 체제를 따른 것으로 각각 천天·지地·춘春·하夏·추秋·동冬에 대응된다. 오해하지 말아야 할 점은, '이·호·예·병·형·공'의 6관 체제라고 해서, 이것이 관청으로서의 6조와 대응하는 것은 아니라는 점이다. 즉 6관 체제라고 해서 6조가 할 일을 규정한 것이 아니라, 국가 경영을 6관으로 나누어 놓은 것으로, 둘은 범주의 차이가 있다고 보면 된다.

『경국대전』은 요즘으로 치면 정부조직법과 국가운영에 관한 구체적인 시행 법안에 가깝다. 다시 말해서 어떤 사상에 기초한 국가의 기본이념과 국민의 기본권을 밝힌 근대의 헌법과는 사뭇 다르다. 물론 '국민'은 근대 민족국가의 성립을 전제로 했을 때 가능한 개념이다. 기본권이란 말도 천부인권론과 사회계약론에 입각한 근대법사상에 그 뿌리를 두고 있다. 다만 아직 적당한 말이 없으므로 그에 해당하는 용어와 개념을 찾을 때까지 잠정적으로 사용한다. 아무튼 『경국대전』을 이 자리에서 다 들춰보기는 어렵더라도 몇 군데만 살펴보자.

「이전吏典」은 왕비王妃 등 왕궁 내 여자들의 직위에 대한 규정인 내명부內命婦를 시작으로 중앙과 지방의 관청 조직, 관리의 선발과 임면 및 관직운영에 관한 규정들이다.

「호전戶典」의 규정들은 국가 재정財政 및 관리들의 녹봉祿俸, 수세收稅 등에 대한 내용이다. 다른 예·병·형·공전도 내용과 구조가 비슷하다. 「형전刑典」에 나오는 각 양형量刑(형벌의 정도를 정하는 일) 규정은 중국의 「대명률大明律」을 가져다 썼다. 「대명률직해大明律直解」인데, 「대명률」에 이두를 달아 해석한 것으로, 별도의 형률을 만들지 않고 이를 참조해 법집행에 활용했다.

『경국대전』이라는 명칭으로 보면, '국가를 경영하는 큰 법'이 되므로 일견 헌법으로 이해할 수 있겠다 싶었는데, 막상 내용을 보니 우리의 관념과 다소 차이가 있는 셈이다. 조선시대와 현대를 그 헌법의 형식으로 단순 비교할 수는 없을 것이다. 그런 점에서 조선시대의 헌법이라고 알고 있는 『경국대전』을 살펴본 것이며, 기대와는 달리 우리가 생각하는 헌법과 꼭 일치하지는 않는다는 사실을 확인하게 되었다. 이런 결과에 대해 그 이유를 국왕 중심의 전제정치(Despotism)에 돌리고, 그 때문에 근대의 헌법 같은 것은 애당초 조선에서 기대할 수 없다고 판단할 수도 있다. 아마 이런 생각 때문에 조선시대 헌법의 존재에 대한 발상조차도 가능할 수 없었는지 모른다. 또 사실과는 다르게 『경국대전』이 헌법과 같다고 막연하게 생각하게 만들었는지도 모른다. 그러나 자의적인 국가운영을 통해 500년을 통치한다는 것이 과연 가능한 일일까. 적어도 근대의 헌법과 같은 그 무엇이 있었을 것이고, 그것이 쉽게 포착되지 않는 것은 혹 우리의 접근 방법과 관점에 문제가 있기 때문일 수도 있지 않을까.

헌법과 역사성

『경국대전』에 헌법적 요소가 다분히 있는 것은 사실이지만, 국가의 정통성이나 국민의 기본권과 의무 등을 규정한 헌법으로 보기에는 문제가 있다는 점을 상기하자. 그리고 이쯤에서 다시 현대의 헌법과 그에 상응하는 조선의 헌법을 가늠할 수 있는 아이디어를 찾아보자.

우리는 대한민국 헌법 제1조 제1항이 "대한민국은 민주공화국이다"라는 것을 잘 알고 있다. 2008년 쇠고기 수입 재협상을 요구하는 촛불집회에서 울려 퍼졌던 이 구절이 가슴을 뛰게 만들었던 기억이 생생하다. 헌법 제1조가 헌법 조문이 아닌 현장에서 노래로 촛불로 살아날 때, 비로소 우리 시민의 헌법이 되었다. 그렇지만 이는 역설적으로 헌법 제1조의 '민주공화국'이 얼마나 타율적 조문이었는지를 보여주는 증거가 되었다.

우리에게 정치적 평등과 권리·기본권 사이의 갈등, 공화주의와 자유주의 사이의 갈등에 대해 얼마나 배우고 고민할 기회가 있었던가? 거주이전의 자유, 출판·집회·결사의 자유가 헌법에 있는지, 거기에 왜 삼권분립의 원칙이 있고 대통령, 감사원, 국회 등 헌법 기관들의 상호 견제와 감시, 권력 분산의 원리가 규정되어 있는지 배우고 토론했던 적이 있었던가? 여전히 우리의 헌법은 우리의 삶 바깥에 있는 것은 아닐까?[4]

헌법에 대해 가진 편견과 이해 부족을 반성했던 경험이 있다. 먼저 헌법에 대한 상식의 수준에 대해 놀랐던 경험이 하나 있다. 나는 평소 미국 시민들의 총기 소지권을 아주 우습게 생각했다. 말하자면 그들이 말하는 '서부 개척시대'의 총잡이 문화를 그대로 유지하고 있다고 생각하면서, 총기를 소지해야만 삶을 유지하는 그들의 문명 수준을 멸시했다. 학교 다닐 때부터 "야, 세상에 머리맡에 총을 놓고 살아야 하는 삶이라면, 그게 그렇게 지향해야 할 삶일까" 하며 비판했던 기억이 난다. 멸시인지, 아니면 뉴욕 마천루에 대한 선망과 콤플렉스의 변명인지는 모르지만, 오래도록 그런 생각을 하고 있었다.

미국 시민이 무기를 소지할 수 있는 근거는, 1791년 비준된 '수정헌법' 제2조 "규율 있는 민병은 자유로운 주州(States)의 안보에 필요하므로, 무기를 소장하고 휴대하는 인민의 권리는 침해받을 수 없다"는 '무기 휴대의 권리' 조항에 근거한다. 이 '수정헌법'의 제1조부터 제10조까지가 바로 우리가 세계사 교과서에서 배운 '권리장전(Bill of Rights)'이다. 이 조항에 대해 비판적인 견해를 가진 사람들도 많았던 듯하다. 그런데 그 시대 사람들이 잠재적인 위험으로 간주했던 '중앙정부 = 연방정부'로부터 자신들의 자유를 보호하기 위해 이 권리를 중요하게 생각했다는 점을 고려하지 않으면 안 된다.[5] '수정헌법'이 제정되던 당시에 각 주는 주의 독립성을 위해 이 조항이 필요했던 것이다. 이 조항의 존속에 대한 논의 여부를 떠나, 헌법을 포함한 어떤 사회의 규율 형성에 담긴 역사성을 이해하는 나의 접근법이 얼마나 가벼웠는지를 통감한 경험이었다. '독립전쟁' 이후 앵글로색슨을 중심으로 한 유럽 종족의 '서부개척'의 결과로, 아메리카 인디언이 절멸의 상태에 빠졌다는 거시적인 역사 전개를 고려하더라도, '수정헌법' 제2조의 역사적 의미가 도외시될 수 있는 것은 아니다.

거주 이전의 자유

거주 이전의 자유란 '이사 갈 수 있는 자유'를 말한다. 어렸을 때 반공시간에 북한 인민들에게 거주 이전의 자유가 없다고 배웠는데, 참 답답하게 여겨졌다. 그러고 어떻게 사나? 그런데 막상 내가 어른이 되어 이사 가야 할 처지가 되었을 때 거주 이전의 자유에 대해 의혹을 품지 않을 수 없었다. 혹시, 거주 이전의 자유는 거주를 이전하지 않고는 살 수 없는 생활양식에 대한 합리화가 아닐까? 매우 불온한 생각이지만, 이후 이 의심은 사실로 드러났다.

원래 유럽 봉건체제는 토지에 묶인(=긴박된) 인민들의 노동에 기초해 성립한 체제이다. 그런데 곡물재배 대신 양을 치는 인클로저(Enclosure, 대규모 방목을 위해 공유지를 사유지로 전환하고 농민을 내쫓은 사태) 등으로 인해 토지에 묶여 있던 농민들이 토지에서 쫓겨나 방랑생활을 하게 되었다. 임노동자가 되는 과정이다. 하지만 도시는 이들을 받아들일 준비가 되어 있지 않았다. 이들을 노동자로 받아들일 자본이 축적되지 않았던 것이다. 이런 상태에서 이들을 도시에 받아들이는 것은 사회 불안요소를 끌어들이는 것과 마찬가지였다. 그래서 토지에서 쫓겨난 농민, 즉 '부랑자'를 단속하는 법이 생겼다. 부랑자란 '불량하다'는 뜻이 아니라, '정해진 거처 없이 떠도는 사람들(浮浪者)'이란 말이다. 이 단계에서 '정해진 곳에 살아야 한다'는 '정주법定住法'이 생겼다.

자본주의의 발달에 따라 산업화가 진행되자 이제는 정주법이 아니라, 도시 공업지역으로 인구가 유입될 수 있도록 하는 제도와 법이 필요했다. 그 중 하나가 19세기 '구빈법救貧法'이었고, 그 헌법적 반영이 '거주 이전의 자유'였다. 이런 점에서 볼 때, '거주 이전의 자유'는 그 발생사에서 꽤나 음습한 역사를 지니고 있을 뿐 아니라, 자본주의 발달의 결과일 뿐 인간의 삶과 거주에 대한 깊은 성찰에서 나온 규범이라고 보기 어렵다.

1970년대 경제개발계획과 함께 농촌의 많은 사람들이 서울로 떠났다. 이농離農이었다. '부랑자 처벌법', '구빈법', '거주이전의 자유' 등은 이런 상황을 조정하기 위해 만들어진 법이자 규범이었다.

이런 배경에 생각이 미치면 '거주 이전의 자유'를 추구해야 할 적극적인 자유로 보기에는 뭔가 부족한 느낌을 지울 수 없다. 사태를 수습하기 위한 소극적 조치라는 느낌 때문이다. 거기에 전셋값이 오르거나 집값이 없어서 어쩔 수 없이 이리저리 이삿짐을 꾸려야 하는, 그것도 10년 사이에 수십 번을 이사했다는 사람들의 삶을 고려하다 보면 거주 이전은 '자유'가 아니라 '방랑'이자 '방황'이 되는 것이다. 그러니 '거주 이전의 자유'를 반공시간에 배운 남한의 체제 우월성의 근거로 내세우기에도 안쓰럽다는 생각이 든다.

생업, 그러니까 사람들이 먹고사는 일을 해결하는 주된 일이 무엇인가에 따라 주거방식은 달라진다. 농업은 일단 토지가 있어야 하므로, 거의 대부분의 사람들이 토지 가까운 곳에 살기 마련이다. 토지가 움직여서 어디로 걸어 다닐 리는 없으니, 당연히 이사를 갈 일도 없는 것이다.

그러나 산업사회는 다르다. 자본은 노동의 유연성을 요구하고 조장하므로 항상 남는 노동력이 있게 되고, 그 남은 노동력(노동자)은 먹고살기 위해 새로운 자본을 찾아 또 다시 이동한다. 그리고 자본 역시 끊임없이 명멸하므로 공장이나 회사(직장)도 바뀌게 마련이다.

이는 자본이 필요로 하는 '거주지의 유연성'이라 할 수 있다. 해외 출장도 마찬가지다. 세계자본주의 체제가 아니면 해외 출장을 갈 이유가 없다. 어쩌다 여행으로 간 프라하는 아름답지만, 번번이 시차에 시달리며 오랜 비행 끝에 도착한 출장지 프라하는 북적거리는 시장 통일 뿐이다. '이동'은 '단기 이사'인 셈이다. 아니, '거주'와 '이동'에 '단기' 거주와 이동이 있고

'장기' 거주와 이동이 있는 것이다.

이런 관찰은 우리의 주제, 즉 조선의 헌법을 이해하는 데 두 가지 전제가 필요하다는 것을 의미한다. 하나는, 우리의 헌법을 역사적 산물로 이해할 수 있는 최소한의 구도를 가져야 한다는 점이다. 둘째, 그래야만 그 구도를 통해 조선의 헌법을 이해할 수 있을 것이다. 그 과정에서 구도가 적절한지 아닌지, 아니면 왜 안 맞는지도 생각해보는 기회가 될 것이다.

여기서는 헌법의 이념과 조문을 분리해 생각해보는 편이 일단 유용하다고 생각한다. 근대 헌법에 대해, 민주주의와 기본권에 대한 자연법사상과 계몽주의가 그 이념이고, 그것이 우리가 아는 헌법 조문으로 구체화된 것으로 보자는 것이다. 자연법사상과 계몽주의는 역사상 특정한 시점에 등장한 이념이기 때문이다. 이 말은 곧 우리가 아는 헌법이 매우 역사적인 산물이라는 것을 의미한다. 동시에 더 나은 세상을 위해서는 지양될 수도 있는 체제라는 의미이기도 하다. 특히 조선시대의 '헌법'을 이해하기 위해서는 먼저 우리가 알고 있는 헌법이 초역사적이고 절대적인 가치를 가진 사회규범이 아니라는 점을 상기해야 한다.

예치와 법치

한 가지 더 고려해야 할 문제가 있다. 예치禮治와 법치法治의 문제가 그것이다. 이는 법 일반의 성격을 좌우하는 이념도 시대에 따라 다르지만, 법이 사람들의 삶에서 차지하는 비중도 시대에 따라 다르다는 문제를 제기한다. 그러니까 시대에 따라서는 여러 사회규범 중에서 법이 차지하는 비중이 요즘과 다를 수 있다는 인식이 필요하다. 한 변호사의 말에 따르면, 사실 요즘도 법을 의식하며 사는, 또는 법의 규정이 힘을 발하는 삶의 영역은

10%도 되지 않는다는 보고도 있다고 한다. 곰곰이 생각하면 수긍이 가는 말이다. 법 없이도 살 사람이 많기에 그래도 사회가 이만하게 유지되는 것이 아닐까 생각되기도 한다.

'법치'라는 관념이 가장 훌륭한 미덕이 된 시대는 우리가 사는 근대사회뿐이라고 해도 과언이 아니다. 마그나 카르타, 권리장전, 나폴레옹 법전 등을 계보로 삼아 그게 없으면 큰일이라도 날 것처럼 생각하는 발상의 저 편에는 바로 근대사회의 법치주의 이념이 자리하고 있다. 즉 이런 법치를 통해서 인간의 삶을 질서지운 근대에 대한 찬양이 담겨 있고, 그 시대를 인간 역사에서 가장 발전된 시대로 보는 배경이자 근거가 되는 것이다.

그러나 이런 법치의 가치를 반성이 없이 동조하는 데 대해서는 여전히 다음과 같은 문제의식을 남겨놓는다. 왜 예치가 우선되는 사회에서 법치가 우선되는 사회로 넘어갔는가? 거기에는 필연성이 있는가? 있다면 무엇인가? 필연성보다는 어떤 단절이 있는 것은 아닌가? 단절이 있다면 그 의미는 무엇인가? 어차피 사회규범이 인간사회의 필수조건이라면 앞으로 인간사회에서 있을, 있어야 할 규범은 어떤 인간학적 기초에서 고민되어야 하는가?

예치 – 법치의 구분에는 조심해야 할 대목이 있다. 유학 전통의 동아시아에서 정치와 법령의 선후 관계를 설명할 때 자주 인용되는 글이다.

> 선생님께서 말씀하셨다. "행정명령이나 규제를 통해 인민을 이끌고, 형률을 통해 질서를 유지하려고 하면, 인민들은 그 규제나 형률을 모면하려고 하고 잘못에 대한 부끄러움을 모르게 된다. 덕으로 인민을 이끌고, 예로 질서를 유지하면 인민들은 부끄러움도 알게 되고 품격이 있게 된다."[6]

아주 어렸을 때로 기억하는데, 아무데서나 길을 건넌다거나 해서 교통법규를 위반한 사람은, 그 벌로 새끼줄을 친 구역에 얼마간 세워두었다가 풀어주었던 적이 있다. 왜 세워두었을까? 아마 창피를 주기 위해서였을 것이다. 우리나라만 그런 처벌이 있나 했는데, 영국의 어떤 전철역에서도 무임승차자에게 벌금을 부과하는 대신 전철역에다 그 사람의 이름을 적어놓았다고 하니, 사람들 생각이 비슷비슷한가 보다. 공자의 제안은, 교통법규를 위반한 사람에게 벌금을 내게 하는 것보다 새끼줄을 친 구역에 세워두는 방식에 가깝다.

중국 쓰촨성에 지진이 났을 때, 원지아빠오溫家寶 총리가 지진 현장을 찾았다. 이 노정치가는 정부의 헌신적인 복구 활동을 약속하며 이재민에 대한 지원을 다짐했는데, 그때 그의 눈은 슬프게 젖어 있었다. 당시 언론은 원자바오 총리의 태도에 대해 호감을 보였고, 중국 인민들도 감동했다고 전한다. 바로 이것이 공자가 말했던 '덕德'이다. 인민들로 하여금 가슴이 뿌듯하게, 마음 속 깊이 공감을 이끌어내는 진정성이 바로 덕이다.

그 지진 현장에서 엉엉 울거나 호들갑스럽게 '복구를 위한 국민모금'을 제안하면서 흔히 하는 말로 '오버'하는 게 아니라, 단호한 정부의 결의를 상황에 딱 어울리는 비장함과 애통함을 담아 전달하는 것이 바로 공자가 말했던 '예禮'이다. 그 '상황에 들어맞는 태도'가 곧 '절문節文'인데, 이를 일컬어 '예는 천리天理의 절문'이라고 표현했다.

『동국통감東國通鑑』이나 『자치통감資治通鑑』에서 보듯, 역사라는 말이 예부터 '거울 감鑑', 즉 자신의 시대와 삶을 상대화시켜 바라보는 기능을 가진 학문 영역으로 이해되었다는 사실을 돌아보면, 우리의 법치 관념을 상대화시켜 생각해보는 것도 못할 바는 아니다.

동양 유가권 사회에서, 또는 조선사회에서 '법'은 사회질서를 유지하는 방식으로서 일차적 관심의 대상이 아니었다. 앞의 명제에 이어, 공자는

"내가 공정한 법집행에 관한 한 다른 사람만큼은 한다. 그러나 그런 법집행조차도 필요 없는 사회를 만들고 싶다"[7]라고 말했다. 법치와 예치의 우열을 논하기 전에, 법치인가 예치인가, 그 지향에 따라 사람들이 사는 세상의 판을 짜는 방식이 달라질 수 있음을 알아야 한다.

전환에 대한 어떤 해석

다음은 19~20세기에 '근대'를 향해 분투했던 사람들의 일면에 대한 어떤 서술이다.

① 캉여우웨이康有爲는 진보, 인仁, 욕망의 정당성, 평등과 자유, 민주정치, 공자의 탈유가화 등을 수행해야 했다. 이 무거운 임무를 수행하기 위해 '뒤돌아보기'인 고증 = 실사구시實事求是도 아니고, 추상적 심성론心性論만을 생산하는 의리도 아닌 경세 학설을 제시해야 했다. …… 그러나 복잡한 문제는 고대의 경세와 현재의 경세는 통용될 수 없다는 점이다. 경은 헌법 수정 절차처럼 공개적으로 수정할 수 없다. 그래서 역사가 발전하자 경전과 현실은 반드시 어긋나고, 보편 의리와 구체적 상황의 관계는 곧 어색해진다. …… 이것이 경전 해석의 합리성과 정치 실용성이 빚은, 해결할 수 없는 모순의 소재이다.

② 전제정치가 폐지되고 중화민국이 성립하고 나서, 합법성의 근거였던 경학은 그것의 효력을 상실했다. 1912년 3월 11일에 공포된 헌법인 『중화민국임시약법』과 유가 경전은 아무런 상관이 없었다.[8]

츠언샤오밍陳曉明은 전통적 정치규범인 '경'과 근대 정치규범인 '헌법'의 차이를 위와 같이 설명했다. 그는 캉여우웨이의 '근대화 과업'을 소개하면서, 정치규범의 전환을 '경에서 헌법으로' 변화한 것으로 보고, 1912년 헌법이 유가 경전과 단절된 시대의 정치규범이 되었다는 설명이다. 그러나 '경은 헌법 수정 절차처럼 공개적으로 수정할 수 없다'는 그의 견해는 좀 피상적인 이해라고 생각한다.

원래 '경'이란 '늘 그러한 것(常)'이란 뜻이다. 우리가 곧 이어서 살펴볼 '강상綱常'이란 말도 '경'이나 '상'과 통한다. 그래서 '경'은 변하지 않는 도리, 진리 등으로 이해되었다. 한편 헌법은 바꿀 수 있다. 한국 현대사에서 비록 대통령 선출 방식과 임기에 관련된 조항을 중심으로 한 정략적 필요에 따른 것이기는 했지만, 유신헌법, 제5공화국헌법, 제6공화국헌법 등 몇 차례 개정이 있었다. 그렇기 때문에 츠언샤오밍이 경과 헌법을 위와 같이 이해한 것은 일리가 있다.

그러나 사실은 '경'도 변했다. 중국 한漢나라 시대의 '육경六經'이 송나라 시대에 이르면 '13경'으로 정리되었다. 기준이 되는 텍스트로서의 '경'이 변화했던 것이다. 비교적 익숙한 『맹자孟子』도 원래 경서가 아니었는데, 송나라 때 주자가 '사서四書'를 중심으로 유학을 재해석하면서 '경'의 반열에 오른 텍스트였다.

이건 유가 경전의 경우이고, 여기에 불교와 도교가 정치규범에 끼친 영향까지 고려하면 '경'의 변동 폭은 우리의 짐작보다 훨씬 넓고 컸다. 예를 들어, 국왕이 법회에 참석하는 것이 일반적이었고, 고승高僧들이 국사國師나 왕사王師를 맡았던 고려시대만 해도 화엄경華嚴經이나 금강경金剛經이 '경'의 자리를 차지했다. 도교의 경우에도 '도장道藏'이라 하여 마찬가지로 경이 있었다. 그리고 당나라 때는 도사道士가 황제의 자문을 맡는 경우도 있었으니, 도교의 경전이 정치규범으로서 끼친 영향력을 과소평가할 일도 아니다.

유가 경전 내부에서 보아도, '경 = 텍스트'의 변화는 그 경에 대한 '해석'의 변화를 수반했다. 『논어』만 해도 거의 200종에 가까운 주석서가 있다고 하는데, 다른 경서의 경우에도 그렇게 많지는 않지만 서로 다른 주석서가 있기는 마찬가지다. 또한 '서양철학은 플라톤의 각주脚註'라는 말이 있는데, 이는 경과 그 해석의 변화가 단지 유가 문화권의 현상만은 아니라는 것을 뜻한다.

이런 점에서 보면, '변하지 않는 경은 없다'는 모순된 명제가 가능하게 된다. 난감한 일이다. '경'은 '변하지 않는 도리 또는 진리'인데, 변하지 않는 경은 없다니. 그래서 내린 대안은 '변하는 것'과 '변하지 않는 것'의 이분법이 아니라, '덜 변하는 것, 오래 지속되는 것'과 '자주 변하는 것, 비교적 오래 지속되지 않는 것'의 구별만이 가능하다는 것이다. 오래 지속되다 보니 변하지 않는 것 같은 규범이나 이념, 텍스트가 경이고, 그 맞은편에 '사史'가 있다는 것이다.[9] 그리고 그 구별은 사람들의 감각 차이만큼이나 편차가 있을 수 있다.

그렇기 때문에 츠언샤오밍이 경과 헌법의 관계를 위와 같이 이해하는 것은 일리는 있지만, 조금 부족한 느낌이 드는 것이다. 우선 경이나 헌법이나 모두 변한다. 따라서 '변하지 않는 경에서, 개정이 가능한 헌법으로'라는 테제로는 미흡하다. 생각을 바꾸어 접근할 필요가 있다.

헌법과 경經

전통시대의 분류에 따르면, 경은 물론 '경'이니까 별 문제가 없고, 헌법은 '경'일까, '사'일까? 정답은 '사史'이다. 청나라 건륭乾隆 연간에 편찬된 방대한 중국문명의 결정판 『사고전서四庫全書』에도 모든 법령은 '사'로 분류되어 있다. 흥미롭게도 츠언샤오밍의 테제를 이런 전통적인 경사 범주에 따라 살펴보면, 그가 '범주의 오류'를 범했다는 사실이 드러난다. 헌법과 경은 같은 차원에서 논의될 문제가 아니기 때문이다. 흥미로운 접근에도 불구하고, 그의 테제에서 부족한 느낌이 들었던 또 다른 이유가 여기에 있다. 해결책은 있다. 그 해결책은, 오히려 우리의 논의를 확장해, 전통시대에도 경과 헌법이 있고, 근대 정치규범에도 경과 헌법이 있다는 관점에서 살펴보면 찾을 수 있다.

츠언샤오밍이 조금 간과한 것은, 근대 헌법의 배후에도 '경'이 있다는 사실이었다. 정치규범인 헌법이 있으려면, 마땅히 그 헌법을 뒷받침하는 인간관, 정치관 등의 이념이 있을 것이다. 그 이념을 전통시대에는 '경'이라고 불렀고, 성리학 사상이 등장하고부터는 '의리義理'라는 표현을 많이 썼다. 요즘에는 돈 빌려주지 않는 친구에게 '의리 없다'고 하거나, 조직폭력배가 나오는 영화에서나 등장하는 삼류 용어가 되어버렸지만, 원래 그리 만만한 말이 아니었다. 자유, 평화, 평등에 필적하는 내용을 지닌 용어였다.

결론적으로 말하면, 근대사회에서 '경'은 계몽주의이다. 사회계약설, 자연법사상, 이성주의, 개인주의 등의 구성물인 계몽주의는 동양 유가 문화권의 '경'을 대체했다. 근대에 불교나 도교보다 유가(=유학)가 철저히 내쳐진 것은 바로 유가의 경세론과 인간관을 계몽주의가 대체하는 과정이었기 때문이었다. 그 경제적 하부구조는 농업사회에서 산업사회, 자본주의 사회로의 전환이었다. 전통적인 유가의 '의리와 경세'가 모두 계몽주의에 점령당한 것이다. 사찰은 남아 있는 반면에, 서원은 철저히 단절된 이유도 여기에 있다.

강상綱常이란 말

조선시대에 '헌법'의 특징을 지닌 규범을 찾는 것은 쉽지 않다. 예치의 특성, 경의 차이, 그에 따른 인간관의 차이가 정치제도의 운영에서 요즘과는 다른 원칙과 실제를 만들어냈기 때문이다. 예를 들어, '경'만으로 정치규범이 완결된 것이 아니라, 일부는 『경국대전』등에 포함되기도 하고, 일부는 『오례의』나 『가례』의 형식을 빌어 작동하기도 했다. 『경국대전』만 해도, 정부조직법의 성격과 함께 왕조와 관료제의 운영원리를 포함하고 있고, 『오례의』나 『가례』도 국가와 가문의 의례 절차이면서, 성리학의 의리론까지 구현하고 있다. 게다가 성문법보다는 관습법적 요소가 많은 법 현실도 법이나 규범의 명료한 구분을 어렵게 한다. 그럼에도 불구하고 오랫동안 '경'이자 '헌법'의 지위를 가진 규범이 있었으니, 그것이 곧 '강상綱常', '삼강오륜三綱五倫'이었다.

'강綱'은 '벼리'로, 원래 그물이 제대로 펴지고 끌어올려지게 하는 역할을 하는데, 기준이나 표준 정도로 새기면 된다. 바로 '삼강三綱'의 준말이다. '상'은 '경'과 같은 뜻인데, '오상五常', 즉 '오륜五倫'의 준말이다. '윤倫'은 질서란 의미인데, 마찬가지로 기준이란 의미로 해석할 수 있다.

'삼강'이란 원래 중국 한나라 때 원시 유학을 집대성해 유학에 기반한 제국문명을 구상했던 동중서董仲舒의 저술인 『춘추번로春秋繁露』에 나오는 말이었다.

> 하늘이 임금이며 덮고 적셔준다. 땅이 신하이니 믿고 살 수 있다. 양은 남편이니 생업을 갖고, 음은 아내이니 곁에서 돕는다. 봄은 아비이니 낳아주고, 여름은 자식이니 길러주며, 가을이 되면 죽어서 관에 들어가고, 겨울이면

아파서 상심하게 된다. 왕도정치의 이 세 가지 벼리는 하늘에서 찾을 수 있으니, 하늘이 양을 낳아 따뜻하게 하여 생명을 주고, 땅은 음을 낳아 깨끗하게 성장시킨다. 따뜻하지 않으면 생길 수 없고, 깨끗하지 않으면 성장할 수 없다.[10]

이렇게 음양오행론에 입각해 사회관계를 설명하면서 등장한 것이 '삼강'이었다. 이후 유학의 르네상스인 성리학 단계를 거치면서 규범으로 강조되었다. 그럼 아래의 글을 한번 보자.

임금은 신하의 벼리가 됩니다. 임금이 바르면 신하도 바릅니다. 아비는 자식의 벼리가 됩니다. 아비가 바르면 자식도 바릅니다. 남편은 아내의 벼리가 됩니다. 남편이 바르면 아내도 바릅니다. 그러므로 임금이 된 자는 반드시 자신의 몸을 바르게 하고서 신하를 통솔해야 합니다. 아비가 된 자는 반드시 자신이 몸을 바르게 하고 나서 자식을 규율해야 합니다. 남편이 된 자는 자신의 몸을 바르게 하고 나서 아내를 거느려야 합니다. 이렇게 하고 나서야 삼강이 바르게 될 것입니다.[11]

주자朱子(1130~1200)가 『예기禮記』에서 『대학大學』을 떼어내 '사서四書'에 편입시키자, 『대학』을 풀어서 군주의 교육 교재인 『대학연의大學衍義』를 편찬했던 진덕수陳德秀(1170~1235)가 한 말이다. 동중서의 말과는 사뭇 느낌이 다르다. 스케일은 동중서의 우주론적 발언이 더 크지만, 단호함이나 진중함에서는 후자가 더 돋보인다.

한편 '오륜'이란 말은 단연코 맹자의 발언에서 왔을 것이다.

후직이 인민들에게 농사짓는 법을 가르쳐 오곡을 심어 기르도록 했다. 오곡이 익자 인민들이 먹고살게 되었다. 인간에게는 도리가 있는데, 배불리 먹으며 따뜻하게 입고, 편안히 지내며 가르치지 않으면 짐승과 다를 바가 없었다. 성인이 걱정을 하시고 설에게 사도師徒(오늘날의 교육부장관)를 맡겨 인륜을 가르치게 했는데, 아비와 자식은 친해야 하며, 임금과 신하는 의리가 있어야 하고, 남편과 아내를 구별이 있어야 하며, 나이든 사람과 어린 사람은 순서가 있어야 하고, 친구들 사이에는 신뢰가 있어야 한다는 것이었다.[12]

누군가는 가슴 뜨끔할 본의本義

우리에게는 낡은 도덕규범으로 남아 있는 삼강오륜, 그 가운데 먼저 '삼강'을 다시 생각해보자. 여기서 앞의 진덕수가 했던 말을 상기하자. 먼저, 군위신강君爲臣綱. 임금은 신하의 벼리가 되어야 한다는 뜻인데, 벼리나 표본이 된다는 말은 무엇일까? 바로 대답하기가 어려우면 질문을 바꾸어보자. 본보기가 못 되면 어떻게 될까? 맹자의 말에 따르면 벼리가 못 되는 왕은 한낱 길거리에 널린 한 사내(匹夫)에 불과하다. 맹자의 이 말 때문에 『맹자』라는 텍스트는 오랫동안 '경'이 되지 못했고, 명나라 때는 심지어 그 부분이 삭제되고 출판되는 수난을 당하기도 했다. 그러나 그런 수난에 굴하지 않고, 조선에서는 두 차례에 걸쳐 '필부'를 권좌에서 쫓아내는 사건이 벌어졌으니, 바로 연산군燕山君과 광해군光海君이 그들이었다.

부위자강父爲子綱. 아비는 자식들의 모범이 된다. 모범이 못 되면? 이때는 쫓겨나기가 어려우니 어떻게 해야 하나? 나도 아비가 되고 보니 참 어렵다. 애들 눈치 보인다는 말이 딱 제격이다. 아비가 된 사람들은 곰곰이 함께 생각해 보았으면 한다.

부위부강夫爲婦綱. 남편은 아내의 벼리가 된다. 못 되면? 당연히 이혼을 당한다. 삼강을 이렇게 풀고 보니, 요즘 고민되는 '군君, 부父, 부夫'가 참 많으리라고 생각된다. 어쩌랴, 이것이 삼강三綱인 것을! 역사를 보면 삼강을 무너뜨리는 주범은 '군, 부, 부'에 있지 '신臣, 자子, 부婦'에 있는 경우는 드문 것을 확인할 수 있다. 특히 어떤 시대가 다할 적에는 사회를 이끌 이념이 탄력성을 상실하면서, 군君은 완력으로 인민人民을 누르고, 부父는 "아비가 말하는데 감히" 하면서 자식을 누르고, 남편은 "남자가 하는 일에 감히" 하면서 술 먹고 아내나 구타하는 현상이 나타난다.

여기서 잠시, 숨을 곳을 주지 않는 루쉰魯迅의 말을 들어보자.

중국에 사범학당師範學堂이 생겼을 때 늙은 선생이 분개하며 말했다고 한다. "스승 되는 자가 왜 가르침을 받아야 하는가? 그런 도리대로라면 다시 부범학당父範學堂도 있어야 하지 않겠는가?" 그 노선생은 아버지의 자격은 자식 낳는 것으로 충분하다고 믿고 있었다. 지금 중국에 필요한 것이 부범학당인 것을 당시에 어찌 생각이나 했겠는가. 중국에 자식의 아버지는 너무나 많다. 앞으로 필요한 것은 '인간'의 아버지이다.[13]

망해갈 무렵의 증상을 놓고 사태를 진단할 경우 근본적일 수도 있지만, 극단적일 수도 있다. 중국에서 청이 망할 무렵이나, 조선이 망할 무렵의 타락상만을 놓고 사회의 규범을 해석할 경우에 나타나는 우려 중의 하나이다. 나는 사범학교의 존재에 대해 의문이 있으므로, 부범학교 역시 존재가치가 의심스럽기는 하다. 그러나 망해가는 세상의 문제점, 즉 모순덩어리는 앞서 말한 '군, 부, 부'에 있다.

다만, 이 시대를 사는 우리 아버지들의 모습이 부범학교에까지 가라고 하기에는 너무 고달파 보인다. 붐비는 전철 안에서 언제나 피곤한 모습으로

졸거나 가까스로 신문에 의지해 의식을 유지하는 아버지들, 퇴근길 호프집에서 술 몇 잔에 취해 한탄과 호기를 번갈아가며 삶을 버티고 있는 아버지들이다. 그래서 루쉰처럼 아버지들에게 부범학교에 가라고 말하기 전에, 그들이 푹 잘 수 있는 세상이 먼저 되었으면 좋겠다.

어리석은 아들

흔히 어른들은 애들을 키우다가 서운한 일이 생겼을 때, 한마디 한다.

너도 애 낳아서 길러 봐라.

인간은 닥치기 전에는 모르는 일이 있다. 오직 일부 잘 타고난 우수한 인격들만 미리 알 뿐, 대부분은 꼭 나중에 후회한다. 그 후회한 못난 얘기를 해보려고 한다.

아버지께서 돌아가시기 두 주 전쯤에, 지인과 술 한잔을 하면서 이런 다짐을 했다. "앞으로는 아버지와 소주도 한 잔씩 하고 그래야겠습니다." 상대방의 아버님이 바로 얼마 전에 돌아가셨기 때문에, 나도 살아계셨을 때 잘 해야겠다고 딴에는 다짐을 놓았던 것이다.

하지만 그 뒤로도 아버지와 오붓한 술자리를 만들지 못했는데, 아버지는 그만 세상을 뜨셨다. 아, 세상일이란 게 이런가 싶었다. 차라리 다짐이나 하지 말 걸. 조문 왔던 그 분은 그때 일이 기억나는지 아무 말도 하지 않았다. 결국 아버지에 대한 기억은 내내 아쉬움으로만 남을 터였다. 그런데 여기가 끝이 아니었다.

홀로 계신 어머니께 잘하리라 생각했다. 당시 어머니는 중풍으로 몸이

성치 않았다. 공부한다고 집을 나가 있던 나를 대신해서 착한 동생이 모시고 있었다. 그 뒤 IMF 때 동생은 일본으로 이사를 하게 되었고, 어머니는 내가 모시게 되었다. 마침 학위를 마치고 포스트 닥(Post Doc.) 과정을 밟던 내가 집에서 수발하기도 편했기 때문이다. 딱 1년이었다. 8월에 모시기 시작해서 이듬해 8월에 돌아가셨으니까.

아버지가 돌아가셨을 때 했던 후회가 있어서, 편찮으신 어머니를 잘 모시려고 했다. 그런데 그게 마음처럼 쉽지 않았다. 하루 세 끼 밥을 떠서 먹여드려야 했고, 수시로 기저귀를 갈아야했다. 계속 누워 있다가 등창이 나면 안 되므로 목욕도 때맞추어 빠트리면 안 되었다. 무엇보다도 의사소통이 제대로 되지 않는다는 게 답답했다. 병세가 갈수록 악화되어 대화가 거의 불가능했기 때문이다. 게다가 나는 효자와는 거리가 멀었다. 병들어 누워있는 환자와 싸우고, 투정을 했다.

그러다 보니 이상한 마음이 들었다. 차라리 돌아가시는 편이 낫겠다는 마음. 그런데 우스웠던 것은 다른 누가 어서 돌아가시는 편이 낫겠다고 하면 화가 나는 것이다. 자신은 그런 생각을 하면서 말이다. 한심한 일이었다. 돌아가신 뒤, 어떤 분들은 나중에 네 마음의 짐을 덜어주려고 1년 동안 너에게 있다가 가신 거라고 말한다. 그런데 이런 해석이 매우 중요하다는 것을 깨닫는 데는 그리 오래 걸리지 않았다.

아버지가 돌아가셨을 때와 똑같은 후회가 이번에도 밀려왔다. 아버지가 돌아가셨을 때 나는 몇 번 혼자서 울었다. "아버지, 미안해, 미안해 ……" 이게 내가 울면서 할 수 있었던 유일한 말이었다. 그런데 어머니가 돌아가셨을 때도 마찬가지였다. 그해 추석에 차례를 마치고 모두 돌아간 오후, 계단에 앉아서 허한 마음으로 맑은 가을 하늘을 올려다보며 울었다.

그 무렵에 뒤늦게 '효孝'가 뭔지를 알았다. 효는 부모가 돌아가신 뒤에 자식 마음 편하라고 가르치는 덕목이라는 것을. 부모를 위한 것이 아니라, 나중에 살아있는 자식들을 위한 장치라는 것을. 그랬다. 가능하면 돌아가신 뒤 덜 후회하고 덜 마음 아프라고 그렇게 효를 강조했던 것이다.

다시 냉정하게 말하자면 '효'에는 비극성이 있었다. 자식은 늘 후회할 수밖에 없었던 것이다. 나 같은 대부분의 인간이 그렇다는 것이다. 돌아가신 뒤에 후회하는 것이다. 그래서 자꾸 "어버이 살아실 제 섬기기란 다 하여라" 가르쳤던 게다. 그러나 앞으로도 자식들은 계속 후회를 반복할 것이다. 이게 인간이다. 다행인 것은, 나의 사랑스런 학생들에게 이런 얘기를 해주면 숙연해진다. 내가 인간에게 희망을 갖는 순간이다.

답답한 이유

하지만 다음과 같은 뉴스에는 여전히 답답함을 느낀다. KBS 9시뉴스의 일부이다. 일본에서 시집온 며느리가 시어머니 병수발을 하는 효행을 소개한 내용이다.

앵커 : 일본에서 시집온 며느리가 9년째 시어머니 병수발을 도맡아 하는 효행으로 감동을 주고 있습니다. 오종우 기자가 보도합니다.

리포트 : 지난 99년 한국에 시집온 일본인 며느리 야시마 가즈코 씨. 어려운 가정 형편에도 9년째 연로한 시부모를 정성껏 모시고 있습니다. 하반신을 전혀 움직일 수 없는 시어머니는 용변 수발까지 며느리에게 의지할 수밖에 없는 형편. 자식들은 모두 요양원에 모시자고 했지만 가즈코 씨는 힘닿는 데까지 모시겠다며 반대했습니다.

〈인터뷰〉 김종태(시아버지) : "며느리라도 감사히 속으로 표현은 안

해도 고맙다 하는 것만 자꾸 생각하고 있어요."
한국 며느리도 힘든 시부모 봉양에 힘든 내색 한번 없자 이웃 어른들의 칭찬이 자자합니다.

〈인터뷰〉권성희(밀양시 청도면) : "어느 며느리라도 이렇게 하는 사람 없습니다. 촌에도 없습니다."

남편이 신문배달까지 하는 어려운 가정 형편에 흔한 휴대폰 하나 없지만 사랑하는 가족이 있어 그저 행복하다는 가즈코 씨.

〈인터뷰〉야시마 가즈코(일본인 며느리) : "어머니 너무 아프시니까 건강하게 오래 사시면 얼마나 좋을까."

가즈코 씨는 마땅히 해야 할 일을 했을 뿐이라며 오늘도 시부모 옆을 조용히 지키고 있습니다. KBS 뉴스 오종우입니다.[14]

이 틀에 박힌 듯한 기사와 인터뷰가 답답했다. 과연 기자의 말을 듣고 감동할 사람이 얼마나 될까? 그때 다시 루쉰의 어떤 글이 떠올랐다.

어린 '내'가 처음 소유한 그림책은 『24가지 효도 그림(二十四孝圖)』이었다. 이 효자 교과서를 알고 난 뒤로, 효가 몇 십 배, 몇 백 배 어려운 것을 알았다. 한겨울에 죽순을 구하는 일이나, 얼음을 깨고 잉어를 잡으려다 먼저 빠져죽을 일은 그렇다고 치자. 가난해 모친을 공양하기도 어렵게 되자, 아직 방글방글 웃고 있는 어린아이를 묻어버리려고 했던 곽거(郭巨)의 이야기는 어린 시절 내내 '나'를 불안에 떨게 만들었다. 만약 아버지가 곽거의 흉내라도 낸다면 땅에 묻혀야 할 사람은 바로 '나'였다. 할머니는 '나'와 양립할 수 없는 인간, 적어도 내 생명의 장애가 되는 인간인 것 같은 생각이 들어 견딜 수 없었다.[15]

이는 루쉰의 자전적 에세이인 『24가지 효도 그림』에 나오는 이야기이다.

루쉰은 이것으로 부족했던지 같은 책에서 이에 대한 후기를 따로 달았다.

> 조아曹娥가 아버지를 찾아 강물에 투신해, 자신이 익사한 뒤 아버지 시체를 안고 물 위로 떠오른 이야기는 역사에도 기록되어 있어서, 널리 사람들에게 알려져 있다. 그런데 그 '抱(안다)'라는 글자가 문제된다.
> 나는 어려서 고향의 노인한테서 이런 이야기를 들었다.
> "······ 죽은 조아와 부친의 시체가 처음에는 정면으로 끌어안고(抱) 떠올랐다는 게야. 그런데, 지나가던 사람이 그걸 보고 웃었다는 게야. '허허허! 이렇게 젊은 처녀가 이런 늙은이를 끌어안다니!' 그러자 시체가 다시 가라앉았는데, 잠시 뒤에 다시 떠올랐을 때는 등에 업고 있었더라는 게야."
> 과연 예절의 나라다! 죽은 나이 어린 효녀 — 아아 '아娥는 나이 십사 세'일 뿐 — 가 죽은 아버지와 같이 떠오른 일까지도 이다지 곤란을 당할 줄이야![16]

실제로 청나라 말의 풍속화가였던 오우여吳友如가 그린 「여이십사효도女二十四孝圖」(1892)에는 두 시체가 같이 떠오르는 장면이 있는데, 서로 '등을 맞대고' 있다. 죽은 시신조차도 움직이는 가공할 만한 예절!

루쉰은 효가, 또 선善이 얼마나 끔찍하고 지루한가를 드러내고 있다. 어린아이가 『효행록孝行錄』을 읽고 느꼈던 공포를 통해, 효가 억압적일 수 있다는 점을 밋밋하면서도 섬뜩하게 그려냈다. 왜 윤리가 이렇게 섬뜩할까? 이러면 사람들이 삐딱해지지 않을까? 오늘날 '효'를 얘기한들 콧방귀도 뀌지 않는 것은 과연 '요즘 젊은이들이 돼먹지 못해서' 그런 것일까?

아니, 그렇지 않다고 생각한다. '요즘 젊은 것들' 타령은 이미 이집트 피라미드의 파피루스 기록에도 나오고, 『조선왕조실록』에도 숱하게 나온다. 늘 하는 타령은 답이 아니다. 다른 데 이유가 있다고 생각한다. 왜 하필이면, 어머니는 한겨울에 꼭 잉어가 먹고 싶고, 죽순이 먹고 싶으실까? 왜 심청이 아버지는 딸이 인당수에 몸을 던져야만 눈을 뜨는 것일까? 왜 부모는 자식의 허벅지 살을 먹어야 쾌차하는 것일까? 왜 이리 끔찍하고 두려운 것일까, 효라는 것이 정말 그런 것일까?

아니다. 이건 '오버'라는 거다. 『효행록』의 효행이라는 게 얼마나 부자연스러운가? 그러니까 사람들은 자기 일이라고 생각하지 않는 것이다. 윤리의 소외疏外! 나의 생명력이나 건강과는 아무 상관이 없는 뼈만 남은 윤리!

강상의 회복

앞으로도 예치와 법치의 논쟁은 계속될 것이다. 근대사회의 모토처럼 법치주의를 부르짖을 수도 있다. 지금 세상은 그렇게 움직이고 있는 듯이 보인다. 그러나 막상 '법대로 하라'는 말은 '이제 끝장을 보자'는 말과 같다는 것을 우리는 알고 있다. 관계의 회복과 개선이 아니라 관계의 종말인 것이다.

그렇다고 법 무용론을 주장하는 것은 아니다. 삶의 방향, 사회의 운영 방향을 고민해보자는 뜻이다. 애초 이 장의 의도도 그러했고. 그래서 예치의 방향을 소개했고, 흔히 예치의 핵심인 '강상'으로 '삼강오륜'을 살펴보았다. 막상 '강상의 회복'이라고 하니까 또 고리타분해질 듯한데, 앞서 소개한 '효'에 대한 경험과 단상 말고도 '강상의 회복'과 관련된 기억이 있다.

지곡서당 1학년 때로 기억되는데, 나는 그때 청명靑溟 선생님과 바둑을 두기 위해 가 있었다. 마침 그날 9시 뉴스에는 어느 학교의 학내사태가 보도되었다. 뭔가 학교 당국의 부당한 조치에 항의해 학생들이 몇몇 교수의 머리를 강제로 깎은 일이 발생했다. 물론 방송에서는 학생들의 '만행'을 규탄하는 목소리가 주를 이루었다. 우리들 중 누군가도 "아무리 그래도 그렇지 그러면 쓰나"라고 말하자, 조용히 바둑을 두시던 선생님께서 기다렸다는 듯이 말씀하셨다.

선생이 오죽 잘못했으면 학생들이 머리 깎을 생각까지 했을까!

일흔이 넘은 큰선생님의 목소리는 단호했다. 나에게는 충격이었다. 충격이지만 명료한 충격이었다. 그렇다. 제정신이라면 어떤 학생도 이유 없이 강제로 선생의 머리를 깎을 생각을 하지 못한다. 우리는 제정신이 아닌 경우를 염두에 둘 필요는 없다. 맨정신에 그랬다면, 그 이유는 학생이 아닌 선생에게 있다고 판단하는 것이 옳다. 그 사안의 처리 결과가 어떻게 되었는지는 모르겠다. 그런 일이 생겼으면, 학생을 처벌할 것이 아니라, 선생이 백묵을 놓아야 한다는 게 내 생각이다. 그게 강상의 회복이다.

예의 자기화

조선시대는 유학을 국가의 기본방향, 즉 국시國是로 삼았다. 그런데 당시 유학이 주자朱子에 의해 재해석되면서 성리학 체계가 완성되었으므로 자연히 국시란 성리학性理學이 된다. 그러나 모든 역사의 전개가 그러하듯이, 불교를 비판하면서 유학을 국시로 하겠다고 했을 때도, 현실사회의 문제는 유학을 통해 해결될 것이라는 문제의식과 방향을 제시한 것에 불과하다. 따라서 그 문제의식과 방향을 구체화시키는 과정은 별도의 시간이 필요했다.

조선 초에는 『국조오례의國朝五禮儀』라는 예서를 통해 국가 차원의 예제禮制

를 확립했다. 고금의 예서를 참고해 성종 5년(1674) 신숙주申叔舟 등에 의해 완성된 이 책은 『경국대전』과 함께 기본예전이 되었다.

그러나 일반 국민들이 성리학에 입각한 예서禮書를 이해하고 생활에 영향을 미치는 수준에 이르기까지는 아주 오랜 시간이 걸렸다. 바로 그것이 주자가 쓴 『가례』의 이해 과정이었다. 그러므로 처음에 만들었던 『국조오례의』와 『가례』 사이에 차이가 있기도 했고, 그렇기에 무수한 논쟁을 겪어야 했는데, 거기에는 삼년상三年喪을 할 것인가 말 것인가 하는 논쟁도 들어 있었다. 마찬가지로 그런 방향으로 사회를 만들어가던 주체인 사림士林들도 정치적으로 사화士禍 등을 치르면서 성장해가야 했던 것이다. 우리가 잘 아는 조광조趙光祖는 바로 그런 사람들이 정치일선에 나서서 국가정책결정에 참여하게 된 첫 세대이며, 동시에 그 급진성으로 인해 좌절을 맛본 세대라고 할 것이다.

결국 조선 건국부터 선조宣祖 이후 본격적인 사림정치士林政治가 시작되기 전까지 약 200년간의 기간은 조선의 지식인들이 성리학이라는 중국의 사상을 받아들여 자기화해가는 시기였으며, 마찬가지로 예禮도 그런 자기화의 바탕에서 확립될 수 있었다. 이러한 자기화의 표현은 『가례』의 언해본諺解本이 나오는 데서도 확인할 수 있다. 언해본만 아니라, 학자들 나름의 해석서가 상당수 간행되었다.

우리가 알고 있는 조상봉사祖上奉祀, 즉 제사祭祀도 통상 고조高祖(4대조)까지 지내는 것으로 알고 있으나, 그것은 16세기 후반에야 정착되었다. 그전에는 신분에 따라 제사를 올릴 조상의 한계가 각각 달랐다. 그게 뭐 중요하냐고 생각할지 모르지만, 유가에서 가족의 질서와 윤리는 모든 사회 운영의 기본이다. 실제로는 유가만이 아니라 모든 사회 운영의 기본단위는 가족이고, 이 점은 어느 사회나 마찬가지다.

그런 가족관계의 정체성을 실질적이고 상징적으로 의미하는 제사를 신분에 관계없이 누구나 동등하게 올릴 수 있게 되었다는 사실은 우스운 일이 아니다. 현대 민주주의의 보통선거를 보더라도, 우리가 민주주의의 산실로 알고 있는 영국에서조차 제1차 세계대전이 지나서야[17] 전 국민을 대상으로 실시되었다는 것을 고려한다면, 그 현실적 의의는 평등한 제사를 지내게 된 쪽이 더 크다고 보아야하지 않을까.

헌법의 측면에서 조선을 접근하다 보니, 새삼 생각지도 못하게 무척 복잡한 문제들이 얽혀 있음을 알게 되었다. 다만 여기서는 법치만이 아니라 예치로 운영된 사회도 있었다는 것, 그리고 조선의 헌법은 『경국대전』만이 아니라 『국조오례의』와 『가례』 등 예서를 통해서도 접근이 가능하다는 점을 살펴보았다. 나아가 어떤 규범원리를 통해 인간의 행복을 확대할 것인가를 생각해볼 수 있는 계기가 되기를 바라고, 그 규범과 '강상'이 우리의 생명력에 힘이 되었으면 하는 소망을 함께 나누었으면 한다.

4장 대동법, 혁신하는 시스템

오래된 궁금증

　대동법은 조선시대에 일어난 가장 큰 정책 변화로 꼽힌다. 어느 시대나 국가를 경영하는 데는 비용이 들고, 이를 재정이라고 한다. 재정은 정부를 유지하는 비용만이 아니라, 나라 살림 전반에 걸쳐 소요되는 비용이다. 조선시대의 재정은 세금을 거두어야 운영되며, 그 세금(賦稅)은 논밭에서 걷는 세금인 조租, 특산물이 나는 지역에서 거두는 공물貢物(즉 조調), 그리고 현물의 형태가 아닌 노동력을 제공하는 요역徭役(신역身役, 즉 용庸)이라는[1] 조용조 체제로 구성되어 있었다. 재정에서 공물이 차지하는 비중이 가장 컸다. 대동법은 두 번째 부세 방법인 공물을 현물이 아닌 쌀로, 그리고 특산물 산출 지역이나 호戶가 아닌 논밭에 세금을 부여하는 전결田結로 바뀐 수세제도이다. 그리고 그것은 100년이라는 긴 세월 동안 이루어진 '끈질긴 개혁'이었다.
　비록 나 자신이 조선시대 재정 구조에 정통하지 못한 입장이지만, 전부터 대동법에 대한 학계의 논의가 조금 이상하다는 생각이 들었다. 즉 대동법의 출발, 논의의 전개, 실시, 그리고 추진 주체 등에 대한 논의가 충분한 답이 되지 못한다고 생각해왔다.

불교의 선가禪家에만 화두가 있는 것은 아니다. 선가의 깊은 경지를 감히 짐작할 바는 아니나, 나름대로 정의하자면, 누구나 꾸준히 남아서 해결을 기다리는 문제의식, 풀려고 늘 지니고 다니는 문제의식이 넓은 의미의 화두가 아닐까 한다. 역사를 공부하면서도 그런 화두들이 여럿 생겼다. 이를테면 다음과 같다.

퇴계退溪 이황李滉은 선배들을 논평하던 중에 정암靜庵 조광조趙光祖에 대해 이렇게 평가했다.

> 타고난 자질은 훌륭했지만, 학문이 충실하지 못해 안타깝게도 그가 벌인 일에 마땅한 정도를 지나친 데가 있었다. 그래서 결국 일을 그르치기에 이르렀다. 만약 학문의 힘이 충실해지고 인덕의 국량이 성취된 뒤에 관직에 나가 세상일을 담당했더라면, 그가 이루었을 성취는 쉽게 짐작하기조차 어려웠을 것이다.[2]

기묘사화己卯士禍(1519년, 중종 14) 때 변절한 선배 사림인 남곤南袞과 훈신인 심정沈貞 등의 반격을 받아 사회 개혁의 이상이 좌절된 채 세상을 뜬 선배 조광조를 두고 퇴계는 이렇게 평가했다. 처음에는 도대체 이 말이 무슨 말인지를 몰랐다. 그러면서 적어도 이 문장만 이해한다면 조광조부터 시작해 퇴계의 한 세대 후배인 율곡 이이의 시대까지, 그러니까 중종부터 선조시대까지를 이해하게 될 거라는 생각이 들었다.

둘 다 공론입니다

대동법에 대한 기존 연구를 요약해보자. "서울에 살던 우의정 김육金堉과 연산連山(지금의 연기, 논산 지역)에 살다가 올라와 이조 판서를 맡고 있던 김집金集은 같은 서인西人이지만, 대동법 실시에 대해 의견을 달리했다. 김육은 찬성, 김집은 반대였다. 김육은 한당漢黨(서울 사는 무리), 김집은 산당山黨(산림 출신 무리)이다."

기존 연구에서는 콩쥐-팥쥐 구도를 여기에 적용해 전자는 좋은 사람, 후자는 나쁜 사람 하는 식으로 정리했다. 그러나 이제 그런 억지스런 구분은 통하지 않는다. 율곡의 제자들인 서인 중에서 김장생金長生(사계沙溪, 김집의 부친) 등의 산당(또는 산림계)은 이미 대동법의 기본 방향을 잘 알고 있었고, 대동법 실시에 대해 적극적으로 고민했음이 하나하나 계속 밝혀지고 있기 때문이다.[3] 당연히 대동법에 대한 연구 수준이 높아진 결과이다.

내가 얻은 화두는 김집과 김육의 이런 갈등을 배경으로 이루어졌다. 대동법 실시에 대한 견해 차이가 낳은 갈등으로 '보이는' 이 사건으로 김집이 낙향을 하고, 덩달아 김집의 제자였던 송시열도 사의를 표명했던 것이다. 이 무렵 송시열과 효종이 주고받은 대화를 보자.

> 송시열이 말하기를,
> "김집은 우의정(김육)이 상소에서 했던 말 때문에 떠나지 않을 수가 없었습니다."
> 라고 하니, 임금이 말하기를,
> "우의정의 상소에는 특별히 공격하거나 배척하는 말이 없었는데, 김집은 어째서 그렇게 결연히 떠났소?"

했다. 송시열이 말하기를,

"아마 대동법에 대한 논의가 일치하지 않았던 까닭에 우의정이 편치 않은 마음을 품었습니다. 그러나 모두 공의公義(公)에서 나온 것이었는데, 지금에 이르러 이렇게까지 격해지게 되었습니다. 분명 오고가며 떠도는 말이 있어서 김집의 마음을 놀라게 했을 것입니다."

라고 했다.[4]

김육과 김집의 갈등은, 대동법 찬반에 대한 대립이라기보다는 같은 서인이면서도 학자 쪽에 가까운 김집과, 경세관료의 길을 걸으며 외척이었던 김육의 상이한 정치배경과 스타일에서 연유된 것으로 보는 것이 사실에 가까운 듯하다. 여기서 이해하지 못했던 것은 바로 송시열이 "모두 공의(公)에서 나온 말"이라고 한 구절이다. 실록 원문에 나오는 '공公'은 김집과 김육 둘 다 사사로운 이해관계에서 대동법을 바라보지 않았다는 의미이다. 그래서 '공'을 '공적인 일을 논의하는 바른 태도'라는 뜻의 '공의公義'라고 해석했다. 그런데 왜 송시열은 이 '대동법에 대한 찬반 논의'로 보이는 갈등을 '공의'에서 나온 것이라고 이해했는가, 하는 것이 바로 화두가 되었다.

이 '공'이라는 말을 이해하면 우리는 대동법의 새로운 모습을 많이 발견할 수 있다. 그리고 '시국을 비시국적인 관점에서 접근해도, 그 시국에 대해 참으로 많은 생각을 할 수 있다'는 평범한 사실, 즉 역사를 공부하는 이유를 확인할 수 있다.

외삼촌의 숭어

공물을 거두는 조調는 특정 생산지에 부과하는 부세였다. 지금처럼 상품유

통이 일반화되지 않았을 때는 산지로부터 필요한 물품을 조달하는 것이 자연스러웠다. 사극을 보면 '진상進上'이라는 말이 종종 나오는데, 바로 이는 대개 '진상 공물'을 말한다. 물론 궁중에만 공물이 필요했던 것은 아니다. 관청에서도 종이 등 문방구류가 필요했기 때문에, 이것들도 공물에 포함되었다. 이는 중앙관청만이 아니라 지방관청도 마찬가지였다.

어렸을 때의 기억이다. 충남 성환읍의 외갓집에서 자랄 때, 외할아버지는 당신 돌아가신 뒤에 제사를 받으시려고 조상 제사를 열심히 모셨다. 제사가 다가오면 북어도 사다가 두드려 펴시고, 며칠 전부터 좋아하시던 약주도 딱 끊었다. 제삿날이 되면 아산에 사시던 외삼촌께서 오시곤 했는데, 늘 손에 숭어나 이름 모를 생선이 들려 있었다. 당시 아산은 아산만 방조제를 쌓기 이전이었고, 고깃배들이 나가서 연안 바닷고기를 잡아오고는 했다. 외삼촌이 오시는 차 시간에 맞추어 행길까지 나가 있다가 나만 한 크기의(그때는 그렇게 느껴졌다!) 숭어를 받아들었을 때의 경이감, 그 경이감에 비례해 외삼촌은 한껏 가슴을 내밀었던 듯하다. 숭어는 물론 농사를 짓던 외삼촌이 뱃사람들에게서 샀을 것이다. 말하자면 외삼촌은 그렇게 외할아버지 댁에 제수용 공물을 '진상'했던 것이다.

외할아버지는 외삼촌이 아산 바닷가에 산다는 이유로 으레 생선을 들고 올 것으로 기대하셨고, 그 기대에 부응해 외삼촌이 생선을 진상했다고 치자.(실제로 외할아버지는 외삼촌의 진상을 염두에 두지 않았다. 꼭 당신이 장 보아온 조기를 올렸다.) 그러면 외삼촌은 자신이 바닷고기를 잡는 어부가 아니기 때문에 뱃사람에게 사서 진상해야 한다. 예전에는 자신이 고기를 잡기도 했기 때문에 잡은 고기를 제수용으로 들고 오면 되었지만, 지금은 농사만 짓기 때문에 '사서' 진상해야 하는 것이다. 즉 외삼촌의 숭어는 외삼촌에게는 '자신이 생산할 수 없는 공물(不産貢物)'인 것이다. 조선시대에도 시간이

지남에 따라, 이렇게 해당 공물이 생산되지 않는 지역에 여전히 공물을 배정하는 현상이 나타났다.

공물 변통의 두 방향

앞서 든 사례는 집안일이니까 별 문제가 없지만, 고을 단위로 이런 일이 벌어지면 얘기가 달라진다. 소송이 많아지면 법률전문가가 생기듯이, 일정한 대가를 받고 생산되지 않는 공물을 대주는 전문업종이 생겼다. 그 전문업을 '방납防納'이라고 한다. 그러니까 이 문제를 척결하려면, 공물의 품목, 즉 산지와 수량을 기록한 '공안貢案'을 현재 생산되는 산물로 개정해야 했다. 그렇지 않으면 '불산공물不産貢物'(현지에서 생산되지 않는데도 배정된 공물)을 사서 내는 일이 계속될 것이고, 뒤에 살펴볼 연산군대 사례에서 보듯이 이미 늘어난 공물을 마치 원래 내야했던 것처럼 추가로 내는 '폐단의 구조화'가 진행될 터이기 때문이다. 공안의 개정은 공물의 폐단을 바로잡는 전통적인 방식이었고, 동시에 부담할 공물을 줄일 수 있는 실제적인 방안이기도 했다. 이 방안이 공물 개혁론의 중요한 한 축이다.

공물 개혁론의 또 다른 축이 있었다. 대동법으로 가는 길이 그것이다. 이를 위해서는 '사대동私大同'과, '쌀로 거두는 방식, 즉 작미作米 또는 작포作布'에 대한 이해가 필요하다. 공물은 각 고을, 즉 주현州縣 단위로 분정되었을 뿐 고을 '안에서' 어떻게 분정할 것인지에 대한 규정은 분명하지 않았다. 고을 안에서는 전결에 근거해 8결結 단위로 부과되었다는 견해가 현재로서는 유력하다. 그러다 보니 권세가의 토지에는 부담이 면제되거나 적게 부과되는 일도 있었고, 당연히 그 차감분은 다른 토지로 전가될 수밖에 없었다. 이렇게 되자 각 고을에서는 '수령의 권한으로(私)' '전결에 균등하게 공물을 분정하는(大同)' 이른바 '사대동'이 시행되기도 했고, 중앙의 조정에서도 이를 용인했다. 사대동은 공물의 분정과 수취 방식의 문제였다. 물론 이 사대동의 전국적 확대가 '대동법'이었다.

그러나 이게 간단히 실시할 수 있는 제도가 아니었다. 몇몇 고을 '안에서는' 큰 문제가 없더라도, 전국적 차원에서 보면 각 고을마다 내부 사정(지주-소작 같은 토지소유 등)이 달랐고, 호戶나 전결의 수가 많은 큰 고을(大邑)과 수가 적은 작은 고을(小邑)의 입장이 다를 수밖에 없었다. 무엇보다도 토지의 전결이 정확하게 파악되어 있어야 했다. 임진왜란 이후 토지 상황을 기록한 양안量案(전세를 걷기 위한 토지대장)이 누락되어 전국적으로 토지 결수가 하락한 것은 잘 알려진 일이다. 따라서 대동법이 제대로 시행되기 위해서는 양전量田(토지조사)이 필요하다는 논의가 나오는 것은 당연했다.

'작미(또는 작포)'는 방납·점퇴點退와 관련된 수취 형태의 문제였다. 점퇴란 점검해 물린다는, 곧 원래 낸 공물이 공물로서 품질이 적합한가를 판정하는 일이었다. 이것이 방납과 결합하면서 높은 공물가, 방납가를 초래하는 제도적 장치가 되고 말았다. 작미는 각 고을에서 이미 일반적으로 시행되고 있었다. 그러나 이를 중앙정부 차원에서 시행한다는 것, 전국적으로 시행한다는 것은 의미가 달랐다. 중앙정부 차원에서 시행한다는 것은 곧 이미 제도화된 '점퇴' 자체를 부정하는 일이 되기 때문이었다.

그러니까 공물 개혁론의 두 번째 방안인 대동법은 공물을 호戶가 아닌 전결田結에 부과하는 전세화이고, 수취 형태는 쌀이나 포가 될 것이었다. 이미 말했듯이 공안 개정론은 조용조 체계를 전제로 개혁을 추진한다는 점에서 전통적이고 보수적인 개혁론이었다. 그러나 공물이 고을 단위로 호를 기준으로 부과되는 한에서는 매우 실제적인 개혁론이기도 했다. 한편, 대동법은 공물을 전세화하는, 다시 말해서 조용조 체계를 바꾸는 수준의 개혁이었다. 그러므로 공안 개정론은 두 번째 방안인 대동법과 동시에 추진할 수도 있고, 또 보완적으로 쓰기도 했으며, 나중에는 양자 중에서 선택해야 할 배타적인 정책 대안이기도 했다.

정책 대안에서 중요한 것은 사안에 대한 추진 주체들의 진단과 이해, 그리고 정책이 시행될 수 있는 객관적 여건이다. 두 가지 공물 개혁론을 축으로, 진단과 이해, 객관적 여건이 맞물리면서 역동적으로 진행된 것이 바로 대동법의 성립 과정이었다. 예를 들어 방납이 문제라고 생각하는지, 공물 부담의 불균등이 문제라고 생각하는지에 따라 진단과 해법이 달라진다. 어느 쪽이 심도 있는지 말할 수는 있어도, 어느 하나가 잘못된 진단이라고 말할 수는 없다.

여기서 주의해야 할 것은 이러한 차이, 곧 정책을 추진하는 과정에서 나타나는 갈등과 대립을 곧바로 계급 관계로 '환원'하는 논리이다. 정책에 계급적 이해가 반영되는 것은 당연하고 자연스러운 일이다. 그러나 정책은 그 나름의 논리가 있다. 과도한 경제주의적 해석은 얼핏 보면 '진보적'인 듯이 보이지만, 대동법의 구체적 정책이 만들어지는 과정 '밖에서', 또 그런 과정을 종종 도외시한 채, 대동법에 대한 정치사적 해석만 이루어지게 만들었다. 이로써 대동법을 당시의 정책적 맥락, 나아가 국가 경영을 위한 경세론經世論의 맥락에서 접근하지 못하는 우를 범했던 것이다. 이 점을 고려하지 않으면 대동법을 비롯한 많은 정책과 제도가 이해되지 않는다.

대동법의 문제는, 공안 개정이라는 전통적 개혁안과 공물의 전세화라는 두 가지 축에서 풀려갔다. 대동법은 부세제도의 개혁이자 재정구조의 개혁이었으므로, '지주-소작'의 계급론으로 접근하기 이전에 정책으로 고려해야 할 요소들이 논의 곳곳에 있었다.

사람의 병을 고치는 일과 자동차를 수리하는 일은 차이가 있다. 자동차는 엔진을 끄고 고칠 수 있지만, 사람은 그것이 불가능하다. 정책의 개혁도 그러하다. 세금을 걷지 않고 개혁할 수는 없다. 그래서 입법할 때 법령이 발효되는 시행 시기를 명시함으로써 돌아가고 있는 엔진을 멈추었다고 '가정하는' 방법을 취한다. 그렇다고 엔진이 돌아가지 않는 것이 아니다. 엔진이 돌아가지 않는다고 '가정하고', 그 기간에 예상되는 문제점을 미리 정리하거나 '대안'을 준비해야 한다. 그렇지 않으면 정책은 실패하기 십상이다. 정책은 취지나 의도로 말하는 것이 아니라 결과로 말하기 때문이다. 그리고 사람들은 결과를 견디는 데 그리 너그럽지가 않다. 더욱이 취지나 의도가 좋았던 정책일수록 그 실망감이 커지면서 사람들의 인내심은 쉽게 바닥을 드러낸다. 그래서 정책은 '타이밍'이 중요하다. 특히 국가 구성원의 삶에 영향을 미치는 정책이라면 더욱 그러하다. 대동법 역시 이런 정책의 일반적인 속성을 벗어나지 않았다.

연산군에서 율곡으로

소제목을 달고 보니 참으로 어색하다. 그러나 대동법과 관련해서 보면 위의 두 인물은 매우 깊은 상관관계가 있다. 공안을 개정하고 공물을 쌀로 거두자는(收米法) 율곡의 제안은 잘 알려져 있다. 그렇다면 연산군은 이와 어떤 관련이 있을까. 쉽게 말해서, 앞에서 말한 '불산공물'이 시간의 흐름에 따라 자연스럽게 나타난 공안의 불일치의 결과라면, 그와 반대로 연산군대의 부세 운영은 말 그대로 '인재人災'였다.

연산군 재위 시대는 조선 건국 이래 구축된 공적 질서가 하나하나 무너져 내리고 있었다. 공적 질서의 붕괴는 물론, 그 시대에 살던 사람들도 이러저런 이유로 죽거나 귀양을 가야 했다.

연산군은 공물에서도 전래의 제도와 관례를 무너뜨렸다. 원래 재정의 조달은 지방 → 각사各司 및 호조 → 의정부 → 국왕이라는 행정 체계를 통해 이루어지게 마련이었다. 그런데 연산군대에는 사옹원司饔院(왕실 음식 담당 관청)이나 내수사內需司(왕실 경비 담당 관청)가 국왕에게 '직계直啓'를 하면서 행정 체계를 무너뜨렸다. 이는 무오사화戊午士禍(연산군 4년, 1498) 이후 심해졌고, 갑자사화가 일어나던 연산군 10년에 내수사 직계제가 확립되면서 왕실의 사적인 이익 추구가 제도화되었다. 재정의 남용에 따른 부족분은 다음 해나 그 다음 해에 사용할 공물을 미리 당겨쓰는 '인납引納', 육의전六矣廛 등의 상인 조직과 왕실에서 필요한 공물을 강제로 교환하는 '무납貿納'을 통해 메워나갔다. 한 가지 예로, 사섬시司贍寺에서 면포 80만 필을 불과 20일 만에 써버릴 정도로 당시 재정 운영이 어지러웠다.

이렇게 기존의 공안이 무의미해지자, 다시 공안을 현실화한다는 미명 아래 추진된 것이 공안 개정(貢案詳定)이었다. 연산군 7년의 공안 상정은, 해당 지역에 추가된 공물과 진상을 '원래 있던 공물(常貢)'로 간주하는 조치였다. 말하자면 추가로 내던 세금이 고스란히 앞으로도 내야 할 세금이 된 것이었다. 예를 들어, 이런 추가 별진상別進上은 경기도민이 1년 동안 진상할 물고기 7,518마리 중에서 4,800마리를 차지했는데, 이것이 온전히 상공으로 되어버렸다.

나아가 신유공안辛酉貢案에서는 그동안 각 관청의 재정 규모를 정한 '횡간橫看'을 무시하고, 상급관청이 하급관청의 재정을 전용할 수 있는 여지를 만든 악법이었다. 그러니 왕실의 경우야 말해 무엇 하겠는가. 훗날 율곡이 「만언봉사萬言封事」에서 가장 큰 문제점으로 지적한 공물 추가 분정이 바로 연산군 7년에 작성된 '신유공안'이었다.

실은 200년

한 번 틀어진 구조(시스템)를 바로잡는 일이 얼마나 어려운가를 대동법은 잘 보여준다. 또한 새로운 시스템을 갖추는 일이 얼마나 어려운가도 함께 보여준다. 돌아보면 대동법은 200년에 걸쳐 이루어진 개혁이었다.

그렇게 분탕질을 치던 연산군은 재위 12년 만에 중종반정(1506)으로 쫓겨났다. 당연히 중종반정 뒤의 최대 과제는 연산군대의 잔재를 청산해 국가를 정상적으로 경영하고 농민이 대다수인 백성들의 생활을 안정시키는 것이었다. 그러나 반정 공신들에 둘러싸인 중종은 연산군대의 폐습에 안주하려는 경향을 보였다. 한 가지 예를 들어보자. 진상품 중에서 연산군이 가장 즐긴 것은 사슴의 꼬리와 혀였다고 한다. 참 취향도 독특하다. 당연히 이를 조달했을 농민들의 고충이 어떠했으리라는 것은 짐작하고도 남는다. 그런데도 이런 폐단을 논의하기 시작한 것은 중종 6년 2월에 이르러서였다고 한다.

중종 재위 10년을 전후해 국가 경영을 바로잡으려는 세력이 등장했다. 조광조 등이 그들이다. 하지만 추가로 늘어난 공안을 개정하고자 했던 그들은 결국 기묘사화로 좌절을 겪게 되었고, 이후 훈구파들의 득세 아래 공물 개혁(變通)은 산발적으로만 제기되었을 뿐이었다. 그나마 개혁의 필요성을 제기하더라도 곧 기묘사림의 동조자로 몰려 탄압을 받았다. 동시에 증대된 재정과 수취의 규모는 이런 와중에도 '구조화'하고 있었다. 심지어는 연산군대의 '신유공안'을 정당화하는 견해까지 등장했다. 이런 상황 때문이었는지, 사관史官은 중종 25년 1월~2월까지 대궐에서 사용한 물품 수량까지 적어가면서 대놓고 비판의 붓을 들었다.

정월부터 오늘까지 대궐 안에서 사용한 물품 수량을 따져보았더니, 기름(油) 7석石, 밀가루(眞末) 10석, 꿀(淸蜜) 10석, 솜(綿子) 250근, 색실(色絲) 150근, 설탕(唐粉)과 침향沈香 각각 100근, 황밀黃蜜 200근, 단목丹木 400근, 갖가지 과실果實이 24석이었으며, 다른 물건도 하도 많아서 이루 다 기록하기 어렵다. 『논어論語』에서는 '절제 있게 쓰고 백성을 사랑한다.' 했고, 『역경易經』에서는, '재물을 낭비하지 않으며 백성을 해하지 않는다.' 했다. 대개 사치스럽게 쓰면 반드시 재물을 낭비하게 되고, 재물을 낭비하면 결국 백성을 괴롭히게 된다. 그러므로 백성을 사랑하는 방법은 절제해서 쓰는 것보다 우선하는 것이 없다. 임금은 그 부가 온 나라(一國)를 소유했으니 맛있는 음식과 따뜻한 옷이 부족할 리가 없다.

그러나 구황할 방법조차 없는 이 시기에 함부로 명목도 없는 이러한 경비를 내어 창고와 내탕(內帑)을 텅 비게 만들고 물력物力이 이미 다 없어져서 내년의 공물까지 앞당겨 징수하기에 이르렀다. 그 결과 백성이 괴로움을 견디지 못하게 되자, 유사有司(담당관리)가 경비가 고갈되었다고 아뢰어도 대답하지 않고, 비판하는 신하들이 공납貢納을 앞당기는 폐단을 따져도 그것을 살피지 않았다. 솔선해 절제 있게 쓰지 않고 백성을 사랑하고자 하니, 그것이 가당키나 하겠는가.[5]

기묘사화를 일으켜 조광조 등 개혁을 추구하던 사림을 몰아낸 중종 정권의 모습이 눈에 선하다. 명종대에는 상황이 더욱 악화되었다. 하긴 을사사화乙巳士禍(명종 즉위년, 1545)가 공연히 있었겠는가. 중종이 승하한 뒤 즉위한 인종仁宗이 등용한 사림의 싹을, 그나마 다시 도려낸 것이 을사사화였다. 외척과 공신이 득세하던 시절의 국가 경영, 특히 재정은 중종대 기묘사화를 일으킨 뒤와 흡사했다. 연산군에 견줄 만한 폭정을 자행했던 문정왕후文定

王后가 살아 있던 동안에 재정 상황이 더욱 나빠졌던 것이다. 내수사는 임의로 발행하는 공문서(印信)를 통해 노비와 논밭을 약탈했고, 여기에 중간실무자인 이서吏胥가 만들어내는 부패의 사슬이 민생을 파탄으로 몰고 갔다.

숱한 사화 속에서도 지역사회에서 스스로 훈련하며 제자를 기르는 한편, 성리학에 입각한 비전을 가지고 경제·사회 정책을 마련하는 등 국가 경영을 준비하던 사람들은, 선조宣祖의 즉위와 함께 정계에 본격적으로 진입하기 시작했다. 퇴계가 정암을 평가했던 앞의 말에서 인용하자면, '학문을 충실히 한' 사람들이 국정을 주도하게 된 것이다. 이런 맥락에서 율곡의 공안 개정 및 수미법이 제안될 수 있었던 것이다.

왜곡된 대동법 추진 주체

율곡의 제안 이후, 임진왜란을 거치면서 유성룡은 토지 결수에 따라 공물을 배정하고, 쌀과 콩으로 공물을 거두며, 그 대상은 진상進上을 포함하게 하자는 제안을 했다. 그렇지만 이후 선조대의 공물 개혁은 공물 부담의 경감이나 균등화보다는 납부 형태의 변화에 그쳤다. 그리고 광해군이 즉위한 뒤 대동법이 다시 논의되기 시작했다.

2008년 2월 9일, 광해군을 다룬 KBS 프로그램 〈한국사 傳〉에 대해서는 6장에서 다시 논의할 것이나, 여기서는 대동법에 대한 진술만 검토해보자.

[나레이터] 광해군은 대동미의 출납을 담당하는 기관으로 선혜청을 설치했다. '선혜宣惠'란 광해군의 전교에서 유래했다. 그러나 대동법 시행은 이내 벽에 부딪혔다. 양반지주들의 비방이 들끓었고, 방납인의 항의도 계속되었다. 심지어 선혜청이 혁파되었다는 괴소문까지 나돌았다. 지배계층의

반발은 그만큼 거셌다. 광해군은 경기도에서만 대동법을 유지하고, 다른 지역으로 확대 실시하지는 못했다.[6]

광해군 정권의 급선무는 임진왜란으로 피폐해진 민생을 안정시키고 국정을 정상화하는 일이었다. 위의 진술에서는 "광해군이 대동법을 시행하려고 했는데, 양반지주들이 반대해 못했다"라고 했다. 이 내용이 맞는지 사료를 통해 살펴보자. 우선 광해군 즉위년 5월에, 공물의 폐단을 지적하며 쌀로 거두어 방납을 없앨 것을 제안한 것은 오리梧里 이원익李元翼이었다.

> 고을에서 진상하는 공물이 각사各司의 방납인들에 의해 중간에서 막혀, 물건 하나의 가격이 몇 배 또는 몇 십 배 또는 몇 백 배가 되어 그 폐단이 이미 고질화되었는데, 경기도(畿甸)의 경우는 더욱 심합니다. 그러니 지금 마땅히 별도로 하나의 관청을 설치해 매년 봄, 가을에 백성들에게서 쌀을 거두되, 1결당 매번 8말씩 거두어 본청에 보내면, 본청에서는 당시의 물가를 보아 가격을 넉넉하게 헤아려 정해 거두어들인 쌀로 방납인에게 주어 필요한 때에 사들이도록 함으로써, 간사한 꾀를 써서 물가가 오르게 하는 길을 차단해야 합니다. 그리고 두 차례에 거두는 16말 가운데 매번 1말씩을 감해 해당 고을에 주어 수령의 공사 비용으로 삼게 하십시오.[7]

이원익은 어떤 계기로 이런 주장을 했을까? 이원익은 율곡이 발탁한 인물이었다. 이원익은 그 시기에 잘 알려지지 않았던 인물이었는데, 율곡이 황해감사黃海監司로 있으면서 도 내의 폐해를 바로잡으려고 발탁해 정무政務를 맡겼던 것이다.[8] 이원익은 도사都事의 관직을 띠고 율곡의 종사관從事官으로 근무하면서 실무를 담당했다. 율곡 밑에서 일하면서 만든 해서海西(황해도)

군적軍籍은 전국의 군적 중에서 가장 정확했다고 한다. 이원익이 제안한 대동법이 율곡의 제안과 같았던 것은 우연이 아니었다.

그러나 이원익이 주장했던 경기대동법은 방납의 폐단을 제거하고 부역을 고르게 하려는 데만 뜻을 두었고, 경기 이외의 지역으로 확대된 것은 아니었다. 그러므로 경기 이외 지방 고을의 공납 체계에 대해서는 개혁안이 제시되지 않았고, 진상進上과 잡역雜役이 고려되지 않았으며, 모든 공물을 전결田結에 배정하는 전세화에도 이르지 못했다. 다시 방송 내용을 보자.

[신병주 박사(규장각한국학연구원)] 많은 땅을 가진 양반지주들의 부담이 매우 커지는 반면에, 가난한 농민들, 소작농들은 부담이 적어지는 제도였다. 상식적으로 생각하면 이런 제도가 왜 실시되지 못했을까 생각할 수도 있지만, 당시 정치의 핵심세력이 양반지주였기 때문에 시행되지 못했다. 광해군은 양반지주층에게 부담을 많이 지우고 가난한 농민에게 숨통을 열어주기 위해 대동법을 적극적으로 실시한 것이다.

[나레이터] 그러나 광해군의 개혁의지는 번번이 좌절되었다. 당시 조정의 신하들은 집권층의 이익에 반하는 광해군의 개혁정책들을 받아들일 수 없었다. 신하들의 지지를 얻지 못하고 왕위에 오른 광해군으로서는 더욱 실권을 행사할 수 없는 상황이었다. 광해군의 유일한 기반은 실천적인 학풍의 북인 세력들이었다. 이들은 임진왜란 때 의병활동으로 광해군의 실질적인 조력자가 되었던 인물들이다. 특히 정인홍은 광해군의 절대적인 신임을 받았던 의병장이었다. 정인홍을 비롯한 북인들 중 일부는 정계로 돌아와 광해군의 지원군으로 나섰다. 이들이 소위 대북파였다.

대동법의 '의의'에 대한 신병주의 진술은 대체로 옳다. 그런데 이렇게 좋은 개혁안이 실행되지 못한 이유가 '정치의 핵심세력이 양반지주였기 때문'이라는 설명은 그럴 듯하면서도 사실 별 내용이 없는 해설이다. 단적인 예로, 그렇게 설명하면 거꾸로 '정치의 핵심세력이 양반지주'였던 조선 후기 중앙정부에서 어떻게 대동법 시행을 결정했는지를 설명할 수 없기 때문이다. 앞서 나는 경제주의적 해석, 즉 정책을 계급대립으로 환원하는 오류에 대해 경계한 바가 있다. 바로 이런 이유 때문이다.

광해군과 방납 커넥션

관료들이 '양반'이었고 '지주'들이 많았다고 하더라도, 정책을 논의하고 실행할 때 어떤 관료(학자, 정치가)는 정통한 지식을 바탕으로 끈질기게 개혁을 추진하고, 어떤 관료는 사안을 잘 이해하지 못하기도 하며, 어떤 관료는 반대하기도 한다. 방향이 같아도 진단이 다를 수 있고, 그에 따라 급선무를 달리 생각하기도 한다. 재정 안정을 고려할 수도 있고, 군비를 고려할 수도 있으며, 민생을 고려할 수도 있다. 이렇게 다기한 요소를 제도화해 현실에서 운영하는 것이 정책이다.

경제주의적 환원론이 갖는 위험은 사실을 설명하지 못하는 위와 같은 무기력에 그치지 않는다. 역사적 사실에 대한 새로운 이해의 가능성을 차단한다는 데에 더 큰 위험성이 있다. 당연한 말이지만, 그런 단순한 역사 해석은 우리가 발을 딛고 있는 현실을 바라보는 데도 대번에 영향을 미친다. 21세기를 사는 우리가 대한민국의 정책을 바라볼 때도 여전히 그런 환원론으로 바라보게 하는 것이다. 이런 시각을 가지고 있는 한, 계급의 존재에 대한 확인은 가능할지 몰라도, 계급 '정당', 즉 계급의 이해를 대변하는 '정책 정당'은 뿌리내리기 어렵다.

또한 신병주의 진술은 언뜻 계급적 관점을 유지하고 있는 것으로 보이지만, 전혀 그렇지 않다. 조선왕조시대를 계급론에 입각해서 접근했을 때 최고 기득권자가 누구였겠는가? 바로 '국왕'이다. 특히 공물의 경우는 왕실이나 종실의 공물 진상과 밀접한 연관이 있다. 즉 국왕과 그 친인척의 재정 중에서 가장 중요한 부분을 차지하는 것이 부세였다. 연산군 이래 진상은 물론 방납으로 가장 큰 이익을 챙기는 집단이 바로 왕실이었다. 그리고 공물 개혁의 가장 큰 걸림돌도 바로 왕실이었다.

환원론에 대한 문제 제기가 논리의 비약, 논리 차원의 혼동에 대한 문제 제기였다면, 이번에는 방송 내용에 담긴 '사실事實'의 문제를 제기하고 싶다. 신병주는 "광해군은 양반지주층에게 부담을 많이 지우고 가난한 농민에게 숨통을 열어주기 위해 대동법을 적극적으로 실시한 것이다"라고 했고, 나레이터는 그 말을 받아 "그러나 광해군의 개혁 의지는 번번이 좌절되었다. 당시 조정의 신하들은 집권층의 이익에 반하는 광해군의 개혁정책들을 받아들일 수 없었다"라고 했다.

결론부터 말하자면, 신병주와 나레이터의 진술은 틀렸다. 사실을 왜곡했다. 광해군은 대동법의 확대에 찬성하지 않았다.

경기도라는 지역적인 특수성과 임진왜란 이후 재정과 민생을 수습해야 한다는 시급성 때문에 이원익의 제안에 따라 선혜청을 설치했지만, 안팎의 조건은 그리 만만하지 않았다. 광해군이 즉위하면서 집권 기반이었던 북인이자, 소북小北이었던 유영경柳永慶 대신 좌의정에 임명되었던 기자헌奇自獻이 바로 방납 커넥션의 주인공이었다.[9] 이들은 방납으로 막대한 이득을 챙기는 자들로, 대동법 시행을 반대하는 게 당연했다.

비변사의 보고에 따르면 경기선혜법 이후로도 대동법을 확대 실시하자는 주장은 여러 번 제기되었다. 광해군 원년에 사간원에서 올해에 한해 일단 선혜청 사목事目에 따라 시행하자고 요청했으나, 광해군은 천천히 하자고 미루었다.[10] 광해군 2년 9월의 기록을 보아도, 곽재우郭再祐뿐 아니라 조정 신하들도 여러 번 확대 실시를 요구했음을 알 수 있다.[11] 그러나 이런 제안은 광해군의 강력한 반대에 부딪혔다. 광해군은 '특산물이 나는 곳에 공물을 분정한다(任土作貢)'는 관례에 기초한 '현물납'을, 포기할 수 없는 원칙으로 생각했기 때문이다. 광해군은 유공량柳公亮 등 북인들의 대동법 반대 의견에 동조하면서 다음과 같이 말했다.

> 일전에 신하들을 인견했을 때, 승지 유공량이 대략 선혜청宣惠廳 작미作米의 일은 불편한 점이 많아 영구히 시행할 수 없다고 말했다. 당초 나의 생각에도 대동법은 사실 시행하기 어려울 것으로 여겼으나, 본청이 백성을 위해 폐단을 제거하고자 하기에 우선 그 말을 따라 행할 수 있는지의 여부를 시험해보도록 했던 것이다.
>
> 그런데 지금 유공량의 말을 들으니 심히 두려운 생각이 든다. 예로부터 나라를 가진 자가 모두 '특산물이 나는 곳에 공물을 바치게(任土作貢)' 했던 데에는 그 뜻이 있다. 그런데 이번에 방납防納으로 교활한 수단을 부리는 폐단을 개혁하고자 이 '작미'라는 방법이 있었으니, 이는 그 근원은 맑게 하지 않고 하류下流만을 맑게 하고자 한 데 가깝지 않은가. 나의 견해는 이와 다르다.[12]

'불산공물'과 추가 공물로 인해 발생한 공물의 폐단은 여전히 광해군에게 깊은 관심의 대상이 되지 않았던 '당연한 관례'였다. 그렇게 된 데는 '다 나라를 다스리는 뜻이 있는 것이다.' 즉 나라를 다스리는 데 들어가는 당연한 부세라고 생각했다. 광해군이 볼 때는, 방납을 부정할 수 있었던 수취 형태였던 '작미' 또한 근원적인 해결책이 아니라 지엽적인 문제였다. 광해군은 방납의 폐단을 언급했지만, 작미도 공안 개정도 고려하지 않았고, 결국 선혜청의 경기대동법과 자신의 견해가 다르다고 명확히 선언했다.

좌절된 대동법 시행

대동법이 경기도에 시행된 지 1년도 안 되어 마침내 혁파 여부가 논의되었다. 영의정 이원익은 혁파를 반대했고, 판중추 윤승훈尹承勳과 우의정 심희수沈喜壽는 혁파에 찬성했다. 이렇게 척신 세력들이 대동법을 혁파하려 하자, 이에 반발해 광해군 1년 4월 27일 김상용金尙容은 경기도민의 연명連名 정장呈狀을 통해 대동법을 계속 시행할 것을 주장했다.[13] 그러나 소용이 없었다. 이항복李恒福이나 이덕형李德馨 같은 사람도 경기대동법의 확대 실시는커녕 계속 유지될 수 있을지도 확신하지 못했다.

그리고 방납배들은 궁중의 하인들과 연결해 "작미作米를 하니까, 약재 등의 공물조차도 안 올라온다"라며, 대동 작미를 반대하고 선혜청을 혁파하려 했다.[14] 이 때문에 선혜청이 혁파될 것이라는 소문이 나돌고, 경기 유학 심준沈濬·우신禹紳 등이 선혜청을 혁파하지 말 것을 요청하는 상소를 올릴 정도로 동요가 심각했다.[15] 곧이어 선혜청 혁파 논의는 실제로 일어났고, 좌의정인 이항복은 체념하고 혁파하려 했지만, 영의정인 이덕형이 반대해 그대로 유지되었다.[16]

앞서 KBS〈한국사 傳〉의 나레이션에서는 '광해군의 대동법 시행 의지'에 맞선 방납배들의 저항 때문에 선혜청 폐지 논의가 일어난 것처럼 말했지만, 사실은 정반대였다. 광해군의 대동법 거부가 바로 '선혜청 혁파'라는 풍문으로 나타났던 것이다. 이후로도 경기대동법의 확대 실시에 대한 광해군의 반대는 한두 군데서 발견되는 것이 아니다.

광해군 2년 9월에는 비변사에서 장세철張世哲의 주장대로 대동법을 팔도에 시행하자고 건의했다가 거절당했다. 광해군 2년 11월에 광해군은 다음과 같이 말하며 대동법을 혁파하려고 했다.

> 선혜청은 오래 시행할 만한 일인가? 또 하나씩 고쳐나가는 것이 어떻겠는가? 전결을 기준으로 쌀을 거두는 것은 오래 계속 시행하게 할 수는 없을 듯하다.[17]

광해군 초반의 경기대동법은 율곡의 공물 개혁론을 이어받은 이원익의 제안에서 출발했지만, 광해군과 북인 정권의 반대에 부딪혀 한 걸음도 진전을 보지 못하고 있었던 것이다. 진전은커녕 이제 곧 선혜청은 문을 닫을 판이었다. 뒤에 대북大北 세력이 정권을 농단하면서부터는 실제로 그러했다.

광해군대에는 차분하게 제도를 정비해야 할 때임에도 불구하고, 대규모 재정 수요를 발생시키는 일이 적지 않았다. 명의 요청에 의한 파병이 그러했고, 국내의 대대적인 궁궐 공사가 그러했다. 게다가 이원익을 비롯한 식견 있는 경륜가에 의해 제안된 공물 개혁은 광해군과 북인들의 반대로 좌절되었다. 대동법은 인조반정 이후의 논의를 기다릴 수밖에 없었다.

가타가이의 웃음

가타가이 토시오를 포함한 일본 정부는 한국과 미국의 쇠고기 수입협정에 대해 계속 주시해왔다고 한다. 한미 쇠고기 수입협정에 대한 소감을 묻는 한국 MBC 기자의 질문에, 그는 완곡하고 점잖게 대답했다.

"어떤 내용인지 파악하고 있습니다. 매우 신속한 타결이었다고 생각합니다. …… 한국 정부가 미국 광우병의 위험에 대해 충분히 고려했는지 모르겠습니다."

이 두 마디의 말을 하면서 그는 의미심장한 웃음을 지었다.[18] '혼네本音(본마음)'를 드러내기 싫어한다는 문화 속에 사는 그가, 적어도 완곡한 외교적 어법과 예의를 아는 그가, 위 두 마디를 하면서 '혼네'를 숨기지 못하고 웃었다. 마치 어처구니없다는 듯이 비웃는 것 같았다.

일본 농림수산성 동물위생과 소속의 공무원, 가타가이 토시오. 그리 나이가 들어 보이지 않는 것으로 보아 고위 관료는 아니고 실무 담당자인 듯했다. 거기에 정운천 농림부 장관, 김종훈 통상본부장의 얼굴이 겹쳐졌다. 가슴이 미어졌다. 굳이 얼마 안 되는 나의 관료 경험을 들먹이지 않더라도, 가타가이가 했던 위 두 마디가 무엇을 의미하는지는 삼척동자도 알 일이었다. 그만큼 어처구니없는 일이 2008년 이 땅에서 벌어졌던 것이다.

대동법에 대해 집필을 시작할 당시, 이명박 당선자의 대통령직 인수위원회가 정책 같지 않은 정책들을 '던지고' 있었다. 우리 사회의 앞날이 불안하다고 생각했다. 그래서 누가 국정을 맡든지 간에, 한 나라의 정책을 수립할 때 가져야하는 최소한의 태도에 대해 다시 생각해보았다. 국가 정책이란 것이 얼마나 신중하게 따져보고 결과를 예측하면서 수립, 시행되어야 하는가를 조선시대 200년의 개혁이었던 대동법을 통해 살펴보고자 했다. 설득하고, 공감을 얻으며 대안을 만들어가는 그 지루하면서도 헌신을 요구하는 과정을 조금이나마 소개하고 싶었다.

정책의 실패는 곧바로 국민에게 피해를 준다. 세금이 낭비되고, 민심이 불안해지며, 경우에 따라서는 자존심도 상한다. 특히 어렵게 사는 노동자나 농민들일수록 타격은 더 크다. 대통령직 인수위원회의 수준으로 보아 앞으로도 그 아마추어리즘을 벗어날 가능성이 높지 않다고 생각했지만, 그래도 내심 그것이 나의 '망령된 생각'이길 바랬다. 그런데 점차 이 정권에게는 애당초 국정에 대한 ABC조차 기대할 수 없다는 절망감이 덮치고 있다.

다시 시작된 대동법 논의

광해군을 내쫓은 계해반정癸亥反正(인조 원년, 1623) 이후, 가장 시급했던 것은 도탄에 빠진 민생을 챙기는 일이었다. 그래서 창덕궁을 비롯한 궁궐 공사를 주관하던 영건도감營建都監을 비롯해 12개 도감을 폐지하고, 지방에 파견되어 혹독하게 공사 비용을 조달하던 6명의 조도사調度使 등을 처형했다. 또한 재정난이 예상됨에도 불구하고 광해군 때의 조도성책調度成冊을 불사르고, 진헌進獻과 제향祭享에 충당할 원곡元穀의 미납 공물을 탕감했다.

이와 함께 삼도대동법 논의도 다시 시작되었다. 반정 직후 인조와 이원익 등이 참가한 가운데 국정 대책회의가 열렸는데, 그 논의의 핵심은 '민생을 어떻게 안정시킬 것인가'와 '후금後金의 군사적 위협에 어떻게 대처할 것인가'였다.[19] 이는 '안민安民'이 급선무라는 생각으로 모아졌고, 그 핵심은 공물을 줄이는 것으로 정리되었다. 군적軍籍을 확보하기 위해 호패법號牌法을 실시하자는 의견도 제시되었지만, 민심이 안정되지 않은 상태에서 다시 사람들을 군적에 얽매는 일은 환영받기 어려웠다.

선혜법을 실시하기 위해 곧 '작미사목作米事目'을 경상, 전라, 충청, 강원도에 내려보냈다. 인조 원년 9월에는 경상도를 뺀 전라, 충청, 강원 3도에 대동청을 설치했다. 당시 조정에서 대동법에 대한 신념을 가지고 가장 적극적으로 시행을 주장했던 인물은 조익趙翼이었다. 그는 대동법 시행에 반대하는 논리를 다섯 가지 측면에서 논파했다.[20]

① "한 번에 8두斗를 거두면 백성들이 감당하지 못한다." - 아니다. 여러 번 거두면 오히려 부대비용이 많이 든다. 현물 공납 때도 한 번에 7, 8두씩 여러 번을 냈다. 8두는 많지 않다.
② "부자는 논이 많아서 한 번에 내기 어렵다." - 아니다. 논이 많으면 일손도 많을 것이니 문제가 되지 않는다.
③ "세력이 큰 집안이나 방납자들의 폐단은 오래된 것인데, 갑자기 꺾는 것은 무리다." - 아니다. 다수의 불쌍한 백성과 위기에 처한 국가 재정을 위해 사사로운 욕심을 통제할 필요가 있다.
④ "한 곳에 쌓아두면 화재의 위험이 있다." - 아니다. 정작 걱정할 것은 쌓아놓을 것조차 없는 상황이다.
⑤ "호남에서 운반하다가 배가 난파할 위험이 있다." - 아니다. 과적하지 않고, 계절을 잘 택하면 된다.

공납제를 개혁해야 한다는 당위와 조익의 신념이 맞물려, 이 상소는 조정에서 설득력을 얻어갔다. 물론 모두 설득된 것은 아니었다. 정경세鄭經世는 자신의 고향인 상주尙州의 예를 들면서, 대동미가 현재 공물가貢物價보다 1/3이나 늘었다며 반대했다. 이는 이른바 대읍大邑, 즉 농토가 많은 고을의 반대 논리로, 각 고을마다 대동법에 대한 이해가 달랐음을 보여준다.

하긴 누가 세금을 더 내는 것을 좋아하겠는가. 이 시기 원래의 연분 6등, 전분 9등의 전세田稅는 4두로 고정되어 있었다. 그러니까 국가 재정에서 차지하는 부세로는, 공물이 전세의 몇 곱절이었다. 당연히 공납제의 폐단이 인민들에게 훨씬 큰 고통을 안겨주었다. 종래 내던 것 이상으로 내야 한다면 아마 누구라도 반발할 것이다. 이는 조익이 예로 들었던 ③의 '호세가豪勢家'와 '방납자'의 경우도 마찬가지였다. 잘못된 구조로 인해 호세가가 이득을 보기는 했지만, 그 전까지는 아무 말 없다가 농지(結)를 더 많이 가지고 있다고 해서 세금을 더 내라고 하면, 오늘날 '종합부동산세'에 반대하는 계층이 저항하듯 그들 역시 저항할 것이다. 또 방납자인들 할 말이 없겠는가? 그동안 취한 이득도 있기는 했지만 그것은 구조적인 문제였고, 여태까지 '생산되지 않는 공물'을 관청에 조달할 수 있었던 것이 자신들 덕 아니냐고 말할 수 있을 것이다. 대동법 실시 즈음에 이해관계를 달리하던 상대들(=짝)을 정리하면 다음과 같다.

① 전결田結은 많지만 적게 공납했던 토호 등의 호세가 vs 자영농을 비롯한 가난한 농민
② 방납을 통해 먹고 살았거나, 폭리를 취했던 사람들 vs 생산되지 않는 공물을 내야 했으므로 어쩔 수 없이 방납에 의지했던 농민 등의 공물 부담자
③ 전결은 많지만 상납을 적게 했던 지방 고을(大邑) vs 전결은 적지만 평균치를 상납해야 했던 지방 고을(小邑)
④ 상납이 적으면 자기들이 쓸 재용이 많아지는 지방 관청 vs 상납에다 운영비까지 거두면 자기들이 쓸 재용이 많아지는 중앙 관청

대동법의 실시란 바로 이러한 이해관계의 대립을 조정하고, 대안을 마련하는 과정이었다. 한편, 대동법 논의가 진행될수록 논자들의 이해도 깊어갔다.

산림山林 김장생金長生은 현행 공납제의 문제점을 이렇게 정리했다.[21]

① 수령들이 사사롭게 써버려 부세賦稅가 몇 배나 증가했다.
② 공납은 여러 번 징수하는 첩징疊徵이 문제다. 현물 대신 쌀이나 콩으로 내야 한다.
③ 양호兩湖는 경기도보다 전결田結이 너무 높게 평가되었으니, 고쳐야 한다.
④ 수령의 아료衙料와 사명使命의 지공비支供費가 비현실적이어서, 결국 백성들을 침탈하게 만든다.

이러한 문제 제기에 이어 선혜법, 즉 대동법을 시행하기 전에 해야 할 몇 가지 사항도 지적했다.

① 각 도의 공납 액수와 1년에 내야 할 액수를 정해야 한다.
② 전결의 불균등을 고치기 위해 양전量田을 실시해야 한다.
③ 현재 쓸데없이 들어가는 비용(浮費)을 줄여 재용財用을 절약해야 한다.

이러한 김장생의 지적에는 현상으로만 보면 언뜻 상충되는 것 같은 말도 있지만, 현상적으로만 그렇게 보일 뿐, 대동법 시행을 위한 기본전제가 모두 들어 있었다. 그 핵심은 셋으로 압축된다.

① 현물 대신 쌀이나 콩으로 내자.
② 공물 총액을 정하자.
③ 공물을 전세로 거두려면 양전을 하자.

이는 '작미 – 양전 – 총액제'로 압축되며, 모두 대동법 성패의 유기적인 구성요소였다.

한편, 공안 개정론 역시 대동법과 함께 공납제 개혁의 한 축을 이루고 있었다. 공안 개정론은 한마디로 하면, 내야 할 공물보다 백성들이 더 많이 내고 있으니 줄이라는 것이다. 둘은 모두 공납제 개혁을 목적으로 하고 있기 때문에 결코 '모순'된다고는 할 수 없다. 그러나 하나의 폐단에 대해 '두 가지' 정책 대안을 '검토할' 수는 있으나, '적용할' 수는 없는 일이다. 어느 하나를 선택해 적용해야 한다는 의미에서 두 견해는 대립적이었다.

그러면 대동법 시행론과 공안 개정론의 대립이 해소될 방도는 없었을까? 있었다면 그 시점은 언제였을까? 일단 대립이 해소되기 위해서는 대동법 시행론이 공안 개정론의 문제의식을 수용해야 했다. 왜냐하면 전자가 더 근본적인 대책이었으므로, 후자가 전자를 수용할 수는 없기 때문이다. 그리고 대동법 시행론이 '공물의 총액'을 합리적으로 산출하고, 결당 공물가를 고르게 할 수 있는 방안을 담아낼 때 그 대립의 해소가 가능했다. 연산군 이래의 첩징疊徵(중복 징수), 운반비를 포함한 각종 소모 비용(浮費), 그리고 별공別貢 등으로 인해 공물이 잔뜩 불어나 있는 상황이었다. 이를 솎아내서 자영농 이하의 백성들(小民)에 대한 공물 부담을 이전보다 줄인다면, 두 정책 대안은 대립할 이유가 없었다. 그러나 아직 때가 오지 않았다.

삼도 대동청의 실패

삼도대동법이 실시된 뒤, 장유張維 등을 암행어사로 파견해 그 시행 상황을 점검했는데, 여러 가지 문제점이 나타났다. 우선 진상進上과 같이 대동미나 포가 아니라 현물로 내는 항목이 많이 남아 있었다. 대동법은 방납防納을 막는 데 그 목적이 있었기 때문에 이런 현상은 심각한 문제였다. 또 운반 비용 등은 중앙정부에서 지급하는 가격에 포함되지 않았다. 이 말은 여전히 첩징, 가징加徵(추가 징수)의 여지가 남아 있었다는 뜻이다.

뿐만 아니라 전결田結이 정비되지 못했고, 행정력도 뒷받침되지 못했다. 전결을 정비하기 위해서는 당연히 양전이 이루어져 양안量案이 갖추어져야 하는데, 그럴 겨를이 없었던 것이다. 그러다 보니 큰 고을과 쇠잔한 고을 사이의 공물 부담 차이가 컸다. 마찬가지로 토호土豪와 가난한 백성 사이에도 이런 불균형이 계속되었다.

한편, 인조 원년에는 흉년이 들었다. 이에 조정에서는 백성들의 부담을 줄이기 위해 1결에 8두를 거두기로 했던 대동미의 가을 수납분(秋捧)을 절반으로 줄였다. 반면, 각 고을의 수요는 종전 방식대로 거두도록 했다. 그런데 이것이 대동법을 혼란으로 몰고 갔다. 즉 이는 그 의도와 달리 두 가지 결정적인 측면에서 대동법을 무력화시켰다. 이를 이해하기 위해서는 대동미의 구성과 기존 공물 수취방식을 살펴볼 필요가 있다. 대동미는 크게 다음 세 가지로 나뉜다.[22]

① 중앙정부의 각사(京各司)로 올라가는 부분
② 각 지방 고을의 관청 수요(官需)로 쓰는 부분
③ 예비비인 여미餘米로 불리는 부분

이 시기에 3도 대동미는 ① + ② + ③을 합쳐 1결당 8두였다. 그런데 인조 원년에는 이 중에서 ①번 부분에 해당하는 것만 4두를 받고, 나머지 4두에 해당하는 부분, 즉 ② + ③은 예전처럼 현물로 받아 충당하도록

한 것이다. 이는 명백히 경대동京大同이었다.

공물을 내도록 나누어 배정하는 책임은 수령(牧使, 判官)에게 있고, 실무는 향리가 맡았다. 그리고 주비(矣干)가 백성(民戶)들에게서 공물을 받는 역할을 했다.[23] 주비는 고운 무명(細木) 담당 주비, 날 노루(生獐) 담당 주비, 부채 주비 등 그 역할에 따른 명칭을 갖고 있었다. 이때 공물은 요역徭役과 마찬가지로, 8결을 기준으로 '돌아가며' 1호戶를 통해 수취했다.(이때의 호는 호적의 호와 다르다. '8결 윤회 분정'은, 양전이 전세화를 위해서만이 아니라, 공안 개정을 위해서도 필요했음을 보여준다.) 전세화한다는 것은 이런 수취 구조도 바꾼다는 것을 의미했다. 그런데 8두의 반을 현물로 거두기 위해서는 기존의 수취구조도 작동해야 했고, 전결 단위의 수취구조도 작동해야 했다.

결국 이쯤 되면 무엇이 문제였는지 자명해진다. 양전을 통해 전결이 선명하게 파악되지 않으면 전세화는 요원하다. 그리고 세금 부담의 불균등도 피할 수 없다. 그런데 흉년으로 민폐를 줄이겠다면서 8두 중 4두만 걷고, 나머지 반은 현물로 거두면서 혼란이 더 가중되었다. 수세란 일관되게 해도 복잡한데, 이렇게 두 가지 방식이 중첩되면 더 정신이 없기 마련이다.

인조대의 대동청 설치는 광해군대의 경기대동법이 그랬듯이, 말 그대로 어정쩡한 정책이 되어버렸다. 어정쩡한 정책은 성공한 적이 없다. 이 틈을 이용해, 대동법에 반대 입장에 섰던 계층, 즉 관청에 물품을 대던 사주인私主人, 지방의 큰 고을과 세력가들, 중앙 각사의 하급관리들, 지방 수령들이 사태를 더욱 왜곡시켰다. 그리고 대동법 실시를 주장했던 이원익마저 폐지를 요청하기에 이르렀다. 결국 삼도대동법은 호남과 호서에서 모두 폐지되었고, 강원도에서만 그 명맥을 유지했다.

비전과 여건의 마련

양호兩湖(충청도와 전라도)의 대동청을 폐지할 무렵, 한편에서는 조익이 이에 대응해 대동법 확대를 주장했다. 그는 우선 '방납인, 탐관오리, 호강품관豪強品官'들이 대동법을 싫어한다고 지목했다. 그러면서 각 고을에 '양입위출量入爲出'의 원칙을 세우고, 1결당 13두를 거둘 것을 제안했다. 양입위출의 원칙은 김장생이 말했던 '공물 총액'을 정하는 것과 관련이 있다. 그러나 이를 실현하기 위한 조건인 양전과 과세 표준이 마련되어 있지 않았으므로, 비전을 실현할 여건도 조성되어 있지 않았다.

따라서 정묘호란 뒤에는 다시 공안 개정론이 고개를 들었다. 대동법이 시행되지 못한 상황이었기 때문에 이는 당연한 대안이었다. 그러나 앞서 살펴보았듯이 공물의 '8결 윤회 분정'을 위해서라도 양전은 필요했다. '양안에 등재되지 않고 새로 농사짓는 전답(新起結)', '감추거나 누락된 전답(隱結)'이 여전히 과세 대상에서 제외되어 있었기 때문이다. 그래서 인조 12년(1634)~13년에 삼남 지역에 양전이 실시되었는데, 이것이 갑술양전甲戌量田이다.

양전에 이어 곧바로 공안이 개정된 것은 아니었다. 그러나 공안에 근거하지 않고 부과되었던 각종 잡세는 폐지되었다. 잡세가 폐지되자 첩징 가능성이 낮아졌고, 대동법이 성립될 수 있는 기반인 공물가 총액을 파악할 수 있는 길로 한걸음 나아갈 수 있었다. 따라서 병자호란이 끝나면서 대동법 실시에 대한 관심이 높아지고, 동시에 공안 개정에 대한 요구도 확산되었다. 마침내 인조 23년 9월 조익의 아들인 조복양趙復陽의 요청으로 재성청裁省廳이 설치되었다.

'재성裁省'이란 말 그대로 불필요하거나 지나치게 거둔 공물을 덜어낸다는 뜻이다. 즉 재성청은 공물의 삭감을 위해 설치한 관청이었다. 재성청이 활동하면서 지금까지 분화되지 않았던 공안 개정론과 대동법 실시론의 차이가 선명하게 부각되기 시작했다. 이제 어느 하나를 선택해야 했다. 이러한 갈등과 전환의 사례를 김홍욱金弘郁에게서 발견할 수 있다. 김홍욱은 나중에 대동법 실시론자가 되지만, 이때만 해도 공안 개정론의 입장에 있었다. 그는 대동법이 '대변통'이므로 위아래의 반대와 의혹을 사서 시행되기 어렵다고 본 것이다. 아래는 방납의 이해 당사자들이고, 위는 공물 상납의 최대 수혜자였던 인조를 위시한 왕실이므로, 대동법이 비현실적이라는 것이었다. 이랬던 김홍욱이 몇 년 뒤, 김육의 주장으로 호서대동법의 실시 책임을 맡고 충청감사監司로 내려간다.

호서대동법湖西大同法

인조대 후반기에는, 소현세자昭顯世子의 죽음, 세자빈 강빈姜嬪의 옥사, 인조의 둘째 아들 봉림대군鳳林大君(뒤의 효종孝宗)의 세자 책봉 등으로 어수선했다. 따라서 대동법이 다시 논의되기 시작한 것은 효종이 즉위하면서부터였다. 바로 이때 앞에서 살펴본 김집과 김육의 갈등이 있었다. 앞서 진행되어왔던 논의를 참고하면 알 수 있듯이, 이들의 대립을 대동법 시행 찬반의 관점에서 바라보는 것은 피상적인 접근이다. 실제 김집의 경우, 그의 아버지인 김장생이 산림山林으로서 이미 인조대에 대동법의 전제 조건에 대해 명확한 전망을 가지고 있었다. 그리고 제자였던 송시열宋時烈·송준길宋浚吉·유계兪棨 등도 약간의 편차가 있기는 했지만 대동법 실시에 동의하고 있었다. 특히 유계는 율곡의 『동호문답東湖問答』의 제목을 본떠 지은 『강거문답江居問答』에서 공납제 개혁론을 정리했다. 아마도 김집은 대동법과 별도로 공안 개정론에 가까운 견해를 가지고 있었기 때문에 김육과 의견이 달랐을 것이다.

청의 견제 및 김집의 낙향 등으로 서인 청류인 산림 세력이 조정을 떠난 이후, 조정에서 대동법을 주도해나간 것은 김육이었다. 효종 2년 6월 호서대동법 실시 논의가 시작되었다. 처음에는 인조 때의 재성청처럼 결당 3두를 거두는 경대동을 실시하자는 의견이 제출되었다. 그러나 호조와 비변사의 논의를 거치면서 대동법 실시 지역을 양호兩湖 지방 대신 호서(충청도)로 한정하고, 공물가를 3두 이상으로 늘려 경대동이 아니라 대동법을 실시하는 쪽으로 방향을 틀었다. 이는 인조 원년~3년에 삼도 대동청에서 경대동을 실시하다가 결국 포기했던 것과 반대되는, 바로 당시 조익이 주장했다가 좌절된 방향이었다. 이러한 대동법 추진이 가능했던 것은 인조대의 축적된 논의와 그에 따른 관료사회의 이해가 깊어졌고, 양전이 실시되었던 한편, 재성청의 경험 축적 같은 여건이 성숙되었기 때문이었다. 이때 호서대동법 실시를 위해 총책임자격인 감사로 임명되었던 이가 김홍욱이었다.

대동법을 추진하는 데는 감사의 역할이 매우 중요했다. 새로운 법의 시행을 위해서 민심을 읽어야 하고, 민심을 파악하는 데는 수령의 보고가 중요했다. 감사가 수령의 성적을 매기기(考課) 때문에, 수령은 감사의 통제 안에 있었다. 서산에서 자란 김홍욱은 공안 개정론자였지만, 호서대동법 실시에 즈음해 그 입장을 바꾸어 소신 있는 대동법 추진자로서의 역할에 충실했다. 김홍욱이 감사로 임명된 것은 김육이 애쓴 결과였다. 김육은 인조 16년 충청 감사로 있으면서 충청도에서 대동법 실시를 주장했고, 결당 면포 1필과 쌀 2두를 공물가로 상정한 경험이 있었다. 이는 갑술양전에 따른 충청도 전결을 기준으로, 충청도의 공물과 잡역가를 전결에 배정한 결과였다. 역시 일은 아는 사람이 하는 법이다.

구조의 재조정

 이쯤에서 방납에 대해 다시 생각해보자. 방납은 생산되지 않는 공물을 대신 내주고, 그 대가를 받아 이득을 취하는 행위이다. '생산되지 않는 공물' 때문에 어쩔 수 없이 생기는 방납도 있지만, 이득을 노리고 농간을 부려 민폐를 끼치는 방납도 있다. 종래에는 방납이 으레 '상품화폐경제의 발달' 운운하면서 조선 후기의 '봉건제 해체기 양상'의 하나로 다루어졌다. 물론, 방납이 '상품화폐경제'를 발달시키는 데 아무런 역할도 하지 않았다고는 할 수 없다. 그러나 방납은 공납제라는 부세제도의 부산물(이었다가 구조가 된 현상)로 보는 것이 옳다.

 방납은 현물 공납제에서 왕실·호조, 중앙 각사, 지방 각 고을, 사주인私主人(방납인, 공물주인)의 관계를 집약한 하나의 '구조'였다. 따라서 대동법을 계기로 현물납이 쌀이나 포로 수취 형태가 바뀌면서, 방납을 둘러싼 구조 역시 재조정되어야 했다.

> ① 사주인 : 중앙 각사와 호조에서 사주인에게 잡역, 운영비 등의 부담을 지우지 말 것.
> ② 지방 각 고을과 중앙 각사 : 양입위출量入爲出을 지킬 것.

 ①은 이 부담이 불법적인 방납을 정당화했기 때문에 반드시 해결해야 할 일이었다. 이를 위해서는 각 관청에 합당한 운영 예산이 확보되어야 했다. 즉 이는 '불법 방납'의 근절과 '불가피한 방납'의 양성화를 의미했다. 또한 ②처럼 양입위출이 되려면 공물 총액이 합리적으로 가늠되고 수취될 수 있어야 했다. '합리적인 선'이란 백성, 특히 가난한 백성들의 부담을

줄이면서 재정을 확보할 수 있는 선이었다. 이는 양전을 바탕으로, 전결에 대한 공물 분정이 이루어지면서 가능해졌다. 실행 일반에 대한 규정인 '사목事目'에 따르면, 호서대동법에서는 결당 10두씩 거두어 총 83,164석石을 거두었다고 한다. 이는 기존 공물 및 진상의 액수와 대체로 일치했다. 그러나 전결에 따라 부과되었으므로, 가난한 백성들이 실감한 감세 효과는 몇 배에 달했다.

그럼 우리도 - 호남대동법湖南大同法

호서대동법이 실시된 이후, 조선 정부에는 참 많은 일이 있었다. 먼저 효종이 주도적으로 추진한 군사정책은 김육을 비롯한 신하들의 반대에 부딪혔다. 영장營將 제도의 부활과 노비 추쇄는 효과도 없이 민심만 어지럽힌 정책 중의 하나였다. 호서대동법의 책임자였던 김홍욱은 소현세자빈이었던 강빈姜嬪이 역적의 누명을 쓰고 억울하게 사약을 받았다며 원통함을 풀어달라는 상소를 올렸다가 매를 맞아 죽었다. 이때 올린 상소는, 당시 가뭄이 들어서 신하들의 의견을 듣겠다는 효종의 뜻에 따라 올린 구언응지상소求言應旨上疏(나라에 어려운 상황이 있을 때 국왕이 의견을 구하면, 그에 대해 올리는 상소)였기 때문에 파장이 더 컸다. 당색을 가리지 않고 효종의 처사를 비판했고, 정국은 싸늘하게 식었다. 이어서 내리 이태나 흉년이 들었다. 정국을 이끌어갈 리더십을 상실한 효종은 8년(1657)에 서인 산림들을 다시 조정에 불러들였다. 그들은 효종에게 '안민安民'을 중심에 놓고 모든 정책을 추진하라고 충고했다.

호서 지방에 이어 호남 지방에 대동법이 실시된 것은 이 무렵이었다. 호서대동법이 효과를 나타내자, 이번에는 호남 유생들이 대동법 실시를 요구하는 상소를 올렸다. 이는 양반 유생들이 지주라서 대동법에 반대했다는 기존 연구의 내용과 전혀 다른 상황이었다. 사실 이들은 대동법에 대해 적극 반대한 것도, 적극 찬성한 것도 아니었다. '취지에는 찬성하지만 제도가 미비한 점은 불만을 가지고 있었다'고 보는 것이 옳을 것이다. 그런데 이 시기에 그런 사림들과 소민小民(소농)들이 찬성으로 돌아선 것이었다. 호남 유생들은 결당 80~100두에 이르는 높은 공물가를 지적했으며, 감사가 이런 상황을 알고 조사까지 해갔는데도 아무런 소식이 없자 상경했다.

대동법 실시에 가장 큰 장애가 되었던 세력은 '토호'였다. 토호는 수백 결의 땅을 가지고 가난한 백성을 거느리며 이들에게 자기 몫의 공물가를 내게 했는데, 이 자들을 '양호養戶'라고 한다. 이들은 현지 여론조사를 할 때도 대동법을 반대했고, 왕실 등과 결탁하고 상경해 대동법 반대 운동을 펼치기도 했다. 그런데 이들은 주로 산군山郡에 살았다. 남원南原·광주光州·태인泰仁 등 26개 군이 호남의 산군이었다(연해는 나주·순천 등 27개 군). 효종 9년 호남대동법이 실시되었으나, 결국 그 대상에 산군은 포함되지 않았다.

이런 와중에 대동법의 큰 별 김육(1580년: 선조 13~1658년: 효종 9)이 세상을 떴다. 효종 9년 9월 5일이었다. 그는 마지막까지 대동법 실시의 강력한 추진자이자 지원자였다. 대동법 반대론자였던 권우權堣가 신임 전라감사로 천거되자, 김육은 현지 실정을 잘 아는 감사가 중요하다면서 서필원徐必遠을 천거했다. 아마 김육은 이렇게 노심초사 언제나 대동법의 실시에 사명감을 지닌 채, 여든을 바라보는 노구를 이끌고 일을 하다가 과로가 겹쳐 세상을 떴을 것이다.

이 치열한 관료에게 어찌 추념의 마음이 없을 수 있겠는가! 지금부터 350년 전 세상을 뜬, 이 헌신적이었던 거인 앞에 가슴속에 무엇인가 뭉클 솟구쳐 눈시울을 적시는 것이 어찌 나만의 감상일 것인가!

누구도 김육이 대동법을 추진하는 진정성을 의심하지 않았다. 김상헌을 스승으로 모시고 배웠기 때문이었을까? 김상헌과 김육은 닮은 데가 있다. 자신이 생각하는 가치와 사명에 대한 사심 없는 헌신과 그 헌신을 뒷받침하는 확신이 그것이다. 송시열은 스승인 김집과 김육 사이에 불화가 생겼을 때도 김육의 의도에 대해 조금도 의심하지 않았다. 오히려 김육의 마음을 '공정하다'고 평가했다. 송시열은 훗날 김육에 이어 현종대 대동법 실시의 후원자가 되었다.

연해沿海에서 산군山郡으로

토호들의 반발 때문에 산군에서는 대동법이 실시되지 못했다. 그러나 같은 도 안에 대동법을 시행하는 고을과 그렇지 못한 고을이 있다는 것은 제대로 된 행정이라고 할 수 없었다. 당연히 산군에 대동법을 실시할 방안이 모색되어야 했다. 원래 호남 산군 대동법은 효종 10년 가을부터 시작할 계획이었다. 그러나 효종이 5월에 세상을 떠서 실현되지 못했다. 이렇게 한번 늦어진 산군의 대동법은 현종 7년에 가서나 확정되었다.

현종이 즉위한 뒤, 김육과 함께 효종대 대동법의 주역이었던 이시방李時昉은 송시열을 만나 이 문제를 논의했다. 송시열은 곧 대동법 실시를 요구하는 차자箚子를 올렸다. 이에 조정의 논의를 거쳐 전라감사에게 의견을 묻고는, 이듬해 그러니까 현종 원년 가을부터 실시하기로 결정했다. 그런데 이 무렵 주무 당상관이었던 이시방이 세상을 뜨고 말았다.

현종 원년의 흉년은 대동법 실시를 반대하는 세력에게 좋은 빌미가 되었다. 게다가 전염병까지 돌자 다시 연기되었다가, 현종 4년에 이르러서야 산군 대동법이 결정되었다. 그리고 공물가 조정 등의 과정을 거쳐 현종

7년에 다시 확정되었다.

광해군대에 흐지부지된 경기대동법을 다시 정비하자고 처음 제안한 사람도 김육이었다. 효종 4년에 김육은 경기도에 양전을 하고 결당 16두를 거두던 공물가를 10두로 하자고 제안했다. 인조 12년(1634)의 갑술양전에서 하삼도만 양전하고 경기도는 빠졌기 때문이었다. 게다가 병자호란으로 전안田案이 없어져서 전결은 줄어들었다. 이런 상황에서 토호들은 더 많은 재산을 축적했고, 가난한 백성들은 더욱 쪼들렸다.

특히 경기도에는 국왕들의 무덤인 산릉山陵을 관리하는 비용, 청나라 사신에 대한 부역 및 접대 비용도 부과되었다. 황해도와 평안도의 경우 사신을 접대하는 관향곡管餉穀이 있었지만, 경기도는 그렇지 못했다. 이런 비용이 모두 잡역으로 호戶에 부과되고 있었다. 이에 양전을 해야 했다.

마침내 현종 3년에 양전이 실시되었다. 그리고 공물가는 결당 12두로 의견이 모아졌고, 현종 5년에 경기선혜법이 다시 정비되었다. 규정 외의 부과액은 대동미로 통합되었고, 백성들에 대한 추가 수취가 금지되었다. 숙종 34년(1708) 황해도에 대동법이 시행되기까지 전국으로 확대하는 과정이 있기는 했지만, 경기대동법의 정비를 계기로 대동법은 정착 단계에 들어섰다고 볼 수 있다. 그리고 이후 조정의 개혁 논의는 공납제에서 양역변통론良役變通論으로 전환되었다.

공안 개정론의 아쉬움

전통적인 공납제 개혁론인 공안 개정론이 더 근원적인 해결방법인 대동법에 포섭되고, 지양되기 위해서는 합리적으로 공물가 총액이 산정되고 결마다 균등하게 분정되어야 했다. 그리고 이는 대략 현종 연간에 이르러 가능해졌다. 그런데도 공안 개정론은 계속 제기되었다. 왜 그랬을까? 바로 어공御供과 진상進上 때문이었다. 이 부분이 대동법에 흡수되지 못하고 공물로 계속 남아 있었던 탓이다.

어공이나 진상은 '진공進供'이란 말에서 알 수 있듯이, 국왕이나 왕실에서 사용할 물품들을 바치는 것이다. '공물貢物'이 중앙정부의 수요에 충당하는 공납의 개념이라면, 진상은 지방직에 있는 신하가 국왕에게 예물로 바치는 '예헌禮獻(예의로 바치는 선물이라는 관념)'에 기초해 있다. 과일이나 생선 등의 식품(物膳), 활이나 환도環刀, 꿀이나 인삼 따위의 약재가 그 예물이 되었다. 대략 품목은 320종 정도였고, 그 양을 공물가로 치면 2만 석 정도였다. 전세가 8~9만 석이었으니, 진상 공물가가 전세의 1/4을 차지한 것이다. 게다가 여기에는 운반비 등 잡역 비용도 부가되었다. 또한 진상 공물은 품질이 우수해야 했으므로 품질 검사(點退)가 엄격했고, 그에 따라 비리가 횡행해 백성들의 고역이 되었다. 당연히 방납도 가장 많을 수밖에 없었다.

송시열은 현종 원년에 공안 개정을 요구했다. 그는 성리학 경세론에 입각해, 많은 데(혹은 왕실, 중앙정부의 쓰임)를 덜어내어, 적은 곳(혹은 백성)에 보태준다는 '손상익하損上益下'의 원칙을 상기시키며 '어공御供'의 삭감을 주장했다. 그러니까 송시열은 대동법 실시 및 확대를 주장하면서도, 대동법에 포섭되지 않은 어공과 진상 때문에 공안 개정론을 계속 견지한 것이다.

이런 송시열의 주장은 허적許積 등의 반대에 부딪혔다. 즉 진상 공물에 이해득실이 걸린 세력들과 정면으로 부딪힐 수밖에 없었다. 그리고 그 정점에는 왕실이 있었다. 송시열은 한양을 떠날 때 하늘을 나는 기러기를 보면서 공물 문제를 해결하지 못한 것을 떠올리며 안타까워했다.[24] 그러나 다른 영역과는 달리 왕실과 관련된 사안은 국왕의 결심이 없이는 어찌해볼 도리가 없는 노릇이었다.

긴 여정과 기억

　대동법은 한마디로 말하면, 전결에 공물을 분정하는 사대동의 수취 방식과 방납을 통해 진행된 공물 수취 형태인 작미作米와 작포作布를 제도화한 조치였다. 즉 공안 개정론과는 달리, 기존의 관행을 폐단으로만 본 것이 아니라, 그 폐단을 새로운 부세체계로 조정하고 흡수하는 방식으로 극복한 제도이자 조치였다. 이러한 공물의 전세화는 부세의 수취 형태를 일원화했을 뿐만 아니라, 국가 재정 전반의 일원적인 운영을 가능케 한 의미를 지니고 있었다. 대동법은 관행을 정비하고 폐단을 극복하면서 제도를 투명하게 만들었다. 그 결과는 '안민'과 국가 재정의 안정적 확보였다.

　당시 사람들은 대동법을 정전제井田制의 이상을 실현하는 과정으로 이해했다. 현실적으로 정전제를 시행하기 어려웠던 만큼 그 이상을 1/10세의 제도화로 구현하려고 했던 것이다. 인조대 대동법을 주도했던 조익趙翼은 정전제의 시행을 주장하면서, 그 방법으로 공납까지 포함해 쌀과 포로 세금을 거두어야 한다고 했는데, 그것이 바로 대동법의 전세화였다.[25] 실제로 기존의 전세 4두와 현종대에 각 도 사이에서 균등하게 조정된 대동미 12두를 합하면, 조익이 말했던 정전제 이념의 현실화에 근접했다. 뒷날 정조는 대동법을 다음과 같이 기억했다.

　　대동이란 기자箕子의 홍범洪範 칠계의七稽疑에 있는, 전체 의사가 다 같다고 하는 것(純同)이다. …… 대동법이 원래는 공물의 폐단을 바로잡기 위해 시작한 것인데, 그것을 상납하면 공물가가 되고, 유치해두면 저축이 되고, 떼어주면 관수官需(관청의 수요)가 된다. 각각 나누어서 말하면 이름이 셋이 되고, 합쳐서 말하면 대동이 되는 것이다. 그리고 그 뜻은 대체로 위에서는 받고 아래서는 바친다는 뜻을 취한 것으로서, 시골 백성들은 힘을 펼 수 있고, 도시 사람들은 생활이 윤택해지고, 수령들은 자신의 청렴성을 유지할 수 있다. 공역供億(예산 집행)에 가닥이 잡히고, 또 장사꾼들은 사고팔 길이 생기며, 배와 수레는 품팔이 할 길이 있어, 상하 내외 어디로 보나 고루 공평하게 되었다. 그야말로 대동이라는 이름이 헛이름이 아니었다.[26]

5장 오래된 미래, 조선 성리학

태동기의 현실

불교경전의 한역漢譯이 이루어지고, 정토교淨土敎·선종禪宗 등 중국인의 체질에 맞는 종파가 생겨나면서, 당·송시대의 중국사상계는 불교의 시대였다고 해도 과언이 아니다. 당시까지 유가儒家는, 유한자인 인간 존재에 대한 본원적인 질문에서 볼 때, 불교는 물론 도교의 그것에도 미치지 못했다. 당나라 말엽 한유韓愈(768~824)나 그의 제자인 이고李翶(770~846)가 유가를 현양하고 불교를 배척하자고 주장했지만, 번성하는 불교에 대한 유가의 방어 이상의 의미를 갖지 못했다. 고려 건국 후, 태조 왕건이 태조 26년(943) 박술희朴述希에게 내린 이른바 「훈요십조訓要十條」에서도 이런 판단의 근거를 찾을 수 있다.

첫째, 우리나라의 대업大業은 부처님의 보호에 의지한 까닭에 선교사원禪敎寺院을 창건하고 주지를 파견해 수행하게 함으로써, 각각 맡은 업을 닦도록 했다. 뒷날 간신들이 권력을 잡으면 승려들의 청탁을 받아 모든 사원을 다투어 바꾸고 빼앗을 것이니, 절대 금지할 일이다. …… 열째, 나라를 다스리거나 가족을 이끄는 자는 예상치 못한 일을 경계해야 하니, 경사經史를 널리 읽어 감고계금鑑古戒今하라. 이제 주공周公이 성왕成王에게 올려 경계한 「무일無逸」한 편을 그림으로 그려 걸어 놓고, 드나들 때마다 보고 반성하라.[1]

태조는 고려의 국가대업國家大業, 즉 고려 건국의 의의를 불교에 두었다. 그것은 고려의 이념적 전망이 불교에 있음을 천명한 것이었다. 그러면서도 국가와 가족의 문제를 언급하면서 예의 '감고계금鑑古戒今'(옛날을 거울삼아 오늘을 경계함)의 훈계를 잊지 않았다. 그리고 이 훈계는 후세 왕들에게 받아들여졌다. 실제로 고려시대의 경연에서 가장 많이 본 책이 바로 『서경』의 「무일」편이었다.

태조의 「훈요십조」에서 불교와 유교에 대한 견해를 각각 처음 1조와 마지막 10조에 배치한 것은 우연이 아니었다. 그것은 양자가 지닌 역사적이고 현실적인 위상을 설명해주고 있던 것이었다. 이와 같은 태조 왕건의 「훈요십조」와 비교할 만한 견해가 얼마의 시간이 지난 후에 또 있었다. 유명한 최승로崔承老(927~989)의 상소문이다. 성종 원년(982), 성종의 명을 받고 올린 모두 28조의 상소문 중, 아쉽게도 현재 제22조까지만 전해진다. 아래는 그 중 제20조의 한 부분을 옮긴 것이다.

신은, 사람의 화복禍福과 귀천은 모두 처음 태어날 때 부여받는 것이니 순순히 따라야 한다고 들었습니다. 더욱이 불교를 숭상하는 것은 내세의 인과만을 심고 현세의 보답(見報)에는 보탤 것이 적으니, 국가를 다스리는 요체는 불교를 숭상하는 데 있지 않다고 생각합니다. 또한 삼교三敎는 제각기

업業으로 하는 것이 있어, 그 업을 실천하는 데 하나로 섞여서는 안 되는 것입니다. 부처의 가르침을 실천하는 것은 몸을 닦는(修身) 근본이고, 유교를 실천하는 것은 나라를 다스리는 근원입니다. 몸을 닦는 것은 내세의 도움이 될 것이고, 나라를 다스리는 일은 오늘 힘쓸 일입니다. 오늘의 일은 매우 가깝지만, 내세의 일은 무척 멉니다. 가까운 것을 버리고 먼 것을 구한다면 잘못이 아닙니까.[2]

최승로는 제왕으로서 공덕功德을 쌓느라 국가 재정과 인민의 생활을 파탄시킨 양梁나라 무제武帝에 빗대어 고려 왕실의 과도한 불교 사업(佛事)을 비판했다. 그 연장에서 수신修身과 치국治國을 각각 불교와 유교의 역할로 정리했다.

수신을 불교 영역으로 넘긴다는 것은, 단지 개인의 인격적 수양을 불교에 맡긴다는 의미가 아니다. 이것은 당시 수신이 불교의 논리구조 속에서 의미를 갖는다는 점을 최승로가 인정하고 있다는 말이다. 그런데 불교의 수행은 그 궁극이 현세 인격의 완성, 즉 유교가 생각하는 성인에 목표가 있는 것이 아니라, 윤회의 굴레인 현세를 극복하고 해탈하는 데 있는 것이다. 수신을 불교에 맡겼다는 의미는 인간의 궁극적 심판을 윤회의 업보에 맡겼다는 것을 의미한다.

유가儒家의 르네상스

그런데 주돈이周敦頤(1017~1073)·장재張載(1020~1077)·정호程顥(1032~1085)·정이程頤(1033~1107)로 이어지는 송대宋代 성리학의 발달에 따라 불교의 인간관과 세계관에 대한 전면적인 비판이 시작되었다. 『독사관견讀史管見』의 저자인 호인胡寅(1098~1156)의 문제 제기를 보자. 호인은 성리학의 집대성자인 주자가 사마광의 『자치통감』에 이어 『자치통감강목』을 편찬하는 데 결정적인 영향을 미쳤다.

> 『숭정변崇正辯』을 왜 지었는가. 불교의 그릇된 이론을 비판하기 위해서이다. 불도는 누구나 존숭하고 두려워하는데, 어떻게 잘못이라고 하겠는가. 어버이를 어버이로 삼지 않고 이성異姓을 자부慈父라 하고, 지금의 군왕을 임금으로 삼지 않고 그 스승을 법왕法王이라 숭배하고, 처자를 버리고 자손을 죄의 티끌이라 하니, 이것은 삼강三綱을 몰락시키는 것이다. 부모를 원수로 보니 측은惻隱이 없는 것이고, 무리(社會)를 없애고 몸을 손상하고도(削髮) 부끄러워하지 않으니 수오羞惡가 없는 것이며, 다른 이의 재물을 취하고도 좋은 일이라 하니 사양辭讓이 없는 것이고, 나와 같으면 현인이라 하고 나와 다르면 불초하다 하니 이는 시비是非를 모르는 일이므로, 불교는 사단과 관계를 끊은 것이다. 삼강과 사단은 하늘이 명한 대로 저절로 그러한 것이며, 사람의 길이 거기서 말미암아 제대로 선다. …… 인간이란 살아있는 존재인데, 불교는 삶을 말하지 않고 죽음만 말하며 …… 인간은 말하지 않고 귀鬼만 말한다.[3]

호인은 주자의 바로 앞 세대 인물이며, 『춘추』에 주석을 단 이른바 『호씨춘추전』의 저자인 호안국胡安國의 아들(호안국이 당숙이었는데, 그의 양자가 되었다)이다. 호인이 『숭정변』을 지을 때만 해도, 불교가 여전히 대다수의 사람들에게 종교이자 사상으로 받아들여졌음을 위의 인용문 첫줄에서부터 알 수 있다. 호인이 제시한 불교의 문제점은 크게 두 가지 점에서 주목된다. 하나는 '삼강'과 '사단'이란 천명天命에 따라 저절로 있는 것이라고 전제하고, 불교가

'삼강을 몰락시키고 사단을 끊는다(淪三綱, 絶四端)'고 비판했다. 둘째, 불교에서는 인간이라는 살아있는 존재에 대해서는 언급이 없고 '귀신(鬼)'만 말하고 있다고 비판했다.

사단은 『맹자』의 '유자입정孺子入井'의 고사에서 나온다. 어린아이가 기어가다가 우물에 빠지려고 하면 누구나 '어이쿠, 큰일났군' 하면서 딱한 마음이 든다는 것이다. 이것이 바로 인仁의 단서인 측은지심惻隱之心이다. 여기에 의義·예禮·지智의 단서가 되는 수오지심羞惡之心·사양지심辭讓之心·시비지심是非之心을 합쳐 '네 가지 단서(四端)'가 되며, 누구나 이런 성품을 가지고 있다는 것이다. 인간이 가진 이런 내재적 본성의 발현과 훈련만으로도 이 세상을 바꾸어 나갈 수 있다는 송대 유학자의 핵심적인 근거가 바로 사단이다.

재역전의 기획

송대 유학자들은 윤회의 굴레에서 헤매는 육신을 정신 수행으로 벗어나려 하지 않고, 오히려 인간 자신의 훈련을 통해 이 세상에서도 얼마든지 '극락정토極樂淨土'(대동사회)를 이룰 수 있다고 보았다. 그 인간의 내재적 본성, 즉 본연지성本然之性은 '원래 지닌 이치가 저절로 그런 것(天理之自然)'이다.[4] 여기서 고苦의 세계를 극복할 수 있는 인간의 내재적 가능성이 우주적 원리에 의해 보장된다. 바로 『예기』 31장으로 있던 「중용」이 『중용』이라는 독립된 경서가 되어 사서四書 체계로 편입되는 순간이다. 『중용』이 사서의 하나로 선택된 데는, 『중용』 첫 장인 '하늘이 명령한 것이 본성이고, 본성을 따르는 것이 도이며, 도를 닦는 것이 가르침이다(天命之謂性, 率性之謂道, 修道之謂教)'라는 우주론과 인간사회를 연결하는 거대한 구조 때문이었을 것이다.[5] 『중용』에서 천天을 의인화해 명命하는 주체로 표현하고 있지만, 그 천은 곧 우주의 질서이자 원리이다. 그래서 천리天理라고 부른다.[6] 인간의 본성은 이런 우주적 원리에서 나온다. 이 우주적 원리를 확보하기 위해 주렴계의 「태극도설太極圖說」에서 시작해 세계에 대한 재구성과 해석을 계속했던 것이다.[7] 천이 인간에게 부여한 것이 성性이다. 그래서 다시 반복하면, '성즉리性卽理'이며, 그래서 성리학性理學이 되었다.

이렇게 인간 존재에 대한 철학적 기초가 마련됨과 동시에, 개개인의 수행을 최승로처럼 불교에 맡기지 않아도 되었다. 더 이상 인간은 업보를 등에 지고 허우적거리는 육신과, 그 육신을 벗어나 해탈을 이루고자 하는 정신의 이원성을 감당하지 않아도 되었다. 아니 더 크게 보면, 인간사회 일반의 이원성, 즉 구원의 내세성과 삶의 현실성이라는 이원성 사이에서 고민하지 않아도 되었다. 그래서 채택된 또 하나의 교재가 『대학』이었다. 『예기』 42편의 「대학」은 분명 수신修身에서 평천하平天下에 이르는 첫 구절 때문에 사서의 반열에 들었을 것이다.

이렇듯 『맹자』의 사단이론을 현실의 어려움과 혼란을 극복할 인간의 내재적 가능성으로 재해석하고, 그 체계를 『중용』 첫 장의 우주론으로 체계화한 다음, 『대학』을 통해 인간세상의 평안을 위한 근본 조건인 수신의 근거로 삼은 것이, 송대 성리학자들이 불교의 인간관에 대응한 철학적 전략이었다.

유한자의 두려움

그런데 남은 문제가 있었다. 여전히 인간에게는 내세에 대한 두려움이 남아 있었다. 천년 동안 불교가 사회의 지배 이념으로 작용했던 까닭에 어떤 방법으로든 이 내세에 대한 두려움을 씻어줄 대안을 제시하지 않고는 불교를 극복할 수 없었던 것이다. 그 대안은 흥미롭게도 불교의 득세와 상관없이 또 다른 방식으로 『장자莊子』 이후 기일원론氣一元論의 관점에서 인간의 생사관에 대한 대안으로 작용한 도교의 자연주의 사상이었다. 원시유교의 경전에서는 죽음 이후에 대한 답은 유보했기 때문이다.[8]

앞서 살펴본 호인의 말에서, 불교가 살아있는 인간의 문제는 말하지 않고 귀신鬼神만 말한다고 비판한 것은 사실 어딘가 좀 부족하다는 생각이 든다. 오히려 그 귀신에 대해 적극적인 해석이 있었어야 한다고 생각된다. 물론 『숭정변』의 여러 곳에 언급하고 있지만, 아무래도 그 완성은 역시 주자에게서 찾아야 할 것 같다.

주자는 바로 장자의 기론적 생사관에서 그 대안을 찾았다. 귀신이란 기氣의 변용태이지 내세의 어떤 존재 개념은 아니라는 것이다.[9] 내세의 존재는 없다. 인간은 죽으면 자손을 남길 뿐이고, 그 확장된 외연인 사회만이 남을 뿐이다. 결국 사후에 믿을 것도 이들 뿐이며, 사후에 생전의 나를 평가할 이들도 이들 뿐이다.

조선 건국 이후, 국왕과 신하들이 공부하던 자리인 경연經筵의 주된 주제 중의 하나가 바로 이 문제였다. 아무리 불교가 아닌 유가를 새로운 사회의 대안으로 삼고자 했어도, 사람의 삶이 그렇게 쉽게 바뀌는 것은 아니었다. 따라서 숱한 역사적 실례를 통해서 그동안 겁먹은 윤회라는, 업보라는 '겁'이 별거 아니었음을 확인하고 또 확인해야 했다. 경연이 벌어지면 물었다. 정말 지옥은 없는 거냐고? 묻는 사람이나 대답하는 사람이나 어느 한 구석에 불안감을 간직한 채 역사를 보면서, 부처를 자임하고 불사佛事에 힘쓴 자들 때문에 나라가 망한 것이라고, 역사에서 증거를 찾아 불안감을 지웠다. 윤회는 없으며, 그저 기氣의 취산聚散(모이고 흩어짐)만이 있을 뿐이라고,

반복하고 또 반복해 외우고, 설득하고, 또 외워야 했다. 조카를 죽이고 형수의 무덤을 강가에 만들어 물살에 떠내려가게 했던 세조조차 불경佛經을 간행해 두려움에 떨리는 심사를 가라앉혀야 했다. 그렇게 제도가 아닌 몸속까지 바뀌는 데 대략 100년이 걸렸다.[10]

안티노미

왜 이런 전환이 일어났을까? 우리가 대략 살펴보았듯이, 성리학은 주자 한 사람이 만들어낸 산출물이 아니었다. 하나의 흐름이자 운동이었다. 말하자면 그 시대를 살았던 사람들이 벌인 거대한 기운의 이동이었다.

성리학자들은 불교가 실재하는 세계를 허망하다고 이해했고, 그 결과 우주에서 인간의 위상은 물론 사회의 의무와 책임도 방기했다고 주장했다. 그러면서 불교의 윤회관과 수행론을 비판했던 것이다. 하지만 불교를 비판하기 위해 새로이 등장한 유가, 즉 성리학의 골격인 이기론理氣論도 그런 방식으로 비판되지 않을까? 뒷날 성리학에 대해 계몽주의가 그랬듯이.

형이상학적 논쟁의 안티노미(antinomy, 이율배반)를 생각해보아야 한다. 예를 들어 '죽은 뒤에도 영혼이 계속 존재하는가, 그렇지 않은가' 하는 문제를 놓고 보자. 이 점은 불교와 성리학이 선명하게 갈리는 대목이다. 불교는 당연히 영혼이 계속 존재하며, 그래야 윤회설이 성립한다고 본다. 그러나 성리학에서는 "그런 건 없다. 죽으면 맑은 기는 위로, 탁한 기는 아래로 소멸한다. 대략 4대代가 걸린다"라고 주장한다. 4대를 설정한 것은 생전에 맺을 수 있는 인간관계의 최대치를 철학 또는 의례(곧 제사)에 반영한 것이다. 그런데 사람이 죽은 뒤에도 '영혼이 존재하는가, 그렇지 않은가' 하는 질문에 대해 과연 끝장 토론이 가능한가? 다음 말을 보자.

> 공자는 괴이한 일(怪), 힘에 대한 일(力), 혼란을 일으킬 일(亂), 신묘한 일(神)에 대해서는 말하지 않았다.[11]

일단 여기서 '신'은 'God'이 아니다. 더 흥미로운 말은 위의 공자의 말에 주자가 한 해석이다.

> 괴이하고, 용력을 쓰는 일이나, 패란한 일은 올바른 이치가 작동한 게 아니다. 그래서 본래 성인이 말하지 않았다. 조화의 자취는 바르지 않은 것은 아니지만 이치를 끝까지 탐구한다고 알 수 있는 것이 아니고, 쉽게 밝히기 어려운 구석이 있는 까닭에 다른 사람들에게 가볍게 말하지 않은 것이다.[12]

이 대목을 볼 때면 슬그머니 웃음이 난다. 귀신鬼神을 기의 취산으로 설명하면서 제사의 근거로 삼았던 주자가, 막상 공자가 신神에 대해 언급하지 않았다는 기록에 대해서는 "탐구한다고 알 수 있는 이치가 아니"라고 주석을 단 것이다. 이런 점에서 신앙의 영역은 성리학에도 남아 있다. 그리고 바로 이것이 칸트가 말한 이율배반, 형이상학적 논제에 대해 어떤 명제를 도출하고자 하면 이상하게도 긍정과 부정이 같이 성립한다는 안티노미가 된다.

사상의 구체성

따라서 성리학자들의 불교 비판은 윤회가 있느냐, 극락과 지옥이 있느냐 하는 형이상학적 논쟁이 아니라고 짐작할 수 있다. 정확히 말하자면 형이상학적 논쟁은 그들이 갖고 있던 숙제를 푸는 고리 중의 하나였을 것이다. 그 숙제란 그들이 현실에서 풀어야 할 문제였다.

문제로 삼는 현실에 발을 굳게 딛고 있지 않으면, 즉 사상의 구체성이 없으면 그 사상은 일회적이거나 공상으로 마감한다. 대표적인 예가 청나라 말기 유신파維新派의 리더였던 캉여우웨이康有爲(1858~1927)다. 남해성인南海 聖人이라고 불린 이 사람은 당시 세르비아의 수도 베오그라드를 유람하면서, 이 도시에서 반란이 잦은 이유는 궁궐 담이 낮고 길가에 가깝기 때문이라고 해석해, 루쉰魯迅을 웃겼다. 반면 구체성이 확보되면, 즉 현실을 진단하고 풀어야 할 문제에 대한 해답을 제시해 삶의 비전을 보여주면, 그 사상은 사회에 뿌리를 내린다.[13]

중국은 일단 제쳐두고 고려만 놓고 보면, 고려 말에 성리학을 공부하기 시작한 지식인들은 편차가 있기는 했지만, 당시 사회의 폐단에 대한 해결책을 찾는 과정에서 성리학을 대안으로 생각하기 시작했다. 중요한 사실은 폐단이 먼저였다.

흔히 불교의 말폐末弊가 드러났다고 하지만, 어느 문명이나 사상도 세월의 흐름을 이길 수는 없다. 사람이 늙으면 병들고 죽어가듯이, 문명이나 사상도 마찬가지다. 물론 불교는 나라를 다스리는 제도나 사상이 아니다. 그러나 불교는 사람들의 수양을 통해서, 특유의 비억압적인 자비를 통해서 사회를 통합하고 건강한 긴장성을 유지해주었다. 그러나 시간이 지남에 따라 긴장감과 종교적 경건성이 균열되기 시작했고, 그 균열 사이로 사심私心이 자리하기 시작했다. 사찰은 부富를 축적했고, 그 부에 비례해 국가재정이 줄어들었다. 무엇보다도 사회 전체의 재생산기반인 농민들의 경제활동이 무너졌다. 유랑자와 노숙자가 생겨났고, 심지어 사찰의 노비로 몸을 던지는 자들이 속출했다. 가족이 파괴되고 경제적 재생산은 물론 노동력의 재생산, 교육의 재생산 구조가 무너졌다. 이것이 고려 말의 현실이었다. 우리가 알고 있는 과전법科田法 등의 개혁 논의는 이런 상황에서 나온 것이다. 흐트러진 사회를 바로잡는 데는 새로운 지식인층의 사상, 성리학이 가장 유력한 방법이었다.

학문 센터의 이동

그러나 제도는 쉽게 바꿀 수 있어도, 그것을 정착시키는 일은 쉽지 않은 법이다. 제도의 수립에서와 마찬가지로, 제도의 정착에도 사람들의 이해·동의·실천이 필요하고, 바로 그 영역에 새로운 사상의 수용과 이해 여부가 놓여 있다. 깃발을 들고 권좌에 앉았다고 해서 다 왕조(the Dynasty)가 되지 않은 것도 마찬가지 원리이다. 역성혁명으로 왕조는 바뀌었지만, 그것은 엄밀히 말하면 하나의 사건에 불과했다. 그 사건의 가치와 성격·능력에 대한 검증이 필요했고, 그 검증 과정에서 탈락한 숱한 왕조의 후보자들이 있었음을 역사는 여실히 보여준다.

경제적인 측면에서 볼 때, 새 왕조는 과전법의 실시와 세종대 공법貢法을 기점으로 안정적 국면에 들어섰다. 정치제도의 정비는 『경국대전經國大典』의 완성으로 나타났다. 그러나 그런 경제·정치제도를 이끌어갈 정치세력의 형성은 그리 쉽지 않았다. 집현전에서 키운 인재들은 세조의 찬탈로 도륙되고, 성종대에 다시 등장한 사림파는 세조의 구신舊臣과 연산군에 의해 좌절을 겪었다. 중종 때 기묘사림은 다시 기득권층이 된 중종반정의 공신들에 의해 제거되었고, 그 난맥상은 선조가 즉위하는 전후까지 이어졌다.

이렇듯이 새로운 사회의 건설은 지루한 여정을 거쳐 이루어졌다. 그 과정에서 주목할 것은 바로 학문 센터의 이동, 즉 교육과 연구 센터의 이동이다.

그 전환은 한마디로, '사찰에서 서원으로!'라는 말로 요약할 수 있다. 고려 말 신진사대부들이 성리학에 새로운 사회의 비전을 두었다 해도, 고려사회의 지식인층은 양과 질에서 사찰을 무대로 한 승려를 빼고는 생각할 수 없다. 학문이 있으면 저술의 출판이 있기 마련인데, 대장경大藏經 출판에서 볼 수 있듯이 사찰의 기술력과 재원은 다른 어떤 센터도 따르기 어려웠다. 조선시대에 들어와서도 간행사업에 승려를 동원했고, 종이와 먹 등 출판에 필요한 물품을 사찰에서 조달했다.

조선 초기에는 정부가 성균관成均館과 향교鄉校를 두어 공교육을 정착시키려 했지만, 성균관에서 공부하려는 학생들도 없었고, 향교에 파견할 교수敎授도 부족했다. 대개 개인적으로 스승을 찾아가 배우거나, 끼리끼리 강학(세미나)을 하면서 성리학을 공부했다. 한편 서당書堂의 건립을 통해 초등교육을 담당하는 등, 여러 가지 변화도 수반되었다. 혁파된 사원전寺院田과 사찰 시설의 소속 농민(田民)은 관청 시설이나 향교의 기반으로 흡수되었다.

재미있는 사실은 기묘, 을사 두 차례의 사화士禍로 국왕의 외척을 중심으로 한 권신들에게 정권이 넘어가 있던 명종 연간에 지방에서 서원의 설립이 본격화되었다는 점이다. 사화의 원인을 반성하고 지방에 내려가 자기 훈련에 정진하면서 향촌사회에서의 리더십과 경세 역량을 기른 것이 오히려 전화위복이었다.

그 대표적인 사례가 소수서원紹修書院이다. 소수서원은 지금의 경상북도 영주시 순흥면에 건립되었다. 주세붕周世鵬(1495~1554)이 1542년(중종 37)에 풍기군수로 재임하면서 안향安珦(1243~1306)의 사당祠堂인 회헌사晦軒祠를 세우고, 이어 주자의 백록동학규白鹿洞學規를 본받아 1543년에 백운동서원白雲洞書院을 설립했다. 이어 백운동서원은 1550년(명종 5) 2월에 풍기군수였던 퇴계의 요청에 따라 소수서원이라는 명종 친필의 사액賜額을 받았다. 이 백운동서원이 서원 건립 운동의 효시로서, 이후 서원 건립의 모범적인 사례가 되었다. 그런데 그로부터 몇 달 뒤인 명종 5년 8월에 퇴계의 형인 이해李瀣가 권신 이기李芑를 비판했다가 모함을 받아 곤장을 맞고 갑산甲山으로 귀양을 가던 중에 세상을 떴으니, 퇴계의 심사가 어떠했을까?

조정에서 쫓겨나고

이때 퇴계가 느꼈을 절망감을 상상하기 이전에 먼저 짚어둘 일이 있다. 퇴계의 절망과 비슷한 주자의 절망이다. 700년 가까운 긴 시간 동안 동아시아의 사상계를 주도했던 탓인지, 주자에서 집대성된 성리학에 대해 사람들은 선입견이 있는 듯하다. 마치 주자의 시대에 이미 성리학이 주도 이념이었던 것처럼 생각하지만, 그것은 오해이다. 그리고 이 오해에는 좀 생각해보아야 할 데가 있다.

우선 오랜 기간 주도 이념이었다는 것이 이런 오해의 직접적인 이유인 것 같지는 않다. 오히려 성리학이 주도 이념이었다는 사실 자체에 대한 언짢음에서 나오는 오해처럼 보인다. 여기에도 근대주의적 콤플렉스가 작동한다. 망국에 이르게 한 사상에 대한 불편함 때문에 발생사적 접근이나 이해를 미처 하지 못하는 것이다. 이 꺼풀을 벗어던져야 한다.

주자는 선배들이 쌓아올리고 자신이 집대성한 새로운 사상이 꽃피지 못하리라는 불안감 속에서 세상을 떴다. 일로매진一路邁進, 중앙조정의 좋은 관직에 나갈 기회가 있었음에도, 그는 집에 틀어박혀 집필에 몰두하거나, 직무가 적은 관직을 자임해 공부할 시간을 벌었다. 겉보기에는 '눈부신 저작 활동'이라고 할 만한 그의 학문은 아슬아슬하게 생계를 유지하면서 이루어진 성과였다.

그의 학문을 지원한 사람들도 있었다. 대대로 고위 관직자를 배출했을 뿐 아니라 학자를 배출한 것으로도 명성이 높았던 가문 출신인 여조겸呂祖謙이 대표적인 인물이었다. 그러나 둘이 만난 것은 단 세 번이었다. 물론 주고받은 편지는 매우 많았다. 주자는 장남인 숙塾을 여조겸에게 보내 배우게 했고, 여조겸은 주자의 까다로운 성격과는 달리 너그럽고 온후한 성품으로 주자의 주변을 부드럽게 만들어주었다. 그들은 40일간 같이 기거하면서 『근사록近思錄』을 편찬했던 사상적 동반자이기도 했다.

영종寧宗이 즉위한 뒤 조여우趙汝愚의 추천으로 주자는 조정에 들어갔다. 그리고 처음이자 마지막으로 중앙 관직을 맡아, 주로 『대학』을 강의하며 자기의 이상을 황제에게 진언했다. 그러나 그의 기탄없는 직언은 권신 한탁주韓侂冑 등의 노여움을 사게 되어 45일 만에 관직에서 쫓겨나 고향으로 돌아온다. 그 즈음 이른바 '위학의 금(僞學之禁)'이 시작되었다. 위학의 금이란, '도학道學' 즉 성리학이 거짓된 학문이기에 금지한다는 조치였다.

현실주의와 이상주의

왜 성리학에 대한 견제가 시작되었을까? 그 근원은 오래되었다. 기득권을 가진 관료들의 입장에서 볼 때, 어쩐지 실체를 알 수 없는 '도학'이라는 교의敎義 속에서 자신의 존재를 위협하는 어떤 위험을 알아챘는지도 모를 일이다. 그리고 주자라는 선봉장이자 최강의 인물을 맞아 그 위기의식은 훨씬 강해졌을 것이다. 이를 도식적으로 보면 현실주의와 이상주의의 대립이라고 할 수도 있다.[14]

그러나 현실주의와 이상주의의 구도는, 자칫 현실주의를 합리화하거나 이상주의를 냉소할 수도 있다. 또 현실주의를 매도하거나 이상주의의 열정에 불탈 수도 있다. 두 함정에 빠지지 않는 관점은 과연 어디서 찾을 수 있을까? 적어도 두 입장이 가까이 있어야 한다는 것은 말할 수 있다. 보수와 개혁의 거리가 클 때 반드시 어떤 사단이 난다. 그러나 그 사단이 두려워 거리를 좁히려 한다면 타협이 되고 만다.

통상 조선 정치사에서는 현실주의를 '탁론濁論', 이상주의를 '청론淸論'이라고 불렀다. 하나는 흐리고, 하나는 맑다는 말이다. 참으로 적절한 비유라는 생각이 든다. 이는 조선 정치사를 당색의 대립보다는 오히려 청론/탁론의 구도로 이해하는 데 유용하다. 가만히 보면, 남인이 정권을 잡으면 그 사이에서 기득권화된 탁론에 대해 청론이 비판을 가하는데, 이들의 비판 내용을 보면 서인의 입장과 비슷함을 알 수 있다. 또 노론이 정권을 잡으면 거기서 다시 기득권화된 세력과 이를 비판하는 청론이 형성된다. 주목할 만한 사실은, 청론이 형성되지 못하는 당색은 도태된다는 점이다. 자기혁신 능력이 결여된 것이다.

아무튼 이상주의자인 주자의 주장은 조정을 깨끗하게 하는 것이었다. 특히 관료들의 청렴과 기강은 인민 생활의 안정을 위해서 가장 급한 일 중의 하나였다. 안민安民의 정책은 결국 관료들의 손에 의해 수립되기 때문이다. 관료들이 깨끗하지 못하면 자신들의 사리사욕에 눈이 어두워 인민 생활은 안중에도 없어질 것이다. 그러니 '투명성 = 청렴'은 적당히 어두운 곳을 만들어 이득을 취하던 세력들에게는 원치 않는 덕목이었다.

다음과 같은 말을 한 사람은 누구일까? 주자의 선배 격이며, 사마광司馬光과 함께 『자치통감資治通鑑』 편찬에 참여했던 인물이다.

> 경제 입법은 재산이 많은 사람을 통제하는 취지였음에도 도리어 그들에게 보태주는 경우가 왕왕 있었다. 부자들이 재산을 축적할 수 있었던 것은

빈자들의 비자립성에서 연유하며, 빈자들이 자립하지 못하는 이유는 정부의 과세가 무겁고 노동력의 수취가 복잡한 데서 연유한다는 사실을 간과했던 까닭에 그것을 줄이려하지 않았다. …… 노동력의 수취를 줄이고 세금을 가볍게 하며, 유통이나 서비스업보다는 제조업에 힘쓰고, 적절한 소비를 장려하되 과소비를 경계해야 한다. 재산 소유 상한선을 두고 곤궁한 사람들에 대한 복지 정책을 펴면, 빈자들이 자립할 수 있을 것이며, 부자들의 과도한 재산 중식도 막을 수 있을 것이다. 이것이 경제 정의의 기본 원칙이다. 이렇게 하지 않으면, 아무리 법이 있다고 한들 그것은 조문에 불과할 것이며, 국가 경영에 도움이 되지 않을 것이다.

이젠 끝장인가 보다

주자를 추천했던 조여우는 경원慶元 원년에 나라를 전복하려고 했다는 탄핵을 받아 추방되었다가 이듬해 객사했다. 주자는 조여우의 억울함을 상소하려다 그 상소 초안의 격렬한 문장에 놀란 문인들의 만류로 뜻을 이루지 못했다. 그런데 한탁주가 성리학자들에게 '위학偽學', '역당逆黨'이라는 이름을 붙여 전방위로 탄핵을 시작했다. "주자는 묵은 쌀로 어머니를 모셨으므로 불효자다", "비구니를 유혹해 첩으로 삼았다", "서원을 열어 학생을 모을 때 부잣집 자제들만 입문시켰다" 등등. 기어이 주자를 주살誅殺해야 한다는 주장까지 나왔다. 그리고 이들 '도학파'를 대상으로 위학의 적籍, 말하자면 불순분자 블랙리스트까지 작성했는데, 모두 59명이 요주의 대상이었다.

이 사건이 늙어가는 주자에게 준 충격은 컸다. 차라리 죽어버리는 편이 낫겠다는 말을 서슴지 않았다. 가장 슬픈 일은 탄압이 심해짐에 따라 문생들이 떠나가는 것이었다. 주자의 말에 따르면 그저 '한두 명'이 남아 있을 뿐이었다. 이제는 변절하고 선생을 원망하고 공격하는 자들까지 생겨났다. 세상 인심의 허망함은 예나 지금이나 마찬가지다.

게다가 몸도 아팠다. 누구나 늙으면 병이 들게 마련이지만, 주자도 '족질足疾', '각기脚氣'에 시달렸다. 각기병은 발작이 시작되면 고통으로 인해 오른손이 아파서 붓을 들 수 없을 정도였다고 한다. 요통도 그 연장이었다. 그렇지만 "학문하는 방법도 내 요통과 같아야 한다"고 농담까지 했다. 거기에 공부하느라 오래 앉아 있어서 그랬는지 내장 질환도 끊이지 않았다. 책을 많이 본 탓에 눈병도 생겼다. 난청難聽까지 겹친 데다 눈병으로 거의 실명 상태가 되자, 주자는 극심한 불안에 떨었다.

'위학의 금'이라는 탄압과, 늙은 육신에 매달린 온갖 병들, 그리고 떠나가는 제자들, 텅 빈 강학원 ……. 이것이 만년의 주자가 겪은 인생이었다. 그리고 스스로 펼치려던 이상과 학문, '이 학문(斯文)'이 이렇게 끝장나는구나, 생각하며 그는 극도의 절망 속에서 죽음을 맞았다.

앞으로 더 나은 세상을 만들기 위해 온몸을 던진 사람들은, 대개 그 자신은 막상 그 세상을 보지도 누리지도 못하는 경우가 많다. 이를 예상해서였을까? 선배 학자였던 범중엄范仲淹은 다음과 같이 말했다.

> 천하의 근심에 앞서서 먼저 근심하고, 천하가 모두 즐거워한 뒤에 즐거워하리라. 이런 정도의 사람이 아니라면, 내가 누구와 함께 벗을 삼겠는가![15]

이런 진정성이 없이 세상을 움직일 수는 없다. 그러나 범중엄의 말대로라면, 원래 새로운 세상을 만드는 사람들은 그 세상을 누리지 못한다는 뜻인가? 아니다. 그렇게 만들어가는 것, 그것이 곧 새로운 세상인 것이다. 다만 안타까울 뿐이다. 혹시 헛될지도 모르는 이상이, 그것만이 두려운 것이다. 집착하지 않으려고 하지만, 역시 인간이기 때문에 조바심을 피할 수 없는 것이다.

명종 때, 소수서원이라는 사액을 받은 지 불과 반년도 못되어 권신들의 발호에 형을 잃은 퇴계의 심정도 주자와 비슷하지 않았을까? 불안과 좌절, 그리고 과연 내가 몸 바친 학문의 이상은 실현될 수 있을까, 하는 회의. 기묘사화 때는 처가가 변을 당했고,[16] 이후 을사사화의 여파로 형을 잃었다.

퇴율의 대비

계속되는 사화 속에서 퇴계가 조정에 나가지 않고 물러나 있던 상황을 살펴보면서, 퇴계의 먼 선배였던 주자가 마주쳤던 만년의 생애를 견주어 보았다. 이제 다시 조선 성리학으로 돌아오자. 조선 성리학의 전개를 말할 때, 우리는 퇴계와 율곡을 떠올린다. 다음과 같은 설명이 유용하다.

> 그동안 학자들은 리理의 내재만을 중시했지, 초월의 측면을 깊이 유의하지 않으려 했다. 퇴계는 이 측면에 깊이 경도한 사람이다. 그래서 그의 철학은 주자학 가운데 신학적 지평을 확장시켰다.(이에 비해 율곡은 자연론적 지평에 더욱 충실했다.)[17]

어렵게 생각할 것 하나도 없다. 성리학의 존재론인 이기론에 대한 설명이다. 『중용』에 나오는 우주의 원리가 모든 존재에 내재한다, 그리고 인간도 마찬가지다, 라는 명제가 '하늘이 명령한 것이 본성이다(天命之謂性)'라는 말이다. 그 천리天理가 기氣의 운동성에 힘입어 각각의 사물과 생명에 깃든다.

이것이 리理는 하나이면서도 모든 존재에 깃든다는 '이일분수理一分殊'이다. 「월인천강지곡月印千江之曲」(달은 하나지만 온 강에 비추듯이 임금도 그렇다는 노래)의 '월인천강'이 바로 '이일분수'이다. 달은 하나지만, 마치 모든 강에 비치듯이 리理도 역시 그렇다는 것이다. 다분히 불교적이다. 그러나 인간의 리는 사단四端, 즉 인의예지라는 사회적 관계성에 지향이 맞추어져 있다.

가끔 주자는 '상제上帝'라는 말로 하늘(天)을 의인화했다. 그러다 보니, 리理는 하늘의 뜻 = 의지이기도 하고, 우주의 질서와 원리이기도 하고, 도리이자 가치이기도 했다. 그러니까 이기론에서 리의 초월성과 내재성을 둘러싸고 학자들의 이해 차이가 드러나기도 하고 논쟁으로 나아가기도 했는데, 그것이 바로 사단칠정논쟁四端七情論爭이다.

위의 인용문에서 지적했듯이, 이기론에는 리의 내재성과 초월성이 동시에 담겨 있다. 그리고 거기에는 신학적 지평이 있다. 단, 이 신학적 영역은 매우 제한적이다. 신학적 논의의 핵심인 종교성은, 유한성과 무한성의 문제를 어떻게 설명하는가, 예를 들어 삶과 죽음의 문제를 어떻게 처리하는가에 달려 있기 때문이다. 주자나 스피노자처럼 자연주의적 지평에서 보는가, 아니면 복음주의의 계시와 구원이라는 지평에서 보는가에 따라 선명하게 구별된다. 그렇기 때문에 성리학의 신학적, 종교적 성격을 인정하지만, 위에서 말한 '퇴계 = 신학적 지평, 율곡 = 자연주의적 지평'이라는 해석에는 동의할 수 없다.

분명 퇴계는 '이기호발론理氣互發論', 곧 기뿐만 아니라 리도 (초월성, 주재성만이 아니라) 운동성이 있다는 입장이었다. 반면 율곡은 '기발이승론氣發理乘論', 곧 '운동성은 기에 있고, (초월자이든, 주재자이든) 리가 거기에 올라탄 모습으로 세상이 존재한다'는 입장이었다. 존재론으로 보면, 퇴계는 이기이원론, 율곡은 이기일원론이라고도 할 수 있다.

이기호발이든, 기발이승이든 말싸움으로 시작하고 끝나면, 그것은 그저 공리공담空理空談이 되어버린다. 거기서 아무런 우주론적, 또는 실천적 의의를 발견하지 못했고 발견하지 않으려고 했던 식민주의자들이 실제로 공리공담이라고 주장했던 것은 우리가 익히 알고 있는 터이다. 그들이 스피노자의 『에티카』를 보고도 그런 소리를 했을까? 그게 같은 차원의 논쟁이라는 것을 알기나 했을까?

『전습록傳習錄』 독후감

이기론을 둘러싼 논쟁의 배경과 문제의식은 조금 우회하면 쉽게 알 수 있다. 양명학에 대한 논의로 우회해보자. 조선에서 양명학이 받아들여지지 않은 것을 놓고, 조선 성리학의 경직성 운운하는 또 다른 오류가 있으므로 주의를 기울여야 한다. 이해를 돕기 위해 양명陽明 왕수인王守仁(1472~1518)이 쓴 『전습록』을 읽고 남긴 간단한 메모를 먼저 소개한다.

_ 안타깝지만 양명은 자립적인 사상가가 아닌 듯하다. 양명이 '자립적인 사상가'이고자 했는지는 모르지만, 또 아니라고 해서 뭐 그리 안타까울 일인지도 모르겠지만, 역시 양명은 주자 없이는 생각하기 어려운 듯하다.
_ 주자는, 양명과의 관계에서나, 우리에게나, 두 가지 '눈치' 속에서 이해가 된다. 하나는, 근대주의라고 해도 좋을 관점에 따라 종종 천덕꾸러기가 된다는 점이다. 그 운명은 자연히 조선 성리학의 그것과 비슷하다. '눈치주기'라고 할 만하다. 다른 하나는, 잘은 모르겠지만 분명 넘어야 할 산이라는, 아니 산맥일지도 모른다는 동물적 본능에서 생기는 '눈치보기'이다. 앞의 '눈치주기'와 '눈치보기'는 서로 상반된 정서다.

_ '심즉리心卽理'는 '심은 천리이다'로 번역될 것이 아니라, '심이 천리가 되도록 노력해야 한다'로 번역되어야 한다. 내 말이 아니라 '마음에 사사로운 욕심에 의해 가려진 것이 없다면 그것이 곧 천리'(『전습록』상-3)이고, '심즉성心卽性, 성즉리性卽理'(『전습록』상-34)이며, '심지체心之體, 성야性也, 성즉리야性卽理也'(『전습록』중-1~4)라는 양명의 말이다. 양명이 말하는 '심즉리'는 '성즉리'에 안겨 있는 개념이자 사상이 아닌가.

_ 양명의 주일主一과 축물逐物에 대한 설명은 참 명쾌한 구분이다. 고스톱이나 바둑에 빠지는 것은 축물이고, 전습록을 열심히 공부하는 것은 주일이다.

_ 양지良知를 사단四端으로 바꾸어도 전혀 문제가 없는 데가 참 많다. 그런데 군이 양지라고 한 이유가 무엇일까.

_ 양명의 '훈몽대의訓蒙大意'(『전습록』중-8)는 마치 참교육 발기문 같다. 교육에 대해 깊이 생각하는 분들의 생각은 비슷한가 보다.

_ 양명이 '물物'은 '사事'라고 했는데, 사事 = 물物은, '사안', '사건', '경우(case)' 등으로 번역하면 편할 때가 많다. 양명의 '물物'은, 사람이 간여된 '경우'였다고 생각한다.

_ 양명이 성리학을 혁신한 것 같다. 모든 시스템은 혁신할 수 있는 동안만 존재한다. 병이 나을 수 있는 동안만 살 수 있듯이 말이다.

양명학은 성리학의 패러다임 내부의 문제이고, 동시에 성리학의 혁신이었다. 또한 중국 사상계에서 탄력을 잃어가는 성리학의 주체성과 자발성을 환기시키는 혁신이었다. 하지만 조선 사상계에 양명의 학설이 발을 못 붙인 이유는 퇴계의 양명 비판 때문이었다. 퇴계가 왜 그랬을까?

딛고 선 땅이 다르기에

성리학의 인식론이라고 할 수 있는 이론이 격물치지론格物致知論이다. 즉 사물에 대한 탐구의 문제인데, 그러자면 당연히 탐구 주체에 대한 이해도 함께 논란이 된다. 양명학陽明學의 격물치지론에 대한 퇴계의 비판은 나아가 양명학 체계에 대한 비판의 성격을 띠었다.

양명은 "마음 밖에는 사물이 없고, 마음 밖에는 도리도 없다"라고[18] 주장하면서 주관주의적인 격물치지론을 펼쳤다. 이 마음에 갖추어져 있는 '양지良知'는 배우지 않아도 알 수 있는 선험적인 능력이다. 그는 '격물'의 '격'을 '바로잡다(正)'는 의미로 이해했다. 따라서 왕수인의 격물치지론은 경전 연구나 역사 사실에 대한 탐구를 통해 도리를 인식하는 객관주의적인 성격이 아니라, 마음에 갖추어져 있는 리를 자각하고 실천하는 주체성에 강조점이 놓여 있었다. 그렇기에 다음과 같은 퇴계의 비판은 예정되어 있었다.

> 양명은 단지 밖의 사물이 마음에 허물이 되는 것만 걱정했다. 그래서 사람들의 도리(民彝)나 사물의 원리(物則)라고 하는, 정말 지극한 이치가 곧 내 마음에 본래 갖추어져 있는 이치라는 점을 알지 못했다. 또 읽고 공부하며 이치를 탐구하는(窮理) 공부가 바로 마음의 본래 모습을 밝히고 그 작용에 통달하는 것이라는 점을 알지 못했다. 오히려 모든 사물을 전부 쓸어버리고 마음으로 끌고 들어가 혼란스럽게 주장하고 있으니, 이것이 불교의 견해와 무엇이 다른가. 그런데도 그는 때로 석씨를 공격하는 말을 하여 자기의 학문이 불교에서 나온 것이 아니라고 밝히고 있으니, 이 역시 자신을 속이고 남을 속이는 짓이 아니겠는가.[19]

이기론과 마찬가지로, 격물치지론과 같은 인식론에서도 학자들마다 나름의 문제의식을 가지고 체계화하기 때문에, 단순히 논리적으로 우열을 매긴다는 것은 불가능할 뿐 아니라, 의미 있는 일도 아닐 것이다. 중요한 것은 바로 '문제의식'일 것이며, 그 문제의식은 논자들의 삶을 둘러싼 역사적 조건에서 발생한다고 보는 편이 타당할 것이다. 퇴계의 입장에서 보면, 양명의 격물치지론에서 가장 큰 문제는 그것이 불교의 논리와 같다는 사실이었다.

앞서 말했듯이 퇴계가 살던 시대는 사찰에서 서원으로 지식인 사회의 중심이 이동했다. 그 이동은 사찰 경제의 비대화로 인한 소농 경제의 붕괴와 국가 수입의 감소 등 현실적 폐해를 극복하려는 조선 건국 이래의 노력의 결과였다. 조선 초기 경연의 역사학 강의에서 불교의 현실적 폐단과 불교 이론 체계에 대한 비판이 집중적으로 이루어졌던 것도 이런 맥락에서 이해할 수 있다. 이황의 양명학 비판은 결국 경연에서 이루어진 불교 비판과 같은 배경에서 나온 것이다. 조선 초기뿐 아니라 이황이 살았던 당시에도 승려가 권세를 누렸는데, 특히 보우普雨가 심했다. 이에 조목趙穆이 척불斥佛 상소를 올리는 등, 불교 비판은 당시에도 여전히 중대한 현안이었다.[20] 더구나 보우는 정치권력을 좌우하던 명종의 어머니 문정왕후文定王后를 배경으로 삼고 있었다.

한편 양명의 격물치지론에 대한 퇴계의 비판은 우리에게 성리학 전통에서의 역사의 의미를 다시 떠올리게 한다. 성리학의 발달과 함께 '춘추학', 즉 역사학이 발달했다는 사실을 지적한 바 있지만, 퇴계의 격물치지론은 '사물(사실)의 탐구'라는 전통을 충실히 계승한 논리였다. 그렇다면 불교 논리와 유사하다는 경계심에 더해, 양명의 격물치지론은 퇴계에게 이런 전통과 배치되는 견해로 다가왔다고 할 수 있다.

양명은 이미 명나라 조정에서 확고한 지위를 누리고 있었고, 중국 성리학은 오히려 점차 형식화되던 때였다. 그렇기에 양명은 『전습록』에서 이런 매너리즘을 지적하고 또 지적했다. 그리고 이 매너리즘에 대해 주체성의 자각과 강력한 실천을 촉구했던 것이다.

그러나 퇴계가 활동한 중종부터 명종까지의 시기에, 퇴계는 안팎으로 기로에 서 있었다. 우선 퇴계가 보기에 자신의 시대는 자기 마음을 관조하면서 '한가하게' 지낼 수 있는 상황이 아니었다. 그들이 바라는 이상 세계는 요원했다. 관직을 떠나 있다 해도, 일상에서부터 정치 영역에 걸친 '현실을 이해하고' 자신들의 '이상을 실현해나가야' 했다.

사상의 힘은 구체성에서 나온다. 양명학이 조선에서 받아들여지기 어려웠던 이유는 그 사회가 달랐기 때문이었다. 양명학이 중국에서는 '혁신'이었지만, 조선의 학자들에게는 '우활迂闊한(뜬금없는, 현실과 거리가 먼) 소리'였던 것이다. 아니, 우활하다 못해 위험한 견해였다. 이것이 바로 타이밍, 즉 역사성이다. 퇴계는 "아직 우리는 조선 사회를 모른다, 어떻게 끌고 가야 할지 모른다, 그러므로 우리는 (양명처럼) 세상을 바로잡아야 한다고(格物 = 正物) 주장하는 것도 좋지만 그전에 제대로 알아야 한다(格物 = 至物)"라고 생각했다.

훈련된 인격이 필요하다

거기서 끝이 아니었다. 퇴계는 선배였던 정암靜庵 조광조趙光祖에 대해 '공부가 부족했다'고 비판했다. 그렇게 평하면서 얼마나 마음이 아팠을까? 이 말에서 두 가지를 헤아릴 필요가 있다. 하나는 앞서 말한 것처럼 조선 현실에 대한 이해가 부족했다는, 여전히 부족하다는 반성일 것이다. 퇴계는 사림들에게 자기훈련에 기초한 사회적 리더십이 부족하다고 생각했다.

이런 이상의 실현을 위해서는 어려서부터 훈련된 인격을 도야해야 한다. 이황이 이미 6세 때 『소학小學』 읽기를 기다리지도 않고 물 뿌리고 청소하는 절차와 효도하고 공경하는 도리를 알았다는 이야기는, 상투적인 위인 만들기라는 혐의를 가지고 볼 문제가 아니라 훈련된 인격이 필요하다는 사회적 요청 또는 긴장 상황을 설명해준다.[21] 「숙흥야매잠夙興夜寐箴」 같은 자기 규율을 만든 것도 향촌사회 등 사림들 자신이 살고 있는 터전에서 다른 사람에게 인정받고 설득력 있는 인간이 되기 위한 적극적인 노력이라고 볼 수 있다.[22] 노수신盧守愼의 「숙흥야매잠해夙興夜寐箴解」에 대해 치열하게 토론을 벌인 것도 바로 명종대에 이루어진 학문적 축적의 일환으로, 그것은 선조 즉위 후 사림들이 대거 등장할 수 있는 동력으로 작용했다고 보아야 할 것이다.[23]

사림에게는 '도학정치'라는 이상을 실현하기 위한 자기훈련도 중요했지만, 무엇보다 그 이상이 실제로 보편적으로 실현 가능한 것이어야 했다. '솔개는 날아올라 하늘에 닿고, 물고기는 연못에서 뛰어 오른다(鳶飛戾天, 魚躍于淵)'라는 『중용中庸』의 구절로 상징되는 은유를 사람에 빗대어 말하면, '인륜을 실천한다는 것은, 일상생활에서 보통 사람들도 누구나 실천할 수 있는 것, 즉 매우 자연스러운 일'을 의미했다.[24] 다시 말해 이들의 이상은 특수한 계층의 전유물이 아니라, 보편성을 띤 목표라는 점을 설득해야 했다.

이런 자기훈련에 대한 촉구와 반성이 퇴계의 '이기호발론'으로 나타났다고 생각한다. 율곡에 따르면 자기훈련이란 본성을 함양해 그 힘으로 운동과 변화의 세계인 기氣의 과불급過不及을 중화中和하는 것이다. 그러나 한 세대 앞서 태어난 퇴계는 아직 그 본성의 함양 수준을 신뢰하지 못했다. 이것은 철학의 차이 이전에 세대의 차이다.

일찍 일어나기

「숙흥야매잠夙興夜寐箴」은 '새벽에 일어나 늦은 밤 잠들 때까지 조심할 일'이라는 퇴계의 글이다. 퇴계가 선조宣祖에게 올린 『성학십도聖學十圖』 가운데 열 번째 도식이다.

닭이 울어 잠을 깨면 이러저러한 생각이 점차로 생겨나게 된다. 그 시간 동안에는 조용히 마음을 정돈해두어야 한다. 또 지나간 잘못을 반성하기도 하고 새로 깨달은 것을 상기해, 차례대로 조리를 세우며 분명하게 이해해 두자. 근본이 세워졌으면 새벽에 일찍 일어나 세수하고 빗질하고 옷과 건을 갖추고 단정히 앉아 마음을 가다듬는다. 그리고 마음 쏨쏨이를 솟아오르는 해처럼 밝게 한다. 엄숙하게 가다듬고 마음가짐을 텅 빈 듯 한결같이 고요하게 갖는다. …… 날이 저물어 사람이 피곤해지면 흐린 기운이 엄습하기 쉬우니, 이럴 때일수록 늠름하게 가다듬어 밝은 정신을 펼쳐야 한다. 밤이 깊으면 잠자리에 들되 행동거지를 가지런히 하라. 쓸데없는 생각을 하지 말고 몸과 마음을 쉬게 하라.

위의 말은 두 가지 의미로 압축된다.

늦게 자고 일찍 일어나라, 깨어 있을 때 반듯해라.

우선, 늦게 자고 일찍 일어나라는 말에 대해 생각해보자. 당시 흔히 늦게 잔다는 것은 삼경三更(밤 11시~새벽 1시)이고, 일찍 일어난다는 것은 닭이 울 때 일어난다는 말이다. 닭이 우는 시간은 대개 새벽 3~5시이니,

대략 2시간에서 6시간을 잤다는 말이 된다. 그런데 『성학십도』는 퇴계가 68세 때 작성한 것으로 전해진다. 혹자는 퇴계의 건강이 좋지 않았다고 하지만, 이런 수치를 놓고 보면 말이 되지 않는다. 그러면 퇴계는 왜 이랬을까.

퇴계의 글과 율곡의 글을 읽어보면, 미묘하면서도 선명한 차이를 느낀다. 퇴계는 조심스럽고 신중한 데 비해, 율곡은 자신만만하고 진취적이다. 퇴계는 연산군 7년(1501)에 태어나 청장년 시절에 기묘사화, 을사사화를 겪었다. 퇴계는 조광조에 대해 "타고난 자질이 미덥고 아름다웠지만 학문의 힘이 충실하지 않아서, 그가 시행한 일이 지나침을 면치 못하고 결국 일이 실패하기에 이르렀다"라고 평할 정도로 신중했다.

퇴계는 34세 때인 중종 29년(1534) 3월에 과거에 급제해 사관직史官職인 예문관 검열에 임명되었다. 그러나 사간원과 사헌부에서는 기묘사화 때 죽었던 처삼촌 권전權磌과 연루시켜 퇴계의 사관직 임명을 비판했고, 이로 인해 퇴계를 추천했던 예문관 관원 전원이 파직되었다. 이후 문정왕후가 세상을 뜨고 사림士林들이 본격적으로 정계에 등장할 때까지 풍기군수 등 관직을 맡기는 했지만 주로 공부에 전념하려고 했다.

「숙흥야매잠」은 이런 배경 속에서 이해해야 한다. 자신이 품은 세계에 대한 비전을 실현하려면 자신이 누구에게나 설득력 있는 인간이 되도록 훈련해야 한다는 것, 그것을 일상의 긴장으로 나타내고 「숙흥야매잠」으로 표현했던 것이다.

요즘 도회 생활과는 달리, 누구네 집 숟가락 숫자까지 알 수 있는 '동네'에서 살자면 '훈련된 인격'은 리더십의 필수조건이었을 것이다. 향촌사회의 리더십은 보洑와 같은 경제 인프라의 건설, 서원書院 등 교육기관의 설립과 함께 일상생활의 본보기를 통해서 결실을 맺었을 것이다. 늦잠 자는 퇴계에게 고개 숙일 사람은 없는 것이다.

체계성과 문제의식, 농담 하나

세대 차이는 종종 문제의식의 차이로 나타난다. 대개 어떤 사상 체계는 두 가지 경로로 구성되어 간다. 첫째, 이론(사상)은 체계성을 지향한다. 성리학처럼 기존의 유학 전통에 불교와 도교의 논리를 수용해 재해석하는 경우에는, 기존의 유학 전통의 개념을 새로운 체계에서 어떻게 재구성하는가 하는 문제가 생긴다. 예를 들어 『서경書經』에 나오는 '인심은 위태롭고, 도심은 은미하다(人心惟危, 道心惟微)'라는 구절에 인심과 도심이라는 말이 나오는데, 이것은 이기론과 무슨 상관이 있는가 하는 질문이 얼마든지 나올 수 있다. 그러므로 이런 질문을 새로운 이론체계에서 어떤 방식으로든 설명해야 한다. 성리학이 성립하는 과정뿐 아니라, 조선 성리학의 많은 논쟁들도 이론의 자기 완결성을 고도화하려는 이런 노력과 상관이 있다.

둘째, 이론의 완결성이 지닌 방향은 시대나 세계에 대한 사상가의 문제의식이 결정하는 것으로 보인다. 즉 그때, 그런 문제를, 던지는 이유가 있다는 것이다. 이 문제의식에는 개인적인 성향이나 성격의 차이도 있고, 세태를 보는 관점의 차이도 개입할 수 있다. 그래서 대응이 달라질 수도 있다. 그리고 문제의식에도 층차와 강도가 있는 듯하다.

출처出處의 경우를 예로 들어보자. 출처란, 세상(주로 조정)에 나가서 배운 바를 펼칠 것인가, 아니며 더 공부를 할 것인가 하는 문제를 따지는 것이다. 학자學者의 사회적 책임을 묻는 '지식사회학'이었던 성리학에서는 이 주제가 매우 중요한 고민일 수밖에 없었다. 근대사회에서 진행된 지식의 전문화는 학자와 공직의 거리를 벌려 놓았지만, 여전히 학문은 경세의 성격을 띠고 있기 때문에 출처가 특정 시기의 문제만은 아니다.

명종 후반, 문정왕후의 죽음으로 윤원형 세력이 퇴각한 뒤, 명종은 퇴계를 다시 조정에 불렀다. 본인의 고민도 있었고 세간의 잡음도 있어서 퇴계는 풍기에 머물고 있었는데, 제자인 조목趙穆이 먼저 시를 보내 스승의 처지를 놀렸나보다. 그런데 바로 조목에게도 참봉 벼슬이 내려졌다. 그랬더니, 퇴계는 다음 시를 지어 조목을 놀렸다.

숲을 떠나던 새, 그물에 덜컥 걸렸네	有鳥醉林被網羅
숲 속에 남아 있던 새 한 마리 깔깔대며 웃는구나	林中一鳥笑呵呵
허나 어찌 알았으리. 다른 그물 가진 이가	那知更有持羅者
그 둥지를 덮쳐 꼼짝 못하게 할 줄은!	就掉渠巢不奈何[25]

출처의 긴장이 스승과 제자 사이의 농담 속에서 한결 유쾌해졌다. 그런데 이 유쾌한 긴장, 이게 조선 성리학의 특징이라면 누가 믿을까?

사단칠정논쟁 四端七情論爭

이기론에 대한 퇴계와, 율곡, 고봉 등의 견해 차이는 사단칠정논쟁에서 잘 드러난다. 사단은 앞서 말했거니와 『맹자』에 근거를 두고 있는 인의예지仁義禮智의 단서이다. '칠정'은 『예기禮記』 「예운禮運」편에 나오는 '희喜·노怒·애哀·구懼·애愛·오惡·욕欲'의 7가지 감정을 말한다. 『중용』에서는 희노애락의 4정을 말하기도 한다.

명종 13년(1558) 퇴계는 요즘으로 치면 국립대 총장인 성균관 대사성大司成이 되었다. 당시 고봉高峯 기대승奇大升은 갓 과거에 급제한 청년이었다. 퇴계가 먼저 고봉에게 편지를 보낸 뒤 13년 동안 논쟁이 이어졌다.[26] 이 세대를 뛰어넘은 논쟁을 두고 사람들은 약간 혼동을 겪는 듯하다. 퇴계의 인품을 보여주는 증거로 생각하는 분들도 있고, 장유유서長幼有序의 규범을 염두에 두고 곤혹스러워하는 분들도 있는 듯하다. 그런데 전혀 곤혹스러운 게 아니다. 율곡은 다음과 같이 말한 적이 있다.

> 다른 사람과 만날 때는 상대에게 따뜻하고 공경스러워야 한다. 나이가 자기보다 곱절이 되면 아버지처럼 대하고, 10살 이상 많으면 형으로 대하며, 5살 이상 많으면 좀 더 조심스러워야 할 것이다. 가장 해서는 안 될 짓은 많이 배웠다고 뻐기는 것이며, 기운을 믿고 남을 우습게 여기는 일이다.[27]

흔히 학번이나 연차를 따지는 세태나, 군대의 '짬밥'을 부각시키는 행태에 비교할 때, 또래 집단이나 교유 집단을 매우 폭넓게 탄력적으로 설정한 율곡의 이 발언은 그 자체로 흥미롭다. 이 발언의 이면에는 교육시스템이 있다고 생각된다. 즉 근대 초중등 교육의 학제와는 다른 서당書堂과 서원書院의 학제, 교육과정이 그것이다.

조선시대 교육제도는 근대적 보편 교육이 아니다. 즉 중앙집권국가의 정책을 이해하고 따라줄 '국민'이자, 자본주의체제의 재생산에 필요한 평균의 노동력을 제공하는 '노동자'를 양성할 의무교육 개념이 없었다. 그러므로 조선시대에는 배움에 대해 그렇게 중시했음에도 불구하고, 각 개인에게 제도적으로 균일한 교육 프로그램이 강제되지 않았다. 그 결과, 입학과 진학 연도에 따른 학년별 또래 및 교유 집단이 아니라, 느슨한 동무 집단을 형성하게 되었던 것으로 보이며, 율곡이 위에서 한 말은 바로 그 반영으로 해석할 수 있다.

근대 교육의 계량화에는 또 다른 근대 계몽주의의 기획이 반영되어 있다. 개인의 절대화. 그러니까 법적으로 완전한 개인을 상정해야만 계약이 성립하는 것이다. 사회계약론의 근거가 바로 이 개인에게 있고, 소유권의 행사 주체도 이 개인에 의해 가능하다. 계약, 소유권, 자본주의는 이런 개인관을 전제로 가능한 것이다. 이성이 근대 철학의 중심개념이 된 이유이다.

이에 비해 조선 성리학자들의 논쟁은 다른 토대에 서 있다. 인간의 불완전성을, 세태와 사욕에 언제든지 노출되어 있으며 기꺼이 흔들리는 인간이라는 존재를, 어떻게 우주에서 떳떳하고 늠름한 존재로 우뚝 설 수 있게 하는가에 관심이 있었다. 사단칠정논쟁이 그것이었다. 오해를 피하기 위해 덧붙이자면, 나는 계몽주의의 인간관이 그리고, 조선 성리학의 인간관이 옳다는 말을 하는 것이 아니다. 그런 판단은 억지인 경우가 많다. 단, 지금 우리의 문제를 풀어줄 인간, 세계에 대한 이해가 어떤 것인가가 중요하다. 그리고 그 답은 앞으로 찾아야 할 일이다. 사단칠정논쟁은 우주론인 이기론이 인간의 심성론에서 어떻게 체계화되는가 하는 문제에서 생기는 논쟁이다.

주자는 인간의 마음 작용을 성性과 정情으로 설명한다. 심心은 성과 정으로 되어 있고, 성과 정을 통괄하기도 한다. 성이 움직이면 정이 되는 것이다. 사단의 경우, 인의예지는 성이고 그 끄나풀(단서)인 측은·수오·사양·시비의 마음은 정이다. 사단은 다 좋고 나쁜 데가 없는 마음(純善無惡)이다. 칠정은 작용해서 상황에 맞을 때는 좋지만, 그렇지 않으면 나쁠 때도 있는 마음(有善有惡)이다.

그런데 칠정 중에 '상황에 맞지 않는(不中節)', 즉 초상집에 가서 노름으로 돈 땄다고 좋아하는 몹쓸 마음도 성性에서 비롯될 수 있으므로, 이런 류의 '악'이 '순선무악'한 성에 근거한다는 모순이 생기게 된다. 주자 자신도 사단조차 '부중절'한 경우가 있다는 주장을 폄으로써 마음의 작용에 대해 일관성 없게 설명하기도 했다.[28]

퇴계는 리와 기를 철저히 분리(兩斷)해 사단과 칠정에 분속시킨다. 즉 사단은 리의 작용이고, 칠정은 기의 발동이라는 것이다. 이론의 체계 측면에서 보면 참 곤혹스런 주장이다. 왜냐하면 리는 주재자이면서 초월자이고, 게다가 작용하는 힘, 에너지 자체이기도 하다면, 기는 도대체 뭐냐는 질문이 가능하기 때문이다. 나중에 퇴계를 주리론으로 분류하는 빌미가 여기에 있다. 퇴계는 리의 작용(發)을 주장하면서까지 세속적 욕구와 종교적 순결성을 구별하고자 했다. 따라서 본연지성本然之性도 기질지성氣質之性의 근거가 아니라 '소외'로 이해했다.[29]

그러나 고봉과 율곡은 달랐다. 퇴계와는 달리 칠정을 인간 본성 밖의 무엇이라고 인정할 수가 없었다. 희노애락은 너무도 명백한 인간의 모습이었으니까. 그리고 그것은 유혹이기도 하지만 발랄함이기도 하니까. 때로는 수렁이기도 하지만, 창의성의 원천이기도 하니까. "그것을 부정하는 것은 지나친 경건주의가 아닙니까?" 고봉이 퇴계에게 했던 질문이 바로 이것이다. '칠정도 역시 우주적 원리(理)에 근거한 인간의 힘이자, 우리 학문(斯文)을 닦는 모든 동지들의 힘이 아니겠습니까?' 이렇게 묻고 싶었을 것이다. '선생이 말씀하신 뜻은 알겠습니다, 경계하라는 뜻은 알겠습니다, 그러나 이제 때가 되었습니다, 우리 자신의 수양에 그치는 것이 아니라 우리의 비전을 가지고 조선사회를 바꾸어나갈 때가 되었습니다.' 고봉이나 율곡이 이렇게 말하고 싶었던 것은 아니었을까.

그래서 조선의 사단칠정논쟁은 이러한 성리학에 내재한 이론적 과제, 즉 체계성과 조선 지식인의 문제의식이 결합된 논쟁이었다고 생각한다. 그리고 거기에는 조선 성리학이라는 바통을 주고받는 세대 간의 문제의식 차이도 한몫했다고 생각한다.

시냅스와 경敬

이해할 수 없는 데가 있었다. '사서四書'로 과거시험을 치른 것은 이미 고려 말이었다. 그리고 세종대에 들어와서 성리학 서적에 대한 기본 연구는 거의 마무리되었다. 그런데 왜 성종~중종 연간에 아주 초보적 텍스트인 『소학小學』이 새삼 강조되었는지 이해가 되지 않았다. 그러다가 나중에서야 『소학』이 '일찍 일어나기'처럼 몸의 훈련이자, 일상의 설득력이라는 것을 알게 되었다. 제도도 갖추어가고 책도 출판했지만, 의식과 몸의 변화는 참 더디었던 셈이다.

몸에 대한 공부가 『소학』이었다면, 그 몸 공부를 토대로 외적 확장이 필요한 단계에서 사단칠정논쟁이 있었다. 외적 확장의 영역은 『대학大學』이 담당했는데, 『대학』은 학문의 외연을 자신과 일상에서, 나라나 천하의 경세로 옮겼다. 그러면서 훨씬 많은 변화를 겪게 될 마음의 문제를 다루었다. 바로 '심학心學'이다. 아무래도 몸이 움직이는 영역이 넓어지다 보면 때도 끼기 쉽고 가리는 게 많아지기 때문이다. 퇴계는 때가 끼지 않게 하고, 낀 때를 제거하는 훈련방법을 '경敬'이라고 불렀다. 그 의미에 대해서는 이미 참고할 연구가 나와 있으므로,[30] 여기서는 내가 분자생물학 연구를 보면서 갖게 된 최근의 착상만을 간단히 소개해, 이 논제가 갖는 보편성을 음미하기로 한다.

칸트는 지식과 욕구 사이에 존재하는 것은 느낌이라고 했다. 이것은 그의 '비판' 3부작의 구성과 관련이 있을 것이다. 『순수이성비판』, 『실천이성비판』, 『판단력비판』의 3부작. 분자생물학에서는 마음을 인지認知, 감정, 동기의 3대 요소가 섞여 있는 것으로 보았다.[31] 칸트의 말과 짝을 이루는 셈이다. 분자생물학에서는, 우리가 주의를 기울이고, 기억하며, 생각하는 과정을 이해하는 것도 중요하지만, 우리가 '왜' 다른 것이 아니라 특정한 대상에 대해 주의를 기울이고, 기억하며, 생각하는지를 이해하는 것도 그에 못지않게 중요하다. 성리학의 관점에서 말하면 지식뿐만 아니라, 감정과 동기도 주목할 만하다. 감정은 곧 사단칠정의 문제이고, 동기는 인간이 어떻게 '성인聖人'을 지향하는지의 문제가 될 것이다. 이는 그러한 감정과 동기가 발생하는 이유를 찾아보면 '경'이라는 퇴계의 학문 방법, '성誠'이라는 율곡의 학문 방법이 '근대인인 우리가 잘 이해할 수 있는 언어로' 해석될 수 있을 것이라는 제안이기도 하다.

역사학 일반의 고민이기도 한데, 우리가 지닌 어떤 기억에 기초한 표상은 고정적인 것이 아니다. 개인이든 사회(집단)든 기억은 선택되는 것이며, 그 선택에 기초해 표상이 생긴다. 우리의 기억은 고정되어 있지 않다. 상실과 강화를 반복하면서 변화한다. 그전에 이미 심리학의 실험을 통해 우리의 기억이 얼마나 '변형'되기 쉬운지를 확인한 바도 있다.[32] 최근 신경과학자들은 기억이 시도되는 순간에 신경세포인 뉴런과 뉴런을 연결하는 통로인 시냅스에 신경전달물질인 단백질이 재합성된다는 사실을 밝혀냈다.

역사학의 고민이라는 점에서 이 문제를 생각했지만, 분자생물학의 연구 성과는 성리학의 중심 논제와 관련이 더 깊다. 시냅스의 과정은 인격의 훈련과 성숙의 문제이다. 자아自我를 만들어가는 과정이 시냅스의 과정이다.[33] 이는 그동안 자아나 인격의 성숙에 대한 논의가 실체론의 범주에서 이루어졌다면, 이제 관계론·생성론의 범주에서 이루어져야함을 뜻하는 것으로 보인다. 간단히 말하면, 계몽주의적 절대 개인이 인간관의 전제가 아니라, 근대에 '정신병'이라고 부른 영역까지 포함해 '불완전하고 변덕스러운 인간'이 전제라는 것을 의미한다. 성리학에서 일찍이 말했듯이, 인간은 '위태로운 마음을 가진 존재(人心惟危)'인 것이다. 너그러울 때는 온 세상을 다 담을 듯하다가도, 좁아지면 바늘 하나 꽂을 데가 없는 것이 나의 마음인 것을.

우리의 마음은 시시각각 요술을 부리듯 움직인다. 약 10분간 나의 마음이 얼마나 변했는지 돌이켜보자. 창밖의 하늘도 담았다가, 글을 쓰던 원고지에 멎었다가, 며칠 뒤에 낼 숙제가 떠올랐다가, 나라 걱정도 했다. 그런데 막상 이러한 작업 기억(working memory), 즉 '지금 작동하는' 나의 마음속에서 한 번에 간직할 수 있는 것들은 채 몇 가지가 되지 않는다. 방금 외운 친구의 전화번호조차 쉽게 다른 영상에 의해 지워져버린다.

그러나 각각의 기억들을 비교, 대조, 판단, 예측하는 묘기를 부리는 공간이 우리의 마음이다. 그리고 이러한 과정은 뇌의 활동에서 설명할 수 있게 되었다. 물론 마음은 물질과 다르고, 그것이 결합하는 특정한 방식이 있다고 생각하는 이원론자의 경우에는 예외이다. 아무튼 단기기억과 함께, 진화라기보다 혁명이라고 할 수 있는 언어로 저장된 장기기억이 인간의 감정, 느낌을 이해하는 데 중요한 요소가 된다.

칠정 중의 하나인 두려움(懼)을 보자. 횡단보도를 건너는 데 별안간 어떤 트럭이 멈추지 않고 쏜살같이 지나갈 때를 가정해보라. 우리는 멈칫 하고 난 뒤 놀란 가슴을 쓸어내린다. 그런데 두려움을 경험하는 것은 이미 몸을 피한 다음이고, 심장이 뛰고 난 다음의 일이다. 느낌, 곧 두려움이 몸을 움찔하게 하거나 심장을 뛰게 하는 원인이 아니라는 것이다. 이는 뇌가 위험을 처리하는 과정과 관계가 있다. 즉 과거 경험으로부터의 기억 내용과 현재 그런 자극을 일으키는 감정적 결과를 통합하는 구도가 있다는 것이다. 두려움만이 아니라, 분노(怒)·기쁨(喜)·사랑(愛) 등의 감정 경험에도 이러한 뇌과학 이론이 적용될 수 있을 것으로 예상한다. 앞서 말한 '작업 기억'의 결과가 바로 두려움이나 사랑이라는 느낌인 것이다.

무엇을 갖고 싶다든지 하는 구체성을 띠기도 하지만, 신념이나 개념처럼 추상적일 수도 있는 목표에 대한 동기나 지향에서 중요한 것은 작업 자아(working self)라는 개념이다. 그것은 우리가 누구였으며(과거 자아), 우리가 어떻게 되기를 원하고, 또 어떻게 되는 것을 원치 않는지(미래 자아)를 반영하는 우리 정체성에 대한 진행적 구성을 의미한다. 집중하거나 기억하는 것(主一無適)은 우리에게 중요한 일이다. 그런 상황에서 인지적 처리 과정(讀書)은 감정적 각성 상태(常惺惺法)를 동반한다. 이러한 일련의 메커니즘은 주자에서, 퇴계, 율곡에 이르는 '성학聖學 이론'의 구조와 같다. 퇴계를 비롯한 성리학자들은 분자생물학의 최신 연구 경향을 직관 혹은 경험으로 이해하고 있었음이 틀림없다. 이 장의 제목을 '오래된 미래'라고 붙인 이유이기도 하다.

논쟁, 긴장의 힘

사단칠정논쟁 이후로도 조선 성리학은 인심도심논쟁人心道心論爭, 인물성동이논쟁人物性同異論爭을 통해 체계성과 문제의식의 완성도와 깊이를 더하며 발전되어갔다. 그리고 성리학은 리와 기, 리의 주재성과 내재성 사이의 긴장성 속에 서 있었다. 이 긴장성이 성리학의 특징이었다.

이런 긴장성은 어디에서 연유하는가. 그것은 주자가 천지 사이에 자연현상과 인간세계, 존재와 규범을 이원적으로 인식하고 있지 않다는 데서 찾아볼 수 있다. 자연과 도덕을 하나의 일원적 유기적 세계로 보는 세계관 속에서 나타나는 사상적 특성인 것이다. 그렇게 얻어진 덕목을 '중용中庸'이라고 불렀다. 그런데 그 유기적 세계는 끊임없이 운동한다. 그러므로 그 중용성의 확보란 과제는 가시적 목표로 설정된 것이 아니라, 매 순간 요구되는 긴장으로 나타난다. 인체에 비유하자면 체온을 36°로 항상 유지하려는 노력과 같다. 중용을 이런 생명 현상과 관련해 설명하면 '생명을 유지하려는 항상적 노력이나 긴장(Homeostasis)'이 될 것이다. 곧 중용은 늘 '지금, 여기에서 이루어지는 중용(時中)'일 수밖에 없는 것이다. 본연本然의 성性에서 유래하는 사단(심으로는 도심道心)을 확보하고, 칠정(심으로는 인심人心)을 배제해 인욕人慾에 떨어지지 않고 천리天理를 보존하려는 노력은, 곧 '정일집중精一執中'의 수양론, 경敬의 사상으로 나타났다.

한편 율곡은 '리는 보편적이고, 기는 상황적이다'라는 '이통기국理通氣局' 이론을 통해 그 이원성을 극복하려 했다. 기의 근본이 '담일청허湛一淸虛, 즉 한결같이 맑고 깨끗한 상태'임을 들어 본연지기本然之氣라는 개념을 상정함으로써 기의 운동성(기국)이 갖는 불안감을 해결할 수 있었다.[34] 퇴계 이후에 퇴계학파 일각에서 율곡학파를 '주기'라고 부른 이유가 여기 있었다. 그 말은 곧 '기(현실세계)에 대해 너무 낙관적이다'라는 말이다.

그런데 이통기국으로 세계를 이해한다고 해도 문제는 남는다. 본연지기를 설정해 이통과 기국의 징검다리를 놓는다 해도 본연지기와 리의 간극은 여전하기 때문이다. 이것은 '이일분수理一分殊'의 '분수리分殊理'와 '기국氣局'의 문제이기도 하다. 이때 분수리의 다양성은 현실 기의 다양성과 관련을 맺지 않을 수 없다. 그래서 개체 단위의 분수리, 즉 구체적 차원의 현실 속의 리라고 할 수 있는 본성, 기와 내재적 관계를 가진 본성이 문제되는 것이다. 본성이 이통과 기국을 매개하는 셈이다. 호락논쟁湖洛論爭(인물성동이논쟁)에서 본성론이 문제되는 이유가 여기에 있으며, 여기서 성리학 본래의 실천적 이론적 긴장성이 율곡의 이통기국론을 거치면서 호락논쟁에까지 이어지고 있음을 알 수 있다.

동시에 이것은 사단과 본연지성의 관계를 어떻게 정리할 것인가의 문제이다. 사단은 심의 영역에 있다. 성性은 정情을 통해 현실화하고, 심心은 의도와 작용을 포함한 정이므로, 성론性論은 당연히 심론心論과 결합된다. 사단은 마음의 이발已發(작용) 상태이므로 본연지성과 마음의 이발 상태의 문제가 제기되는 것이고, 따라서 심체의 미발未發(아직 작용하지 않은 상태)은 무엇이며 어떤 상태인가 하는 질문이 이어지는 것이다.

'주리'와 '주기'

앞서 언급한 성리학의 근본적 문제의식(즉 기의 세계에서 리의 주재성과 내재성을 어떻게 확보할 것인가)에서 파생된 두 경향, 곧 리의 주재성을 기의 현실성과 별개로 확보하려는 노력(퇴계)과, 리의 내재성을 기의 현실성 속에서 확보하려는 노력(고봉, 율곡)은 얼핏 같은 말 같지만 상이한 편차를 낳는다. 사단칠정논쟁에서 '주리主理'와 '주기主氣'는 바로 위의 전자와 후자를 이르는 말이다. 그러므로 호락논쟁에서 굳이 '주기-주리'라는 용어를 쓴다면 당연히 호론湖論이 주리파가 되고, 낙론洛論이 주기파가 되어야 한다. 그럼에도 불구하고 호론을 주기파라고 보거나, 낙론을 주리파라고도 한다. 이는 조선 성리학 논쟁사의 문제의식을 정확히 이해하지 못한 데서 오는 오류이다.

그뿐 아니라, 분류 자체로도 적절하지 않다. 같은 율곡학파이면서도 율곡은 주기파로, 뒤의 학자 예컨대 한원진은 주리파로 분류되기도 한다. 이러면 곤란하다. 여기에 그치지 않는다. 한때 실학의 발달을 '주기론'에서 찾기도 했는데, 그러자니 율곡의 기호학파에 연원을 둔 북학파는 상관이 없지만, 성호星湖 이익李瀷이나 다산茶山 정약용丁若鏞의 연원을 굳이 연결하자면 '주리론'인 퇴계에 닿아 있어서, 앞뒤가 맞지 않는다. 이러한 시도는 '주리론'만이 아니라 '실학' 개념에도 뭔가의 태생적 아포리아(難題)가 있음을 시사하고 있다.

또한 '주기-주리'라는 개념은 조선 성리학의 자기화 과정의 역사성을 이해하는 데 방해가 되었으면 되었지, 도움이 되지 않는다는 사실에 있다. 예를 들어, '주기-주리'의 개념을 통해 정치사를 설명하는 과정에서 나타나는 '실제적인 사상사와 정치사의 분리 현상'이다. 일제시대의 다카하시 도오루高橋亨의 '주리-주기' 논리를 이어받은 이병도李丙燾가 여러 유보적 언사에도 불구하고 결국 사단칠정논쟁과 호락논쟁을 '관념적 독단' 정도로 이해하고, 나아가 조선 정치사의 흐름을 식민지시대 일본 학자들의 당쟁론 정도에서 이해하게 되는 근원적 까닭이 바로 여기에 있다.

사문난적에 대한 오해

이렇게 논쟁이 활발하던 시기를 규정하는 관점 중의 하나가 '정통과 이단'이다.[35] 우리는 '이단'이란 말에 비교적 익숙한 편이다. 어렸을 때 다니던 교회 주일 학교는 물론, 정규 교육과정에서 배운 역사에서도 그 말이 꽤 등장했다. 루터의 종교개혁을 배울 때도 들어본 적이 있고, 조선시대 성리학에 대해 배울 때도 들었던 기억이 난다. 이때 이단이라는 말에 대해 받았던 인상은 나를 매우 불안하게 만드는 그 무엇이었고, 아직도 그런 정서에서 벗어나 있지 못한 듯하다.

『논어論語』「위정爲政」에서 '이단'이란 말을 발견했을 때, 내가 아는 단어가 고전에 나오는 게 신기했다. 공자의 언명이 단순하고 '별 것 아니게' 느껴졌던 것도 새로웠다. 음습하고 암울한 단어인 이단을 새롭게 생각해볼 실마리가 잡힌 느낌이었다. '공호이단攻乎異端, 사해야이斯害也已'란 구절에서, '공'에 대한 해석은 크게 두 가지가 있다. 논박하거나 공박한다는 의미가 하나이다 (이에 따르면 '이단을 논박하면 해가 될 뿐이다'라고 해석된다). 또 공부하거나 공들인다는 의미가 다른 하나이다(이에 따르면 '이단을 공부하면 해가 될 뿐이다'라고 해석된다). '이단'이란 서로 전제나 논거를 달리한다는 의미이다.

'이단'이란 말은 조선 성리학이 경직화하는 증상의 하나로 거론되곤 했다. '우리의 학문을 어지럽히는 도적'이라는 뜻의 '사문난적斯文亂賊'이라는 말과 함께. 우리의 기억에 이단이 '음습하고 암울한' 느낌을 주는 게 있다면 이런 정황과 관련이 있을 것이다. 다음 인용문을 보자.

> 책이 현실을 재단하던 시절! …… 조선의 사대부들은 제 손으로 책을 고르지 못했고, 주어진 책은 도무지 버리지를 못했다. …… 주자의 주석에 손을 댔다 하여 사람을 죽이고 귀양을 보내는 야만적 행태가 멀쩡히 자행되어서는 만만 안 되는 일이었다. 정조는 "진시황의 분서갱유가 학문을 살렸고, 이후의 활발한 주석이 학문을 죽였다"고 안타까워했다.[36]

이 '통탄'의 배경이 불확실하다. 추론하건대 양란 이후나 정조 이전인 것은 분명하니, 아마 백호白湖 윤휴尹鑴에 대한 서술이라고 보는 것이 가장 근사하다. 조선 성리학에 대해 '정통과 이단'의 투쟁이라는 인상을 갖게 했던 미우라 구니오三浦國雄의 논문[37]이 나온 이후, 송시열과 윤휴의 논쟁을 두고 이런 인식에 바탕을 둔 서술이 많았기 때문이다.

윤휴가 『중용』과 『대학』을 중심으로 주자와 다른 해석을 낸 것은 널리 알려져 있다. 그는 이른바 '탈주자학'의 선구로 알려져 있다. 그리고 그의 사고에서 중시되었던 것은 사회구성원 개개인이 아니라 왕정과 그를 대표하는 군주였다는 견해가 유력하다. 즉 통상 성리학에서 '성학聖學'이 군주나 사대부는 물론, 일반 서민들도 달성할 수 있는 학문이라고 생각했던 데 비해, 성학의 주체를 군주에 한정시킨 것이라고 정리할 수 있다. 또한 존비귀천尊卑貴賤으로 계서화된 사회구조를 그 이념 속에 담보하고 실현하는 것이 예법이므로, 예법의 실천이 학문의 핵심이 된다는 논리였다.[38]

송시열은 이런 윤휴의 학설에 대해 매우 비판적이었다. 왜 그랬을까? 송시열은 '성학'을 군주의 특수 학문이 아니라, 보편 학문으로 생각했다. 즉 인간 누구나 성취할 수 있는 자질이 있고, 닦을 수 있는 훈련 과정으로 본 것이었다. 이는 주자에서 퇴계와 율곡을 잇는 조선 성리학의 연장이었다. 따라서 예법도 군주라고 해서 특별하게 취급되어야 하는 것이 아니라, 천하동례天下同禮의 원리에 따라야 하는 것이었다. 그래서 효종이 승하했을 때, 윤휴는 효종의 어머니인 인조의 계비 자의대비慈懿大妃 조씨趙氏도 효종에 대한 신하로서 자최齋衰 3년복을 입어야 한다고 주장했다. 반면에 송시열은 원래 적장자가 소현세자昭顯世子이고 효종이 차자次子이므로 기년복朞年服(1년 입는 상복)을 입어야 한다고 주장했던 것이다.[39]

과도한 특권을 누리며 왕실의 금고 노릇을 하던 내수사內需司 혁파를 송시열 등이 주장한 것도, 국왕과 왕실 역시 보편적 원칙을 따라야 한다는 사상에 따른 것이었다. 그리고 이런 보편주의에 따라 양반호포론을 주장했던 것이다. 양반도 군역을 담당해야 하며, 군역 대신 포를 내는 정책을 채택한다면 양반도 호포를 내야 한다는 입장이었다. 나아가 사내종이 양인良人과 결혼해 자식을 낳으면, 자식은 아버지의 신분을 따르는 것이 아니라 양인인 어머니를 따라 평민이 되는 '노양처종모종량법奴良妻從母從良法'을 실시해 노비를 줄이고 평민을 늘여나가는 정책을 주장했다.[40]

식민주의 이데올로기를 넘어

이런 '사실'과 '이해'를 기초로 앞의 인용문을 다시 살펴보자. 거기에는

'주자학을 신봉하는' 송시열이 '주자학과 다른 경전 해석을' 했던 윤휴를 '이단'이자 '사문난적'으로 몰아서 귀양 보내고 사약을 내려 죽게 했다는 학계의 인식이 담겨 있다. 이러한 통념에는 주자학(=성리학)과 견해가 다르면 좋은 나라 사람, 같으면 나쁜 나라 사람이라는 식민주의 콤플렉스 이데올로기가 담겨 있는 것은 아닐까? 성리학과 '다른' 해석을 한 게 중요한 게 아니라, 그 '다른 해석'이 '왜' 그 사회에 기존 학설들보다 더 기여할 수 있는지를 물어야 하는 것이 아닐까? 위에서 살펴본 간단한 몇 가지 사실만으로도 윤휴는 송시열보다 퇴행적이고 과격하다. 그런데도 주자와 다르다는 이유만으로 윤휴는 좋은 나라 사람이 되었다. 앞으로 더 논의를 거치더라도, 그 논의가 진전을 보기 위해서는 적어도 그동안 조선 사상사를 보는 우리의 '태도'만은 고쳐야 한다. 그러기 전에는 학문 같지 않은 논의를 학문의 탈을 쓰고 계속하는 셈이 될 터이므로.

윤휴는 주자의 주석과 다른 해석을 저술한 탓에 귀양을 가고 사약을 받은 것이 아니다. 윤휴의 『중용신주中庸新注』에 대해 사문난적이라는 송시열의 비판은 효종 4년(1653)경에도 있었다.[41] 그런데 숙종이 즉위하고 서인이 실각한 뒤 남인 정권에서 윤휴가 우참찬右參贊으로 있다가 귀양을 간 것은 다른 이유였다. 후사後嗣가 없던 숙종이 건강이 악화되자 조정에서는 병권을 둘러싸고 김석주金錫冑 등의 외척과 허적許積을 비롯해 정권을 잡고 있던 남인들의 대립이 치열했다. 윤휴는 체찰부體察府를 다시 설립해 허적에게 당연직으로 도체찰사를 맡게 하고, 자신은 부체찰사를 맡으려고 했다. 그러나 이를 안 숙종은 김석주를 부체찰사에 임명했다. 윤휴는 항의했지만 받아들여지지 않았고, 후일 이 사건이 사사賜死되는 이유가 된다.[42]

더욱 흥미로운 사실은, 윤휴가 체찰부 설치를 추진하던 무렵, 귀양 가 있던 송시열은 주자의 저술을 정리, 재해석하기 시작했다는 점이다. 송시열은 숙종 원년(1676) 장기長鬐로 귀양을 갔다가 거제巨濟로 옮겼다. 그동안 『주자대전차의朱子大全箚疑』를 지어 주자의 저술 중에서 의심나는 곳을 모아 정리했고, 『주자어류소분朱子語類小分』을 만들어 『주자어류』도 교감하고 정리했다. 이러한 일련의 작업은 주자의 사서四書 집주集註를 중심으로 이루어지던 논의를 주자 저술 전반으로 확산시키는 계기가 되었다. 주자의 재해석을 위해서는 이런 저술에 대한 정리작업이 수순이기도 했다.

안타깝게도 이 시기 조선 사상계에 대한 식민주의 이데올로기적 접근은 이런 사상계의 현실에 대해 애써 무시했고, 따라서 연구 성과도 미흡한 형편이다. 단지 앵무새처럼 '정통과 이단', '사문난적'이라는 말을 반복하며 학문의 이름으로 포장했을 뿐이다. 그래서 남은 것은 사실의 왜곡과 오해, 그리고 답답한 편견뿐이었다.

6장 부활하는 광해군

혹세무민

 참으로 오랜만에 써보는 말이다. '혹세무민惑世誣民'. '세상 사람들을 헷갈리게 하여 속인다'는 뜻이다. 낡은 듯하면서도 귀에 익은 묘한 말이다. 그런데 나에겐 언젠가부터 광해군에 대한 일련의 해석과 혹세무민이란 말이 늘 같이 연상되었다. 그리고 광해군의 '부활'을 불길해했다. 물론 여전히 불길하다.

 나의 불길한 느낌과 비례해 광해군은 '뜨고' 있었다. 실용주의, 중립외교라는 키워드로 부활하면서, 광해군의 부활과 함께 조선 역사는 이내 회색빛으로 도배되어 갔다. 그 부활과 도배에는 당색, 어설픈 근대주의와 진보사관, 실용주의를 빙자한 기회주의, 왜곡이 수반된 결과론, 순환론, 물타기, 사실 왜곡, 해석을 가장한 자의적인 추측, 감상주의, 대중추수주의大衆追隨主義(Populism), 패배주의 등등이 참으로 다채롭게 버무려져 있다는 의심을 품게 되었다. 그리고 각 요소는 다시 서로 다른 요소의 근거가 되면서 재생산,

강화되고 있었다. 이런 짐작이 맞는다면, 앞으로 '역사를 이렇게 해석하면 안 된다'는 학습 자료로 전혀 손색이 없는 표본이 될 터였다.

이 주제는 이미 오래 전에 꼭 다루어야겠다고 생각했던 것이다. 가끔 외부 특강을 통해 내 생각의 일단을 발표하기도 했다. 2004년 강화도에서 열렸던 전국역사교사모임의 하계연수 때 임진왜란과 병자호란에 관해 강의하면서 광해군을 조금 다룬 적이 있었다. 광해군의 실용주의와 중립외교를 높이 평가하는 기존의 해석과 나의 해석이 달랐기 때문인지, 어떤 선생님께서 다음 학기 수업지도안을 짜놓았는데 어떻게 가르쳐야 할지 모르겠다고 답답해하시던 기억이 새롭다.

그만큼 이 문제는 까다롭다. 아니, 까다롭다기보다는 해석의 편차가 크다. 해석의 편차가 크다는 것은 사람들을 헷갈리게 할 가능성도 높다는 의미이다. 그러나 현재 절대 다수의 사람들은 광해군의 손을 들어주는 편이다. 그래서 더욱, 다시 한 번 검토하고 손을 대지 않으면 안 되는 주제이다. 그러다가 2008년 2월 9일에 KBS 〈한국사 傳 – 명분인가? 실리인가? 고독한 왕의 투쟁 광해군〉이라는 프로그램을 보며 서둘러 검토해야겠다고 마음먹었다.

왕대비 교서

서인, 남인과 일부 북인이 협력한 1623년의 인조반정仁祖反正(계해반정癸亥反正)이 끝난 뒤 도망쳤던 광해군은 곧 체포되어 강화도로 귀양을 갔다가 다시 제주로 유배지를 옮겼다. 이후 편찬된 『광해군일기』는 '실록'이라고 불리지 못하고 『연산군일기』와 마찬가지로 '일기'라고 불렸다. 광해군은 반정이 일어난 3월 14일에 '군君'으로 폐위되었는데, 사람들은 '너무 제정신이 아닌 임금(狂海)'이라고 빗대었다고 한다. 조선시대에 폐위되었던 다른 두 임금인 '연산燕山'은 '너무 많이 놀았던 임금', 나중에 복위된 단종端宗은 폐위 당시 '노산魯山', 즉 '너무도 어리석은 임금'이라는 식의 이름을 붙였던 것과 같은 이치이다. '산'이나 '바다'는 '더할 나위 없다', '엄청나다'는 뜻의 부정적인 비유이다. 아무튼 조선시대 내내 광해군은 '폐위된 임금(廢主)', '어리석었던 임금(昏主)'이라고 불렸다.

인조반정이 일어난 3월 14일에 왕대비가 내린 교서教書에는 폐위된 이유가 나와 있다. 왕대비는 선조의 부인으로, 바로 인목대비仁穆大妃이다. 이 교서는 급하게 작성된 듯한 느낌을 준다. 아마 반정 직후 발표하느라 그랬을 것이다. 왕대비 교서의 주요 내용은 다음과 같다.

1. 형을 해치고 아우를 죽이며 여러 조카를 도륙하고 서모庶母를 쳐 죽였고, 여러 차례 큰 옥사를 일으켜 무고한 사람들을 해쳤다.
2. 민가 수천 채를 철거하고 두 채의 궁궐을 건축하는 등 토목공사를 10년 동안 그치지 않았다.
3. 선왕조의 옛 신하들을 하나도 남김없이 다 내쫓고, 오직 악행을 조장하며 아첨하는 인아姻婭(혼인관계가 있는 친척)와 부시婦寺(후궁, 궁녀와 환관)들만을 높이고 신임했다.
4. 돈을 실어 날라 벼슬을 사고파는 것이 마치 장사꾼 같았다. 부역이 번다하고 가렴주구는 한이 없어 백성들은 그 학정을 견디지 못했다.
5. 기미년 오랑캐를 정벌할 때는 은밀히 장수에게 동태를 보아 행동하게 지시했고, 끝내 전군이 오랑캐에게 투항함으로써 추한 소문이 온 세상에 퍼지게 했다.[1]

위의 5가지는 나의 판단에 따라 범주를 나눈 것이지, 원래 교서에는 나누어져 있지 않다. 같은 날 즉위한 인조도 교서를 발표했는데, 그 교서도 왕대비 교서의 내용과 크게 다르지 않다. 광해군 시대에 대한 이런 평가는 조선시대 내내 이어졌다. 그 평가는 당색과도 상관없었다. 반정 당시만이 아니라 이후로도 마찬가지여서, 우리가 잘 아는 이익李瀷, 홍대용洪大容, 정약용丁若鏞 같은 학자들도 마찬가지 평가를 내렸다. 광해군과 그의 시대에 대한 평가가 일변한 것은 일제 식민지시대에 들어와서다.

'백성들에게 은택을 입힌 임금'이 되다

광해군을 재평가해야 한다는 글들의 대부분은 '광해군에 대한 왜곡된 역사상을 바로잡고'라거나, '반정에 의해 부당하게 쫓겨난 임금'이라는 식으로 뭔가 바로잡아야 한다는 강박관념에 시달리는 듯하다. 그러나 흥미롭게도 지난 세월 광해군에 대한 평가를 살펴보면, 광해군은 그들의 생각처럼 그렇게 '왜곡'되지 않았다. 아니 너무도 '바로잡혀' 있었다.

앞서 살펴본 조선시대의 광해군 평가는, 일본 식민사학자로 조선사편수회의 간사로 활동했던 이나바 이와키치稻葉岩吉가 광해군을 '실용주의 외교로 백성들에게 은택을 입힌(澤民)[2] 군주라고 해석하면서 확 바뀌었다. 심하深河 전투 이후 조선과 후금의 관계를 '부활하는 만선滿鮮(만주와 조선) 관계'라고 반기고, 광해군의 폐위를 '비극'으로 설명한 최초의 인물이었다. 이후 이나바의 해석은 이병도의 '중립외교'라는 해석으로 이어졌다. 이나바는 식민지 시대뿐 아니라, 광복 이후에도 한국 역사학계의 광해군 재해석에 대한 기본틀을 만든 인물이 아닌가 한다.

이후 광해군은 약간의 강조점에서 차이는 있으나, 위의 기조를 유지하며

'재평가'되었고, 부활하기 시작했다. 이나바 이후의 광해군 시대에 대한 해석을 살펴보자.

> 광해군과 정부 안의 일부 관리들은 명나라에 대한 환상을 가지고 그에 치우치지도 말며 녀진을 홀대하지도 말고 그들과의 관계를 악화시키지 않는 립장을 취할 것을 주장했다. 그들의 이러한 주장은 당시 정세를 어느 정도 옳게 인식한 데서 나온 주장이었다. …… 17세기(광해군 통치 시기) 리조봉건이 대외관계에서 취한 중립적 태도는 당시에 궁정 내부에서 벌어진 피비린내 나는 당파싸움의 참극 속에서 정권탈취의 기회를 노리고 있었던 서인 당파들에게 공격의 구실을 주었다. …… 서인 량반들은 …… 광해군을 혈육들을 살해한 피비린내 나는 참극을 빚어낸 패덕한이라고 무턱대고 몰아댔다.³

> 우리는 과연 우리 스스로를 추스르고 열강의 입김을 넘어서서 민족 통일을 이루어낼 수 있을까? 안으로는 민족 화해를 위한 대승적인 아량이, 밖으로는 열강을 구슬릴 수 있는 외교적 지혜가 절실한 시점이다. 그 같은 지혜를 키우고 능력을 기르려 할 때 역사로서의 광해군과 그의 시대는 분명 소중한 거울이 될 것으로 믿는다.⁴

광해군은 대내적으로 전쟁의 뒷수습을 위한 정책을 실시하면서 대외적으로는 명과 후금 사이에서 신중한 중립 외교정책으로 대처했다. 임진왜란 때 명의 도움을 받은 조선은 명의 후금 공격 요구를 거절할 수 없었고, 새롭게 성장하는 후금과 적대 관계를 맺을 수도 없었다.

이에 광해군은 강홍립을 도원수로 삼아 1만 3,000명의 군대를 이끌고 명을 지원하게 하되, 적극적으로 나서지 말고 상황에 따라 대처하도록 명령했다. 결국 조·명 연합군은 후금군에게 패했고, 강홍립 등은 후금에 항복했다. 이후에도 명의 원군 요청은 계속되었지만, 광해군은 이를 적절히 거절하면서 후금과 친선을 꾀하는 중립적인 정책을 취했다.[5]

 마지막의 고등학교 『국사』 교과서의 인용문은 역시 교과서답게 흥분하지는 않았지만 기조는 동일하다. 식민사학자 이나바의 해석을 이어받아, '해방된 조선', 그러니까 대한민국과 조선인민공화국의 역사학자들은, 임진왜란을 수습하면서 시의적절한 외교정책을 펼친 군주로서, 심지어 '민족 통일'을 위한 귀감이 되는 인물로 광해군을 평가하기 시작했다. 남북한 역사학계가 함께, 또 보편적이고 민주적인 역사인식을 가졌거나 다소 수구적이고 기득권 중심의 역사인식을 가졌거나를 막론하고, 또 교과서든 대중서든 전문연구서든 가리지 않고 고르게 재평가를 받으며, 이미 광해군은 복권, 부활했다. 세종대왕이나 이순신 장군 등 극히 예외적인 경우를 제외하고 이런 지지를 받은 인물이나 정책이 또 있었나 싶다. '민족 통일'의 비전과 원칙 또는 전략을 광해군에게서 발견할 수 있다는 말인가? 가슴이 뛰는 일이 아닐 수 없다. 정말 그렇다면 우리는 더할 나위 없이 소중한 역사적 자산을 가지고 있는 셈이다.
 그런데 이런 평가만으로도 부족했나보다. KBS 〈한국사 傳〉에서는 "지금까지 '패륜군주'라는 평가에는 정치적인 의도가 있다"라며, 광해군은 "(많은 업적에도 불구하고) 반정을 일으킨 세력의 '쿠데타'로 쫓겨난 왕"이라며 재조명을 하겠다고 나섰다.[6] 이 이상 뭘 더 재조명할 것이 있을까? 적어도 20세기에 광해군은 더할 나위 없이 재평가되고 복권되지 않았던가? 그래서 쉽고 무료로 참고할 수 있는 KBS 〈한국사 傳〉 해당 프로그램을 주교재로,

나머지들을 부교재로 삼아 논지를 전개하겠다.

형, 임해군臨海君

임해군(1574~1609)과 광해군은 선조의 후궁인 공빈恭嬪 김씨金氏(1553~1577)가 낳은 형제로, 임해군이 광해군보다 세 살 위였다. 그런데 광해군대 정치사에서 임해군의 존재감은 거의 없는 듯하다. 광해군 즉위와 함께 정치무대에서 사라졌기 때문이다. 그러나 과연, 정말 존재감이 없을까? 나는 광해군대 정치사의 실제 전개나, 그에 대한 해석에서 임해군은 중요한 모멘텀이라고 생각한다.

광해군 즉위년(1608) 2월 14일, 임해군의 반역 사건에 대한 국문鞫問이 시작되었다. 선조가 세상을 뜬 날짜가 2월 1일이었으니까, 임해군 반역 사건이 접수되고 국문이 시작되었을 때는 아직 상중喪中이었고, 아버지인 선조의 능陵도 정해지지 않은 시점이었다. 현재 남아 있는 기록으로는, 2월 14일에 임해군은 진도珍島로 유배를 가고, 임해군 궁가宮家의 노비, 식솔, 문·무관, 종친宗親, '무뢰배'나 한량 등 임해군이 교유한 사람들에 대한 대대적인 국문이 시작되었다. 무엇이 그리 급했기에 상중에 국청鞫廳을 설치해야 했을까? 현재 이 사건에 대한 기록의 일부가 남아 있다.

물론, 임해군 옥사는 임해군의 많은 종들이 물고物故를 당했지만, 정작 밝혀진 사실도 없이 끝났다. 하여간 당시 이원익李元翼, 이덕형李德馨, 이항복李恒福 등의 대신들이 형제 사이에 우애를 보전하라고 상소하며 사직하기까지 했으나, 광해군은 형 임해군의 혐의를 풀어주지 않았다. 그리고 임해군은 이 해 6월에 진도에서 교동交洞으로 옮겨진 뒤 이듬해에 목 졸려 죽었다.

귀양 간 위소圍所에서 임해군을 죽였다. 임해군이 위소 안에 갇혀 있을 때 다만 관청 소속 계집종(官婢) 한 사람만이 그 곁에 있으면서 구멍으로 음식을 넣어주었다. 이때 이르러 수장守將 이정표李廷彪가 강제로 독을 마시게 했으나 듣지 않자 결국 목을 졸라 죽였다.【임해군이 죽은 사실을 당시 사람들은 잘 알지 못했고 또 죽은 날도 알지 못했다. 무신년 반정 후 임해군의 가족이 그 관비를 불러 물어보고서야 비로소 그 사실을 알았다. 부인 허씨許氏가 관을 열고 보니 피부가 살아 있을 때와 같았는데, 그 목에는 아직도 목을 졸랐던 새끼줄의 붉은 흔적이 남아 있었다.】 7

임해군 옥사는 그 배경을 두고 의문이 일기도 했지만, 이 옥사가 이후 대내, 대외적 정국에 끼친 영향이 적지 않았다. 대내적으로는 광해군의 정권 기반을 축소시키는 계기가 되었다. 일견 왕권에 대한 잠재적 위협요소를 제거했다고 생각했을지는 모르지만, 그렇게 따지자면 광해군에게는 영창대군永昌大君(1606~1614)이라는 '위협요소'가 또 있었다. 따라서 임해군 옥사는 단지 광해군의 왕권에 대한 '위협요소'에 국한된 문제가 아니었다. 광해군 정권의 기반을 확대하는 방향으로 정국을 끌어가느냐, 아니면 '위협요소'를 제거하는 방향으로 정국을 끌어가느냐의 문제였다.

안타깝게 광해군은 후자를 택했다. 대통령이든 국왕이든 '합의된 절차'에 따라 취임 또는 즉위한 그 자체로 정통성이 성립한다. 그것이 '절차의 힘'이다. 광해군은 '절차의 힘'을 믿지 못했고, '새로운 시대(新政)'의 디딤돌로 삼지도 못했다. 그 결과 그는 계속 스스로 생각하는 '위협요소'를 제거하는 방향으로 정국을 끌고 갔다. 결과는? 고립이었다. 광해군의 고립이자 대북大北 정치세력의 고립이었다. 이렇게 한번 정해진 방향은 바꾸기가 쉽지 않다. 그래서 첫 단추를 잘 끼우라는 말이 있는지도 모른다.

임해군 옥사의 대외적 의미는 무엇이었을까? 명나라는 둘째 아들이었던 광해군이 왕위에 즉위한 데 대해 의문을 가지고 있었다. 이에 대해 조선에서는 임해군이 양보했다고 대답했지만, 명에서는 사신을 보내 사안을 조사하기에 이른다.

여기서부터 문제가 되었다. 임해군의 옥사가 없었더라면 중국 사신이 왔을 때 별 문제가 없었을 것이다. 그러나 이미 귀양을 보낸 상황이라 엄일괴嚴一魁 등 명의 사신들에게 뇌물을 주어 상황을 모면하려고 했다. 그래서 한 역사서에는, "광해군이 많은 은銀과 인삼으로 중국 차관에게 뇌물을 먹여서 무사하게 되었던 것이다. 우리나라에서 종계변무宗系辨誣[8]할 때와 임진·정유년 왜란에 두 번 청병할 때에도 모두 중국에 뇌물을 쓰지 않았는데, 이때에 처음으로 뇌물을 먹이는 길을 틔웠던 것이다."[9] 라고 적었다. 실제로 광해군대의 호조戶曹는 명의 사신들에게 줄 뇌물인 은을 마련하느라 허리가 휠 정도였다.

동생, 영창대군永昌大君

영창대군(1606~1614)은 선조 39년(1606)에 출생했고, 광해군이 즉위했을 때 3살이었다. 선조 재위 당시 영창대군이 태어나자 소북小北은 영창대군을, 대북大北은 광해군을 지원했다는 것은 다 알려진 사실이다. 광해군이 즉위하자 영창대군을 지원했던 소북 유영경柳永慶(1550~1608)은 3월 경흥慶興에 유배되었다가, 9월에 스스로 목숨을 끊는(自盡) 형벌을 당했다.

광해군은 즉위 당시에 영창대군이 어렸기 때문에 별 위협이 되지 않는다고 생각했는지도 모른다. 그러나 시간이 흐르면서 임해군에게 가졌던 의구심을 영창대군에게로 돌렸던 듯하다. 광해군 4년 2월, 김직재金直哉의 옥사를 계기로 서서히 조짐이 시작되었다. 사건은 이렇게 전개되었다. 봉산군수鳳山郡守 신율申慄이 어보御寶 위조혐의로 체포한 김제세金濟世를 취조했는데, '순화군順和君의 장인 황혁黃赫이 순화군의 양자인 진릉군晉陵君을 추대하려고 한다'고 김직재와 김백함金百緘이 진술했다고 한다.[10] 그러나 물증 없이 옥사가 진행되면서 남인, 서인 신하들이 연루되어 정경세鄭經世, 장유張維, 서성徐渻(유배), 윤훤尹暄(파직) 등이 조정을 떠나야했다. 즉위년에 이미 스스로 목숨을 끊는 형벌을 받았던 유영경은 부관참시剖棺斬屍의 형벌을 더 당했다. 이 일로 정인홍鄭仁弘(1535~1623), 이이첨李爾瞻(1560~1623)은 1등 공신에 책봉되었다. 대북 정권의 독주가 시작되었던 셈이다.

이듬해에 계축옥사癸丑獄事(1613)가 일어났다. KBS 〈한국사 傳〉에서는 "영창대군 옹립 역모가 드러났다"(방송 21분)고 했는데, 이 역시 애매한 데가 많은 사건이었다. 사건은 광해군 5년 4월, '7명의 서인(七庶)'이 무장 변란을 도모하기 위해 상인의 은銀을 빼앗은 데서 발발했다. 영창대군이 언급된 것은 4월 25일 광해군의 친국親鞫 때였다. 피의자 박응서朴應犀는, "7년 전부터 준비했다. …… 이때 제일 먼저 대전大殿을 범하고 두 번째로 동궁東宮을 범한 다음, 서둘러 국보國寶를 가지고 대비전大妃殿에 나아가 수렴청정을 하도록 청하는 한편, 성문을 굳게 닫고 백관을 모두 바꿔치려고 했다. 이와 함께 먼저 척리戚里와 총병·숙위하는 관원을 죽이고 친구와 같은 패거리들로 조정을 채우는 동시에, 서양갑徐洋甲 자신은 영의정이 되고 나머지는 순서대로 관직을 임명받을 계획이었다. 또 유배 중인 무리들을 석방해 현관顯官에 임명함으로써 동심협력해 대군大君을 옹립하고자 했다."[11] 라고 진술했다.

경위야 어찌 되었든, 이 일로 선조의 장인이고 인목대비의 친정아버지인 김제남金悌男(1562~1613)은 그해 6월에 사사賜死되었고, 이정구李廷龜, 김상용

金尙容, 서성徐渻, 한준겸韓浚謙, 신흠申欽, 황신黃愼, 최기남崔起南 등 서인, 남인 중진들이 조사를 받거나 귀양을 갔다. 당시 사람들이 말하기를 '조정이 텅 비었다'고 했다. 영창대군도 온전할 리 없었다. 이듬해인 광해군 6년 2월에 강화부사江華府使 정항鄭沆은 귀양 온 영창대군을 쪄 죽였다. 사관은 그 사실을 다음과 같이 애처로운 마음으로 기록했다.

> 강화부사 정항이 영창대군 이의李㼁를 살해했다.【정항이 고을에 도착해 위리圍籬 주변에 사람을 엄중히 금하고, 음식물을 넣어주지 않았다. 침상에 불을 때서 눕지 못하게 했는데, 의가 창살을 부여잡고 서서 밤낮으로 울부짖다가 기력이 다해 죽었다. 의는 사람됨이 영리했다. 비록 나이는 어렸지만 대비의 마음을 아프게 할까 염려해 자신의 괴로움을 말하지 않았으며, 스스로 죄인이라 하여 상복을 입지도 않았다. 그의 죽음을 듣고 불쌍하게 여기지 않는 사람이 없었다.】[12]

어머니, 인목대비

시호가 인목仁穆인 왕대비 김씨는, 연안延安 김제남金悌男의 따님이다. 선조 35년(1602), 나이 19세에 선조와 혼인했다. 광해군의 즉위 이래 불안했던 정세는 계축옥사를 계기로 현실로 나타났다. 김제남을 사사한 뒤 조정에서는 왕대비를 내쫓자는 폐모론廢母論이 대두되었다. 진사進士 이위경李偉卿은, "모후母后가 안으로는 무고巫蠱(푸닥거리로 저주함)하는 짓을 저지르고 밖으로는 역모에 응했으니 어미의 도리가 이미 끊어졌고, 왕자가 역적에게 추대되는 등 그 흉모가 여지없이 드러났으니 동기의 정도 자연히 끊어진 것입니다."[13] 라며, 폐모론의 물꼬를 텄다.

그러나 본격적으로 폐모론이 시작된 것은 광해군 9년에 이르러서였다. 당시 성균관을 필두로 조직적인 상소가 올라왔다. 이어서 조정에서는 여론조사를 실시했다. 참 희한한 일이다. 세종 때 공법貢法을 실시하기 전에 여론조사를 한 일은 널리 알려진 사례지만, 광해군 때의 이 여론조사는 그다지 알려져 있지 않은 듯하다. 『광해군일기』에도 실려 있지만, 좀더 상세한 기록이 『추안급국안』에 '수의收議', '흉소凶疏'라는 편목에 실려 있다. 이들 자료에 보면, 전현직 관리 970명, 종실 170여 명에다가, 서울 여기저기 사는 동네 사람들, 노인, 역관, 상인, 의관, 서리 등에 이르기까지 왕대비를 폐위시키는 데 대한 의견을 수렴했다. 조선시대 최대의 여론수렴이었다. 폐모에 대한 의견수렴 사례를 들어보자.

> 풍릉수豊陵守 이혼李混의 의견 : "서궁西宮(왕대비)이 종묘사직에 죄를 지은 일은 귀신과 사람이 함께 분노하는 바입니다. 빨리 묘당廟堂에서 의논하고 처리해 종묘사직을 안정시킬 일입니다."

광해군은 이런 형식의 수의收議를 통해 사람들마다 의견을 내도록 했다. 오윤겸吳允謙 등 극히 소수의 관료들만 반대의견을 냈고, 대부분 찬성의견을 냈다. 광해군을 재평가하려는 분들이 왜 이런 사료를 그냥 두는지 의아하기 그지없다. 탁월한 외교정책을 펼친 군주라고 평가한 김에, 이미 국민의 의견을 들어 정치에 반영하려고 했던 민주주의의 선구자라고 하면 훨씬 설득력이 있지 않을까?

위의 자료에 나오는 '서궁'은 곧 경운궁慶運宮이다. 폐모론이 시작되면서 왕대비 김씨에게는 '대비大妃'라는 표현이 아닌 '서궁'이라는 명칭이 쓰인다. 광해군도 원래 1615년(광해군 7) 4월 2일(무인)에 창덕궁昌德宮으로 옮기기 전까지는 대비와 함께 서궁에 있었다. 그러나 창덕궁으로 옮긴 이후 이곳에 가승지假承旨 등을 두고, 인목대비가 홀로 사용해오다가 유폐된 것이다. 인목대비가 공식으로 '서궁'으로 낮추어지는 것은 1618년(광해군 10) 1월 30일의 일이다.

폐모론은 「서궁의 지위를 낮추고 지원을 줄이는 절목(西宮貶損節目)」으로 이어진다. 그 내용은 다음과 같다. "존호尊號를 낮추고 전에 나라에서 올린 존호를 삭제한다. '왕대비'로 올렸던 옥책玉冊과 옥보玉寶를 반납하며, '대비'라는 두 글자를 없애고 서궁이라 부른다. 선조와 혼인(國婚)할 때 받았던 납징納徵·납폐納幣 등 문서를 도로 내오며, 대비의 도장(御寶)을 내오고, 대비의 권한으로 비상시에 대처할 때 쓰는 휘지표신徽旨標信도 내온다. 가마(輿輦)와 의장儀仗을 내오며, 신하들의 조알朝謁·문안問安·숙배肅拜를 폐지한다. 대비에게 파견되었던 분사分司를 없애며, 특산물 등의 공헌貢獻을 없앤다."[14]

짓고 또 짓고, 끝없는 궁궐 공사

광해군을 재평가하는 사람들이 눈을 감든지 어물쩍 넘어가는 사안 중의 하나가 광해군대 내내 계속된 궁궐 공사이다.[15] 많은 분들이 왜 그렇게 궁궐 공사를 했느냐고 묻는다. 그 이유는 간단하다. 그것을 '왕권 강화의 방법'이라고 생각했던 것이다.

'전시행정展示行政'이란 말이 있다. '보여주기 위한 행정'이란 뜻이다. 그걸 국왕이 한 게 궁궐 공사라고 생각하면 된다. 뭔가 존재감을 보여주고 과시를 해야겠는데, 마땅한 정책도 아이디어도 없으니까 보도블록 새로 깔고, 청사廳舍를 짓고, 무슨 '축제'니 하는 이벤트를 하는 것과 다를 바 없다. 또한 독재정권일수록 동상이나 탑 등 대형 건조물에 집착하는 것도 마찬가지다. 그 배경과 발상은 같다.

그런데 광해군의 궁궐 공사, 이것이 생각보다 아주 많이 심각했다. 예로부터 토목공사는 전쟁과 함께 국운을 좌우하는 계기가 되었다. 물론 선조, 광해군대에는 임진왜란으로 인해 궁궐이 불에 타서 중건할 필요가 있었다. 아무려면 국왕의 거처가 없어서야 되겠는가. 그래서 먼저 창덕궁을 선조 40년부터 짓기 시작해 광해군 원년에 완공했다. 그래도 부족했던지 광해군은 또 창경궁을 광해군 8년에 완공한다. 아울러 경운궁도 수리를 마쳤다. 광해군 9년 5월부터 영건도감營建都監을 두고 경덕궁과 인경궁 공사를 시작했다. 광해군 12년 11월에 경덕궁이 완공되자 14년에 옮겨가 거처할 일을 논의했는데, 이때까지도 인경궁은 계속 공사 중이었다. 그러니까 창덕궁, 창경궁, 경운궁(덕수궁), 경덕궁(경희궁), 인경궁, 자수궁의 공사가 광해군 정권 내내 이어졌던 셈이다. 경덕궁과 인경궁 공사가 한창일 때, 당시의 상황에 대한 사관의 논평을 보자.

이때 서사西師(후금을 공격하러 갔던 강홍립 군대)가 패전해 수만 명의 백성이 쓰러져 죽어갔으니, 군사를 징발하고 군량을 운송해 강변으로 들여보내는 것이 당장의 급무였는데도, 밤낮으로 일삼는 것이라고는 오직 궁궐을 짓는 한 가지 일밖에 없었다. 벌목을 하기 위해 오가는 관원이 도로에 이어졌고, 깊은 산속의 나무가 다 베어졌으며, 포를 거두라는 명령이 성화와 같아 백성들의 힘이 고갈되었다. 구름에 닿을 정도로 웅장한 궁궐을 짓느라고 "영차, 영차" 하는 소리가 끊이지 않았고, 공사公私의 비축이 다 떨어져 관작官爵까지 팔았다. 어떤 극단적인 일도 마다하지 않고 마음과 힘을 다 기울였으니, 만약 궁궐을 짓고 보수하는 마음으로 나라를 다스렸다면 어찌 어지럽거나 망하는 재앙이 있었겠는가.[16]

이 논평도 인조 때 사관이 쓴 것이므로 인조 정권의 '광해군에 대한 매도'라고 할지도 모르겠다. 일단 여기서는 이 논평이 문제 삼은 시기를 기억할 필요가 있다. 이른바 심하深河 전투에서 명과 조선의 연합군이 패배한 직후의 시기이다. 명의 요청에 따른 파병을 광해군이 주저했던 것은, 흔히 평가하는 '실리주의 중립외교' 때문이 아니라 바로 이 '궁궐 공사' 때문이 아니었을까?

이 궁궐 공사와 함께 교하交河로 수도를 옮기는 논의가 벌어졌다. 한양의 기운이 다 떨어졌으니 옮겨야 한다는 술관術官 이의신李懿信의 말에 따른 것이었다.[17] 예나 지금이나 수도를 옮긴다는 말이 나오면 민심은 술렁이게 마련이다. 그런데 당시 천도 논의는 좀 불순한 구석이 있었다. 바로 궁궐 공사를 합리화하기 위한 제스처의 성격이 짙었다. 다음 사료를 보자.

> 왕이 이의신의 말을 받아들여서 장차 교하에 새 도읍을 세우려고 했는데, 중론衆論이 한꺼번에 일어나서 그렇게 하지 못했다. 이에 성지性智와 시문룡施文龍 등은 왕이 크게 토목공사를 일으킬 생각임을 알고 몰래 인왕산 아래가 궁궐을 지을 만하다고 아뢰었다. 왕이 무척 기뻐하면서 즉시 터를 잡으라고 명령했다. 이에 이이첨이 비밀히 아뢰기를, "교하에 대한 의논을 정지하고 이곳에다 궁궐을 지으면 백성들이 반드시 앞다투어 달려올 것입니다."라고 했다.[18]

꿩 대신 닭인가, 아니면 계산된 성동격서聲東擊西 격인가? 교하 천도로 시끄러워진 민심의 의표를 찌르듯, 교하 천도 논의를 그만두고 대신 궁궐 신축으로 방향을 틀었던 것이다. 광해군의 궁궐 신축에 대한 의도와 이이첨의 부추김이 드러난 기록이다. 인왕산 기슭에 있는 궁궐이란 앞서 말한 인경궁仁慶宮이고, 이이첨의 건의에 따라 실제로 공사에 들어갔다. 천도 논의가 반대에 부딪히자, 광해군은 인경궁을 짓는 것으로 아쉬움을 달랬던 셈이다.

광해군대의 궁궐 공사가 무엇인지, 어떤 규모였는지 잘 실감되지 않을 테니, 참고로 정리해보자. 인경궁은 인왕산 아래 사직단 동북쪽이고, 경희궁(경덕궁)은 현재 신문로에 있었다. 지금 '경희궁의 아침'이라는 주거단지가 있는 데가 거기다. 그 규모를 보면, 경희궁이 1,500칸, 인경궁이 5,500칸이었다. 임진왜란 전에 경복궁이 700칸이었다. 경희궁과 인경궁을 합하면 조선의 정궁正宮(法宮)인 경복궁보다 무려 10배나 큰 궁궐을 새로 지었던 것이다. 이 통계는 당시 다른 기록과도 일치한다. 물론 다른 궁궐은 빼고 이 두 궁궐만 계산할 때 그렇다는 것이다.

이러다보니, 재정이 부족했다. 조달 방법은? 예나 지금이나 백성들에게서 거두는 것이었다. 이른바 '결포結布'를 거두었다. 토지에 원래 정해진 세금 외에 다시 세금을 부과했던 것이다. 광해군은 창덕궁을 지을 때의 사례에 따라 1결의 토지에서 1포를 거두었다. 그러면 당시 재정에 비추어 궁궐 공사비용은 얼마나 되었을까?

> 영건도감에서 3개월 동안에 쓴 것을 살펴보니, 들어간 쌀이 6,830여 석이고, 포목이 610여 동이었으며, 당주홍 600근의 값은 포목 60동이었고, 정철正鐵이 10만 근에 이르렀으며, 각종의 다른 물품도 이와 비슷했다. ...... 쌀과 포목은 한계가 있는데 공사는 끝날 기약이 없어서, 백성들의 골수까지 다 뽑아내었으므로, 자식들을 내다 팔았으며, 떠도는 자가 줄을 이었고, 굶어죽은 시체가 들판에 그득했다. 심한 경우에는 이따금 목매어 죽는 자도 있었다.[19]

더 나아가 광해군은 경복궁도 중건할 생각이었다. 아니, '생각'이 아니라, 미리 알고 있으라고 중외에 다짐을 놓았다. 영건도감을 두고 인경궁과 경희궁을 중건할 때부터 이미 이런 계획을 갖고 있었다.[20]

국방비를 초과하는 공사비용

이들 궁궐의 공사비용을 위의 자료에 근거해 계산해보았다. 앞서 3개월 동안 들어간 비용이 쌀은 6,830여 석, 포목이 610여 동, 당주홍 600근, 정철 10만 근이라고 했다. 이를 쌀로 환산해보자.

- ① 쌀 6,830여 석
- ② 포목 610여 동 [1동 = 50필 ≒ 12석] ≒ 7,300여 석.
- ③ 당주홍 600근 [= 포목 60동] ≒ 720여 석
- ④ 정철 10만근 [정철 1근 ≒ 쌀 1두 7승,[21] 8근 ≒ 쌀 1석] ≒ 12,000여 석.
- ∴ 합계가 26,850여 석으로, 이것이 석 달 동안의 비용이므로, 한 달의 공사비용은 대략 8,900여 석이다.

가능한 한 줄여 잡았다. 혹시 부풀렸다고 의심할 수도 있기 때문이다. 한 달에 8,900여 석이 들어갔다면, 1년이면 적게 잡아도 10만 석이다. 정철의 경우, 당시 무기를 담당하던 군기시軍器寺에서 1년 동안 거두는 공철貢鐵이 1만 근이었다.[22] 즉, 나라의 1년치 무기 제조에 들어가는 철보다 10배나 되는 철을 석 달 동안 궁궐 짓는 데 허비했다. 이 정도면 후금에 대한 방비는 이미 포기한 것으로 보아야 한다. 그러면 대후금 외교는 실용주의가 아니라 필연적으로 눈치보기가 된다.

한편, 이로부터 2년 뒤인 광해군 11년의 기록에 따르면 영건도감에서 궁궐 건축 비용을 한 달에 4,000석으로 잡고 있다.[23] 그러면 광해군 9년과 11년의 기록에 따라 대략 한 달에 4,000~8,000석, 1년에 4만~9만여 석 정도가 궁궐 공사비용이었다는 말이 된다.

당시 호조에서 거두었던 전세田稅가 연간 8~9만석이었다. 그것도 광해군 대가 아니라, 양전을 거쳐 형편이 나아졌던 인조대의 통계이다. 나중에 대동법 개혁으로 전세화한 공납이 전세의 약 3배 정도였다. 이것이 조선정부의 전체 재정 규모였다. 공납 중에서 지방 재정에 투여되는 비용을 고려하지 않아도 그렇다. 그러니까 아무리 적게 잡아도 궁궐 공사비는 전체 국가예산의 15~25% 정도가 들어간 셈이다.

이 비용은, 현재 대한민국 국가예산 중에서 교육비나 국방비가 차지하는 비중과 같다. 대운하? 지난 2007년 대통령 선거 당시 이명박 후보 캠프는 대운하 건설을 공약으로 내걸어 17조 원의 공사비를 예측했는데, 이는 대한민국 전체예산 약 300조 원의 7~8%에 해당한다. 일단 말 그대로 믿어준다면 1년 예산 중 7~8%에 육박한다.[24] 광해군? 즉위 초부터 폐위될 때까지 전체 예산의 15~25%를 썼다. 이명박? 광해군의 지출 규모에 비하면 조족지혈鳥足之血, 족탈불급足脫不及이다!

궁궐 공사비용 통계를 내기 위해 자료를 뒤적이면서 놀라움을 금치 못했다. 지금으로 치면 현재 내는 세금 외에, 앞으로 10년 이상 월급에서 15~25%의 세금을 더 내는 꼴이다. 세금 포탈하는 자들, 자기들은 내지 않으면서 거두기만 하는 자들의 몫까지 부담하려면 30~50% 정도를 더 내야 할지도 모를 일이다.

거두고 또 거두고

비용만으로는 공사가 되지 않는다. 사람이 있어야 한다. 처음에는 만만한 승려들을, 이른바 승군僧軍을 동원했다. 약 1,000여 명이었다고 한다. 그러나 승려들로만 공사가 되겠는가? 당연히 기술자가 있어야 했다. 광해군 10년경에 군장軍匠이 약 5,800명에다가 추가 인원이 궁궐 공사에 참여했다고 한다.25 이러니 서울은 물론, 지방의 기술자들도 차출해야 했다. 그에 따라 지방에서는 필요한 물품과 사업을 조달하거나 추진할 수 없을 지경이었다.

이렇게 국가 재정의 15~25%를 쏟아 붓는 토목 사업을 벌이자니 정상적인 방법으로는 재원을 조달할 수가 없었다. 게다가 궁가宮家(왕자나 공주 집안)와 권문세가의 방납이나 탈법이 만연한 상태에서 재원 조달은 오롯이 자영농을 중심으로 한 양민들의 몫으로 돌아갔다. 어떻게 조달했을까? 참조가 될 만한 다음 사료를 보자. 인조반정 뒤에 반포한 교서의 일부이다.

> 모든 건축의 토목공사의 부역과, 조도사調度使(가외 세금을 징수하던 관리)의 가혹한 수탈도 일체 없앤다. 그밖에 백성을 침해하고 나라를 병들게 하던 귀척貴戚(임금의 친척)과 권세가가 가진 모든 전장田庄에 대한 세금 감면과 부역 면제도 아울러 조사한 뒤 취소하며, 내수사內需司(왕실 재정 담당 관청)와 대군방大君房에게 빼앗겼던 백성들의 농토도 하나하나 돌려준다.

위에서 나온 '조도사'가 열쇠이다. 궁궐 건축에 필요한 비용, 특권층의 방납과 그들에 대한 세금 면제로 생긴 재정 결핍을 조달할 특별 관원이 조도사나 독운별장督運別將(세금 운반 감독관)이었다. 궁궐 공사가 광해군대 내내 계속되었으므로, 조도사는 광해군 초반부터 파견되었다.26 그런데 이들은 세금만 거둔 것이 아니라, 온갖 만행을 저지르기도 하여 그로 인한 피해도 컸다.

> 전라감사가 보고하기를,
> "독운별장 우찬순禹纘舜은 독운의 일을 핑계삼아 사족士族의 집에 마구 들어가서 부녀자를 강간하고 심지어 상가喪家의 궤연几筵을 봉안한 데를 버젓이 철거시키고 음행을 하는 장소로 삼았습니다. 그리고 역졸을 함부로 형벌하고 역말을 함부로 타고 다닌다고 합니다." 했다. 【끝내 우찬순에게 벌을 주지 않았다.】 27

시간이 흐를수록 광해군의 조정은 비어갔다. 몇 차례 역모 사건을 겪으면서, 그리고 무리한 정책이 추진되고 정작 추진되어야 할 민생 시책인 대동법과 양전量田이 미루어지면서 지식인층과 일반 백성들의 마음도 떠나가고 있었다. 조도사나 독운별장을 맡을 관리를 뽑기도 어려웠다. 정상적인 행정이 아닌 특별한 상황에서 수행하는 공무일수록 담당자가 중요한데, 정작 사람이 없었다. 그러다 보니, 아무나 끌어다 조도사와 독운별장을 맡기게 되었다. 그 결과로 나타난 폐해 중 하나가 위에 든 사례이다. 물론 이는 빙산의 일각이었다.

또한 공사에 들어갈 재목이나 철, 쌀과 포가 부족하다 보니, 그것을 모으기 위해 온갖 증명서를 남발했다. 즉 이런 물품을 기부하는 사람에게는 공명첩 등을 나누어주기도 했던 것이다.

> 전교하기를,
> "재목과 쌀과 베를 모집해 쓰는 일을 급히 의논해 처리하지 않을 수

없다. 당상 3품 실직實職 이하의 공명첩空名帖(이름 쓰는 곳을 비우고 내리는 관직증명서) 및 면향첩免鄕帖(반역 등으로 강등된 고을의 명예를 회복시켜주는 문서)·면역첩免役帖(군역 등을 면제해주는 문서)·허통첩許通帖(서얼에게 과거시험 응시자격을 주는 문서) 등을 부지런하고 민첩한 문관들에게 넉넉히 보내어 속히 모집해 쓰도록, 도감에게 착실하게 거행하도록 하라." 했다.[28]

토목과 전쟁, 지난 역사를 보아도 이 둘이 겹치면 그 나라는 필망必亡의 흐름을 타게 된다. 반정 직후, 인조 정권은 궁궐 공사를 즉시 중단하는 한편, 조도사 김순金純, 지응곤池應鯤 등을 처벌했다. 영건도감, 나례도감儺禮都監 등 난립했던 12개 도감도 혁파했다. 조도성책調度成冊(특별 세금 징수대장)을 소각하는 한편 민간에 부과되었던 쌀과 포를 탕감해주었다. 인조 즉위 후 삭감한 양이 원곡元穀 11만 석이었다.[29] '반정'은 말 그대로 백성들이 '정상적인 생활(正)로 돌아가는(反)' 과정이었다.

대명 관계

선조대 이후의 동아시아의 형세는 크게 두 가지 변화를 겪게 된다. 하나는 일본의 조선 침략인 임진왜란이고, 다른 하나는 만주 지역에 있는 여진의 흥기였다. 두 사건은 물론 광해군대 외교를 이해하는 데뿐만 아니라, 당시 상황의 전개를 파악하는 핵심 요소였다.

임진왜란은 전쟁터가 되었던 조선을 피폐하게 만들었지만 조선의 저력을 확인시켜준 전쟁이기도 했다. 아무리 평화가 200년 가까이 계속되었다고는 하지만, 전쟁 초기 대응에 실패해 의주까지 피난을 가야했던 선조를 비롯한 위정자들은 백성의 질책과 후대 역사가들의 비판을 면하기 어려웠다. 하긴

열 포졸이 도둑 하나 못 잡는다는 속담도 있듯이, 침략자를 비판해야지 침략 당한 쪽을 비난하는 것은 정당하지 않을지도 모른다. 강도를 당한 집의 사람들에게, 베갯머리에 총이나 칼을 놓고 자지 않았다고 타박하는 것도 주객이 전도되기는 마찬가지다.

그러나 전쟁이 계속되면서 조선 사람들은 차츰 대응 방향을 찾아나갔다. 의주로 옮긴 조정은 전통적인 외교관계에 근거해 명의 지원을 이끌어냈고, 수군水軍을 시작으로 점차 관군들도 전투력을 회복하기 시작했다. 선조 즉위 이후 사회적 지도력을 확대하고 있었던 사림士林들과, 자신이 나고 자란 삶의 터전에서 농사를 짓고 살던 일반 백성들은 힘을 합쳐 침략군과 맞서 싸우며 그 피해를 줄이는 데 앞장섰다.

임진왜란은 조선과 명의 전통적 관계를 확인시켜준 전쟁이었다. 물론 명의 입장에서는 '순망치한脣亡齒寒', 입술인 조선이 무너지면 바로 자신들이 다칠 것이라는 자국의 이해에 대한 실리적 고려도 있었다. 또한 조선과의 평화 관계를 유지할 필요성 및 조공국에 대한 책임감도 있었다.[30] 오랜 세월 경험이 쌓이고 쌓여 명분과 실리는 하나가 되었다.

한때 명은 조선이 일본과 공모해 명을 침략하려고 한다는 의심까지 한 적이 있었다. 실제로 조선에 군사를 파병하는 사안을 놓고 갑론을박이 진행될 때 심각하게 대두된 의견이었다. 그렇지만 전통적 우호 관계를 고려해 파병해야 한다는 분위기가 대세였다. 이는 신종神宗(만력제萬曆帝, 1563~1620) 즉위 이후 20여 년 동안 추진해온 군사력 증강사업이 성공적이었다는 명의 국내 여건이 뒷받침되었기에 가능한 결정이기도 했다.

이는 흥미로운 시사점을 준다고 생각한다. 주변의 이른바 '조공국'에 대한 명(중국)의 태도를 읽을 수 있기 때문이다. 200년에 걸친 우호 관계에도 불구하고 의심을 거둘 수 없는 처지라는 이중성이랄까, 긴장 관계가 그것이다. 이 긴장 관계에서 이른바 '춘추대의春秋大義'니, '사대事大'니 하는 관념과 외교의 원리가 출발한다고 생각한다.

소심한 제국帝國

이런 긴장 관계를 이해하려면, 조선의 지정학적인 위치만 생각하지 말고, 한번 중국의 지정학적 조건을 생각해보면 재미있다. 넓은 땅을 차지하고 많은 인구를 가진 중국이지만, 사방으로 '오랑캐'가 둘러싸고 있다. 명과 조선, 명과 베트남 식의 1:1이면 문제는 쉽다. 문제는 1:다多(20개 이상의 나라와 종족)라는 데 있다.

중국은 농경에 기반을 둔 정착생활로 일찍 문명을 발달시키면서 주변 종족에게 국가, 정치제도, 문화의 모델을 제공한 것이 사실이고, 그것이 '춘추대의'와 '중화주의'의 기반이 되었지만, 이게 그리 간단치 않았다. 왜냐하면 유목생활을 하는 위구르, 몽골, 여진 등의 여러 종족은 기후, 토양 등의 영향으로 먹고살기가 어려워지면 중국으로 쳐내려 왔기 때문이었다. 그들도 나름대로 먹고살아야 했으므로 가끔 먹을 것이 없어서 내려온다고(쳐들어온다고) 하지만, 당하는 쪽에서 보면 너무 빈번한 일이다.

그러면 농경생활을 하는 조선은 문제가 없었는가? 이게 또 아니었다. 조선문명의 성격은 분명히 평화적이다. 흔히 이런 말을 하면 "당하고만 사는 게 무슨 평화주의냐"고 비아냥거릴지도 모르지만, '부국강병富國强兵'에 성공한 나라는 아직 역사상에 없다! 왜냐하면 그것이 목적이 될 수 없기 때문이다. 도대체 과연 어느 정도가 되어야 '부'와 '강'일 수 있단 말인가? 이 질문은 돈이 얼마나 있어야 만족하는가 하는 질문과 같다. 과연 누가 알겠는가? 그리고 '부'와 '강'으로 사회의 평안과 행복의 척도를 삼으려고 했다면, 그건 줄을 잘못 서도 한참 잘못 선 셈이다. 그것은 단지 '어떤 바람직한 사회'를 이루기 위한 조건, 그것도 '조절되어야 할 조건'의 하나일 뿐이다.

그런데 조선의 대외정책이 평화적이었는데도 불구하고, 명은 조선에 대한 의심을 거두지 않았다. 원래 제국은 의심이 많은 법이다. 그래서 반드시 외교문서 작성에도 사소한 실수 하나 없도록 심혈을 기울였다. 조그마한 실수도 곧바로 의심으로 연결되었다. 이것은 트집과 다르다. 의심이었다. 그것도 신경질적인 의심. 마치 트집처럼 보이는 만성화된 의심.

명 태조太祖(홍무제洪武帝, 1328~1398)는 그의 유훈遺訓에서 "주변에 정복할 수 없는 16국이 있는데, 첫째가 '고려'(실은 조선)이고, 그 다음이 안남安南(월남)"이라고 했다. 말은 '정복할 수 없는 나라'이지만, 실은 명을 건드리지 않고 가만히 있어주면 고마운 나라라는 말도 될 것이다. 명의 기초를 닦은 성조成祖(영락제永樂帝, 1360~1424)는 이 유훈을 지키지 않고 안남을 공격했다가 엄청난 전비만 들이고 실익 없이 물러나고 말았다. 이 와중에 조선이 불안했던지, 엄청난 전비만 낭비한 그 전쟁을 놓고 '안남을 평정했다'고 허풍을 떠는 조서를 보내 미리 조선의 움직임을 단속했다.[31] 이것이 제국의 불안감이고 의심이다.

나아가 '조공국'과 '조공국' 사이에 중국을 거치지 않고 직접 교류하는 것도 '원칙적으로' 금지했다. 동맹을 맺어 중국을 공격할까 두려워한 것이다. 누르하치의 건주여진이 조선과 직접 통교하는 데 대해 끊임없이 의심의 눈초리를 거두지 않았을 뿐 아니라, 일본과 조선이 힘을 합쳐 명을 칠지도 모른다는 의심에는 이런 역사적 배경이 있었다. 아무튼 명의 임진왜란 참전은, 조선과 명의 관계로 볼 때 '의심할 여지없는' 동맹국의 관계를 표현하는 계기였다. 그리고 그 동맹국의 관계는 당시 '다시 나라를 세워준 은혜(再造之恩)'로 표현되었다.

여기서 나의 생각을 분명히 할 필요가 있을 듯하다. 나는 국제 관계에서 '사대事大'가 매우 자연스러운 일이라고 생각한다. 이는 매우 오래된 경험에서 비롯되었다고 여기기 때문이다. 맹자孟子는 흥미롭게도, 나라 사이의 교린 방안으로, '사대事大'와 함께 '사소事小'도 언급했다.[32] 우리는 종종 어떤 역사적 경험을 놓고 낯설게 받아들이는 경우가 많은데, 사람들의 삶이 다르다고 생각하기 때문에 그럴 뿐이다. 실제로는 그다지 다르지도 않다. 너무 다르게 생각한 나머지, '중세의 언어'니 해서 사용하지 않는데, 가만히 들여다보면 그 '언어'를 해석하지 못해서 그런 경우가 많다. '사대'란 말도 그 중 하나라고 생각한다.

그럼에도 불구하고 제국은 의심을 거두지 않았다. 아니, 강조하거니와, 제국은 원래 의심이 많을 수밖에 없었다. 그 한 가지 예로, 첫째 아들이 아닌 둘째 아들 광해군이 선조를 이어 즉위하자, 명은 그것도 다시 의심의 눈길로 바라보았다. 이로 인해 발생한 사건이 앞서 임해군 옥사를 설명하면서 살펴본 명의 사찰이었다. 광해군은 자신에게 쏠린 이 첫 번째 의심을 뇌물로 무마했다. 그러나 뇌물로 문제를 덮을 수는 있지만, 문제를 해결할 수는 없다. 아니, 뇌물은 의심을 정당화시킨다.

강홍립에게 내린 지시

광해군은 처음에는 파병에 반대했다. 명의 요청이 "아직 황제 칙서가 아니"라는 이유였는데, 그것은 사실이었다. 내내 광해군의 정책을 후원했던 이이첨은 이 사안과 관련해서 광해군과 의견이 달랐다. 광해군은 '국내의 형편'을 들어 파병을 미루든지, 아니면 하지 않으려고 애썼다. 그리고 강홍립姜弘立을 도원수로 삼아 파병할 때도 이런 입장은 변하지 않았다.

광해군이 강홍립에게 '조선이 억지로 참전한 것이며, 후금과 싸우지 않겠다는 뜻을 전하라'고 밀지를 내렸다는 설은 명확히 확인되지 않는다. 그러나 '명군 지휘부의 명령을 그대로 따르지 말고 오직 패하지 않는 전투가 되도록 노력하라'고[33] 한 점을 보면, 밀지설이 사실인지 아닌지는 큰 의미가 없다고 생각한다. 이 전쟁에 임하는 광해군의 태도는 밀지의 존재 여부와 상관없이 강홍립에게 내린 하유에서 분명히 드러나기 때문이다. 심하 전투 후에 강홍립은 다음과 같이 보고했다.

> 강홍립 등이 직명을 써서 장계를 올렸는데, 그 대략에,
> "신이 배동관령背東關嶺에 도착해 먼저 후금의 역관胡譯 하서국河瑞國을 보내어 후금(虜)에게 비밀리에 알리기를, '비록 명나라에게 재촉을 당해 여기까지 오기는 했으나 항상 진지의 후면에 있어서 접전接戰하지 않을 계획이다.'고 했기 때문에 전투에 패한 후에도 서로 잘 지내고 있습니다. 만일 화친이 속히 이루어진다면 신들은 돌아갈 수 있을 것입니다."
> 했다.[34]

강홍립은 명이 압박해 참전했을 뿐이지 싸움은 하지 않을 생각이라고 했고, 전투에 패한 뒤에도 잘 지내고 있다고 보고했다. 후금과 화친이 이루어진다면 돌아갈 수 있을 것이라는 희망도 전달했다. 밀지의 존재 여부와 상관없이, 위의 광해군의 하유, 강홍립의 장계에 이어 후금에서 온 국서國書에서도 이런 논조는 이어진다.

너희 조선이 군대를 일으켜 명을 도와 우리를 친 것에 대해, 우리는 너희가 이번에 온 것은 조선 군대가 원하던 일이 아니라는 것을 안다. 바로 명나라 사람들에게 압박을 받아, 일본의 침략 때 너희를 구한 은덕을 갚기 위해 왔을 뿐이리라. …… 이 넓은 천하에 없어야 할 나라가 있겠는가. 어찌 큰 나라만 남고 작은 나라는 모두 멸망해야 하겠는가. 조선의 국왕 너는 우리 두 나라가 평소 원한이나 틈이 없었으니 지금 우리 두 나라가 함께 모의해 명에 대해 원수를 갚아야 한다고 생각하는가, 아니면 이미 명나라를 도왔으니 차마 명을 배반할 수 없다고 생각하는가? 너의 대답을 듣고 싶다.[35]

위 국서의 앞부분은 강홍립의 장계와 정확히 일치한다. 그리고 이 국서에서는 강홍립의 항복을 근거로 조선 국왕 광해군에게 명의 편을 들 것인지, 후금의 편을 들 것인지 선택하라고 요구하고 있다. 이것은 강홍립의 말에 근거해, 광해군의 태도를 최종 확인받으려는 후금의 국서라고 판단된다.

기회주의 외교

광해군은 줄곧 밖으로는 기미책羈縻策[36]을, 안으로는 자강책自强策을 추구한 것처럼 말을 했지만, 그의 대후금 정책은 몇 가지 문제점을 안고 있었다. 첫째, '심하 전투'에서의 '실리주의'는 실패로 돌아갔다. 강홍립의 말처럼 그가 항복한 뒤 후금에서 '잘 지내고 있었'는지 모르지만, 강홍립의 항복으로 전사한 조선 군사가 1만여 명 중 9천 명 정도였다. '항복'이라는 '실리주의'의 결과치고는 너무나 처참하다.

흔히 광해군이 명에 대한 사대와 후금에 대한 기미를 동시에 추구했던 실리주의 외교정책을 폈다고 평가한다. 이것이 광해군 복권, 부활의 핵심이다. 사대와 '재조지은'이라는 명분보다는 국가의 이익을 중시하는 실리외교, 중립 외교라는 것이다.

우선 명분과 실리의 문제를 보자. 종종 사람들은 이 둘을 이분법적으로 갈라놓고 명분은 헛된 것, 실리는 바람직한 것이라는 콩쥐-팥쥐 논법을 적용한다. 콩쥐-팥쥐 논법이란, 동시에 있을 수 있는 정책이나 견해를 선/악 구도로 환원하는 '근대 한국 역사학의 포폄론'을 말한다. 이 신종 근대 포폄론은 당색과 근대주의를 배경으로 대중의 편견을 강화하며 교묘하게 기생하고 있다.

이 콩쥐-팥쥐 논법은 바로 명분론 = 사대주의 = 성리학 등의 키워드와 연결되어 있다. 그러나 명분과 실리는 그런 게 아니다. 사례를 보자. 햇볕정책은 남북한 평화 정착이라는 비전 속에서 추진되었고, 그 과정에서 신뢰를 쌓았다. 그 비전과 신뢰는 돈으로 따질 수 없는 통일의 밑거름이 되었으며, 실제로 남북경협을 대폭 활성화시키는 계기가 되었다. 그런데 이명박 정부는 원칙과 비전이 아니라 힘의 강약을 실리주의라고 착각하고 있다. 그러다 보니 미국의 눈치나 보게 되고, 남북관계에 비전이나 원칙이 없다보니, 금강산사업, 개성공단사업이 위기를 맞기도 했다. 명분과 실리는, 같이 가면 좋은 것이 아니라, 원래 같이 가는 것이다. 명분 없는 실리는 오래가지 못하고, 실리 없는 명분은 공허한 것이다. 곧 원칙 없는 정책, 비전 없는 정책이 오래 갈 수는 없는 것이다. 그러므로 명분과 실리를 나누어 어떤 역사적 사실을 해석했던 우리의 오염된 관점을 이쯤에서 반성해야 한다.

둘째, 광해군은 자신이 후금과 '화친'하는 게 아니라고 극력 부인했다. 그러나 강홍립은 장계에서 '화친이 이루어진다면 돌아갈 수 있을 것'이라고 말했다. 광해군 자신이 보낸 장군인 강홍립의 장계에서 나온 말이다. 국왕에게 올리는 장계에 이런 말을 쓰는 것이, 과연 국왕과 사전 교감이나 논의가 없이 가능했으리라고 믿을 역사학자는 없을 것이다.

사대와 기미는 엄연한 '현실적, 역사적 내용'이 담긴 외교정책이다. 앞서 '춘추대의', '사대'에 대해 간단히 살펴보았지만, 기미책도 마찬가지이다. 누구도 명에 대한 사대와 후금에 대한 기미책을 부정하지는 않는다. 이런 점에서는 반정 이후 인조 정권도 마찬가지였다. 그런데 왜 광해군의 외교정책이 당시 비판을 받고 반정의 빌미가 되었을까?

그것은 바로 앞서 말한 기회주의적 성격 때문이었다. 말로는 화친하지 않는다고 하지만 은밀히 후금과 화친을 추구했고, 그 결과는 필연적으로 명에 대한 배반일 수밖에 없었다. 명은, 조선을 식민지로 만든 일본 제국주의나, 이라크를 침공하는 데 병력을 보내라는 미국이 아니라, 임진왜란 때 조선과 함께 일본에 맞서 싸운 역사적 경험을 공유한 엄연한 동맹국이었다. 재조지은은 그런 경험에서 생겨난 것이었다.

가깝게는 임진왜란의 경험, 길게는 200년에 걸친 평화적 외교관계를 수립해온 명과는 달리, 후금은 조선에게 가끔 변경의 골칫거리는 되었을지언정 명을 등지면서까지 화친을 해야 할 이유가 없는 대상이었다. 이유가 있다면 후금이 동아시아에서 당시 제법 힘깨나 쓴다는 것인데, 적어도 당시 조선 사람들에게 그런 게 이유가 되기는 어려웠다. 더욱이 말이 화친이지, 친구를 배신하고 나와 친교를 맺자는 요구는 화친이 아니라 바로 굴종의 강요였다. 누르하치의 후예들은 명 질서를 무너뜨렸지만, 동아시아에 대한 새로운 비전은커녕 그 질서를 '청나라'의 이름으로 다시 그대로 복구함으로써 동아시아 전통질서를 연장하는 데 기여했을 뿐이다.[37]

사료의 왜곡, 해석의 왜곡

이쯤에서 광해군이 했던 말 중에 한 구절을 살펴보자. 여기저기서 자주 인용되는 대목이다.

> 중국에서 일어나는 일의 형세가 참으로 위태롭기만 하다. 이런 때에 안으로 스스로를 강화하면서 밖으로 기미책을 써서 한결같이 고려高麗에서 했던 것과 같이 한다면 나라를 보전할 수 있을 것이다. 그런데 요즘 우리나라의 인심을 살펴보면 안으로 일에 힘쓰지 않고 밖으로 큰소리만 치고 있다. 조정의 신하들이 의견을 모은 것을 가지고 보건대, 무장들이 올린 의견은 모두 강에 나가서 결전을 벌이자는 의견이었으니 매우 가상하다 하겠다. 그렇다면 지금 무사들은 어찌하여 서쪽 변경은 죽을 곳이라도 되는 듯이 두려워하는 것인가. 고려에서 했던 것에는 너무도 미치지 못하고 있으니, 부질없는 헛소리일 뿐이다. 강홍립 등의 편지를 받아 보는 것이 무엇이 구애가 되겠는가. <u>이것이 과연 적과 화친하자는 뜻이겠는가.</u> 우리나라 사람들이 끝내는 반드시 큰소리 때문에 나라 일을 망칠 것이다.[38]

첫째로 내가 주목하는 것은 '우리나라 사람들은 안으로 일에 힘쓰지 않는다'라고 말한 대목이다. 그런데 이런 말을 들어야 할 사람은 정작 광해군 자신이었다. 앞에서 이미 살펴보았지만, 이 무렵 국내의 민생과 정치는 절망으로 내닫고 있었다. 대북大北 세력의 전횡, 토목공사, 부정부패에 따른 민심의 이반이 이어졌다. 어쩌면 그 말은 '궁궐 공사에 협조하지 않는다'는 광해군의 불만이 드러난 것인지도 모른다.

둘째, 위 인용문의 밑줄 친 부분을 놓고, 반정에 성공한 서인들이 광해군의 외교를 왜곡하려고 했던 흔적이라는 해석이 있다. 밑줄친 부분은 중초본인 태백산본에는 있지만, 정초본 즉 실록을 만들 최종 초본인 정족산본에서는 삭제되었다. 그러니까, 광해군이 화친하지 않으려고 했던 증거를 서인들이 없애려고 했다는 것이다.[39] 이런 해석은 두 가지 점에서 무리가 있다.

먼저 실록 편찬의 맥락에서 살펴보자. 실록 편찬에는 번쇄하거나 불필요한 부분을 삭제하는 과정이 포함된다. 그 삭제 과정에 정치적 의도가 있을 수 있다. 그런데 중초본도 정초본과 마찬가지로 서인/남인 등 반정 이후 관리들이 참여해 만든 실록 초안이다. 따라서 사초 → 중초본으로 가는 과정에서 '의도'를 말하는 것은 설득력이 있지만, 중초본 → 정초본으로 가는 과정에서 '의도'를 말하는 것은 설득력이 떨어진다.

뿐만 아니라, 중초본 → 정초본으로 가는 과정에는, 광해군의 정책에 대한 변명이 될 수 있는 기록이 여전히 많이 남아 있다. 멀리 갈 것도 없이, 위의 인용문 중, '자강'과 '기미' 역시 광해군의 외교를 정당화해줄 수 있는 기록이다.

실록은 그리 만만한 텍스트가 아니다. 적어도 『순조실록』 이전까지 실록은 권위를 가질 만한 역사편찬물이다. 실록이라는 이름에 어울리는 신뢰와 권위가 있었다. 광해군대를 연구하는 학자들, 광해군을 부활시키는 학자들도 모두 여전히 인조반정 이후 서인/남인이 편찬한 『광해군일기』 중초본/정초본을 근거로 논지를 전개하지 않는가?

광해군의 말과는 달리, 그가 내린 하유, 강홍립의 장계, 후금의 국서를 통해 광해군이 후금과 '화친'하려고 했다고 판단된다. 위의 밑줄 친 부분은 광해군의 변명에 가깝다. 더 정확히 말하면, 그가 '화친'이라고 하든 다르게 표현하든, 비전도 원칙도 없는 이런 '기회주의' 역시 결국 반정의 한 이유가 되었다.

내정內政과 외교外交

내가 이렇게 광해군의 외교를 혹평하는 데는 이유가 있다. 앞서 광해군 재평가의 선두주자였던 이나바는 광해군을 '백성들에게 은택을 내린(澤民)' 군주라고 불렀다고 말한 적이 있다. 그러나 이나바는 광해군대 국내 정치를 거의 도외시했다. 『광해군일기』에 나온 국정의 난맥상을 제대로 읽었다면, '택민'이라는 말을 차마 할 수 없었을 것이다.

이에 비해 최근의 연구자인 한명기는, "이나바 이래 광해군의 이른바 '중립 외교'가 지니는 긍정적 측면만을 지적하는 데 매몰되어 궁극적으로 그의 한계라고 할 수 있는 측면들에 대해 설명하지 않았던 것은 커다란 문제점"이라고 아주 적절하게 지적했다. 그러나 그는 2000년에 발간한 『광해군-탁월한 외교정책을 펼친 군주』라는 책의 제목에서 알 수 있듯이, 이러한 문제의식은 희석되고 다시 이나바의 문제틀로 회귀했다. 이렇게 된 데는 두 가지 이유가 있다고 생각한다.

첫째로, 당초 사대주의 등 대외정책에 대한 인식틀에서 보면 한명기가 이나바의 프레임을 전혀 벗어나지 못하고 압도당했기 때문이다. 둘째, 첫째 이유와 밀접한 연관이 있지만, '광해군의 탁월한 외교정책'을 강조하려 다보니 균형 감각을 상실했고, 그 균형 감각의 상실이 내치와 외교의 연관성에 대한 관찰을 놓쳤기 때문이다. 더 근본적인 이유가 있는지는 모르지만, 그의 저서에 동원된 자료나 저자의 글솜씨에 비추어 참 안타까운 일이다. 그 사라진 '내치와 외교'의 연관을 다시 살펴보고, 단순히 이것은 잘했고 이것은 못했다는 식으로 늘어놓는 재평가가 아닌, 제대로 광해군과 그의 시대를 평가해보자.

광해군대는 왕실은 물론, 대북 세력 일부를 제외하고는 다른 정파를 국정에서 배제해 고립을 자초했고, 왕권 과시를 위한 최악의 방법인 궁궐 공사를 계속하면서 재정이 고갈되자 조도사를 통해 비정상적인 방식으로 세금을 거두어들이면서 민심이 돌아섰다. 거꾸로 가정해보자. 북인을 중심으로 정국을 운영하더라도 만일 서인, 남인의 지원을 받고, 왕실에서도 부족하나마 임해군, 영창대군을 보살피면서 종친과 외척의 지지를 이끌어내고, 그 엄청난 궁궐 공사비용을 자신의 말대로 '자강'을 위해 사용했다면 어떠했을까? 혹은 양전과 대동법을 실시해 민생을 안정시키고 생산력을 발전시켰다면 어떠했을까?

다른 정치세력과 일반 백성의 지지를 받지 못하거나, 또 그 이유로 백성을 믿지 못하는 국왕이 외교에서 선택할 수 있는 길은 명확하다. 권좌의 생존을 염두에 둘 뿐, 미래를 위한 전망이나 원칙을 가질 수 없다. 이것이 광해군의 기회주의 외교를 초래한 근본적인 이유이다. 이렇게 자명한 이치를 외면하고 광해군의 기회주의 외교만을 떼어내어, '중립 외교'라느니, '실리 외교'라느니, 심지어 '평화 통일'까지 이룰 수 있는 정책으로 보게 된 이유는 어디 있을까?

몰개념성

KBS〈한국사 傳〉에서는 마치 광해군과, 광해군대 산림山林으로서 주로 재야에서 광해군의 지지 기반이 되었던 정인홍鄭仁弘이 의병 활동을 매개로 만난 듯이 묘사하고 있다. 그리고 '실천적인 학풍'인 북인의 지지를 받았고, 그런 북인은 '박학적 학문 방법'을 가지고 있었다고 한다. 그러니까 광해군도 실천적인 군주이고, 성리학자들과는 다른 '다양한' 학문 경향을 추구하는 군주였다는 것이다.

이런 묘사는 두 가지 점에서 이상하다. 첫째, 임진왜란 때 광해군이 '임시로 나누어 활동한 조정(分朝)'을 이끌었고 정인홍이 의병장을 한 것은 사실이지만, 의병장이 정인홍 하나만은 아니었다. 이는 두말할 필요도 없다. 『선조실록』에는 의병 활동이 비교적 적게 실려 있지만, 인조-효종 연간에 서인이 중심이 되어 다시 편찬한 『선조수정실록』에는 훨씬 많은 의병 활동이 기록되어 있다.[40] 그러므로 의병장 정인홍을 지나치게 강조하는 것으로는 광해군과 북인 정권의 정통성을 설명하기에 미흡하다.

둘째로, 도대체 '박학'이 어떻게 학문 방법이 될 수 있는지, 그리고 도대체 무엇이 '실천적'인지? 아무리 생각해도 '박학'이 '취향'이라면 몰라도 '방법(Methodology)'이 된다는 것은 오랫동안 사상사를 공부하고 있는 나로서 이해할 수가 없다. 아마 '백과전서'류의 '박학'을 염두에 두고 하는 말이라면 그런대로 이해할 수도 있지만, 그것으로 북인의 학풍이나 방법론이라고 하기에는 너무 근거가 박약하고 몰라도 한참 모르는 소리다. 그것은 서구 계몽주의 시대의 백과전서파나, 조선후기 이규경 등의 백과사전적 성과물을 비교해보는 것만으로 충분하다.

또한 '실천적'이라는 것이 학풍의 성격을 나타내는 말이 될 수 있는가? 이것도 개인의 성격이면 몰라도, 학풍의 성격을 설명하는 개념은 될 수 없다. 더 큰 문제는 이런 논리 속에는, '실천적'이면 좋은 것이고, '사색적', '이론적'이면 나쁜 것이라는 선입견이 들어 있다. 북인 이외의 당파나 학파는 '실천적'이지 않았나? 성격이 고분고분하고 수줍어서 '실천적'이지 않고, 가만히 앉아서 '책이나 보고 사색이나 하면' 안 되는가? 너무 무지막지한 이분법이 아닌가?

나는 북인이 떠받드는 스승 남명南溟 조식曺植은 바로 정인홍 때문에 그 학맥이 끊어졌다고 생각한다. 정인홍은 '회재晦齋 이언적李彦迪과 퇴계 이황을 문묘에서 내쫓으라는 논의(晦退辨斥)'를 제기함으로써, 이미 당시 사회에서 으뜸가는 스승으로 인정받고 표상이 된 인물을 뚜렷한 이유도 없이 배척했다. 그 결과 북인 학맥을 조선 학계에서 고립시켰고, 나아가 광해군 정권이 독단적, 배타적 노선을 걷게 되는 계기를 만들었다.

조선은 문치주의 사회였다. 학맥을 통해 정치세력을 형성했고, 그 사상과 이념에 따라 정책과 노선이 결정되었다. 그리고 그 정책과 노선을 통해 백성들의 삶 속에서 검증을 받고, 그 검증을 통해 권력을 차지하느냐 못하느냐가 결정되던 시대였다. 그 과정에서 사안에 따라 정치세력이 공감, 연대하는 정책도 있었고, 서로 다른 입장을 보이는 경우도 있었다. 그러나 정인홍의 태도는 정치세력 사이에 있어야 할 최소한의 공감대 자체를 훼손하는 행위였다. 남명은 제자 하나 잘못 둔 탓에 이후 학맥을 보유할 수도 없는 처지가 된 셈이다. 남명이 저승에서 이런 상황을 보면서, 생전에 교류하던 퇴계, 율곡과 무슨 대화를 나누었을지 궁금하다.

왜곡과 축소

광해군의 대동법 추진과 지지는 더 말이 필요 없는 역사 왜곡이므로, 거듭 말하지 않겠다. 광해군 때 시행되자마자 흐지부지된 대동법은 인조반정 이후 '재성청(裁省廳)'이 설치되면서 다시 논의될 수밖에 없었다.

광해군이 재위 기간 내내 궁궐을 건축했고, 토목 비용이 대략 당시 1년 예산의 15~25%에 이르렀다는 자료는 이미 제시했다. 광해군은 명과 후금 사이에서 긴장이 계속되는 상황에서도 궁궐 공사에 대한 걱정을 놓지 않았다. 그런데도 궁궐 공사는 광해군 부활론자들이 어물쩍 넘어가든지, 눈을 감는 사안 중의 하나이다. 설명한다고 해도, '왕권 강화'라느니, '절대군주'를 지향했다느니 하면서 애매하게 표현한다. 심지어는 궁궐 공사를 두고, '빈민을 구제하는 일종의 사회보장 차원'으로 이해하는 경우도 있다.⁴¹

그러나 왕권은 강화하지 않아도 원래 강한 것이다. 그게 관료제든 왕조체계든 '위계'로 볼 때 가장 강한 권력이 제도적으로 국왕에게 부여되어 있다. 그러면 그 제도를 활용하면 된다. 인재를 널리 등용해서 정치세력을 확대해 그로부터 군주에 대한 지지를 끌어내는 방법도 있고, 백성들의 어려움을 해결해주어 비상시에 곧 군사력이 되는 그들의 지지를 확보해두는 것도 왕권 강화의 유력한 한 가지 방법이다. 국왕이 왕권을 강화할 수 있는 그 많은 방법과 장치를 놓아두고 겨우 선택한 것이 궁궐 공사라니 ······. 왕권 강화의 방법을 '궁궐 공사'에서 찾는 것 자체가 이미 통치력 부재를 보여주는 명확한 증거이다. 역사적으로 가장 어리석은 왕권 강화책이 바로 궁궐 공사였음은 패망을 재촉한 숱한 군주들의 사례에서 발견된다. 안타깝게 광해군도 그 중 하나의 사례를 더하고 말았다.

광해군의 궁궐 공사를 '빈민을 구제하는 일종의 사회보장 차원'으로 이해하는 말에 이르러서는 경악스럽기까지 하다. 아마도 IMF 외환위기 이후 졸지에 직장을 잃은 사람들을 위해 한시적으로 생계유지를 위해 실시하던 '공공근로'를 떠올린 듯한데, 정작 하려면 '빈민 구제'도 좋지만, '백성 구제'가 먼저 아닐까? 어떤 빈민 구제도 일반 백성들의 재생산 기반을 무너뜨리면서 시행되는 경우는 없다. 당연한 말이지만, '빈민 구제'란 빈민의 재생산 기반을 마련해주는 일이기 때문이다. 목적과 모순되는 결과가 나오면 이미 그 정책은 의미가 없는 것이다.

명과 후금 사이에 한창 외교 전략이 필요했던 때, 과연 광해군의 눈은 어디에 가 있었는가? 여전히 광해군은 '두 궁궐의 역사役事가 아주 급한데, 그 일을 책임지는 제조提調 임연任兗이 오래도록 관직에 나오지 않고 있으니 빨리 나와서 직무를 보도록 하라'고 다그치고 있었다. 이게 광해군이었고, 광해군대의 내치는 대명, 대후금 외교의 운신과 태도를 근본적으로 이렇게 규정하고 있었다.⁴² 그러므로 광해군대에 '중립 외교'와 '민생 안정'이 달성되었다는 주장은 허구이며, 정확히 둘은 대립되었다. 중립 외교를 띄우다보니, '민생도 안정되었으면 금상첨화겠다'는 부활론자의 희망이 빚은 허망한 착시현상일 뿐이었다.

결과론과 패배주의

KBS〈한국사 傳〉에서는, '인조반정은 조선을 기울게 한 치욕의 역사로 남았다'(방송 38분)고 단정했다. 더욱 흥미로운 것은 조선을 두 번이나 침략해 조선백성들의 생활터전을 유린하고 포로로 잡아간 후금에 대해서는 '대륙에 떠오르는 후금', '중원을 점령한 후금', '여진 1만이 되면 천하가 감당할 수 없다'는 말로 그 '위세'를 치켜 올리며 패배를 기정사실화했다. 마치 식민지시대 태평양전쟁에 조선의 젊은이들을 죽을 곳에 몰아넣으려고 일본 군대의 위용을 찬양하던〈조선일보〉,〈동아일보〉같은 '민족신문'들의 기사 타이틀을 떠오르게 한다. 아무리 광해군을 높이고 싶어도 이러는 것은 너무나 지나치다.

이런 태도나 심성과 관련해 흥미로운 자료가 있다. 이완용을 연구한 윤덕한은, 똑똑하고 사생활도 바르며 독립협회를 이끌어간 이완용이 매국노라는 데서 당황했다고 한다. 그리고 매국의 논리이자 키워드를 발견한다. '대세상 어쩔 수 없었다'는 것이다. 즉 '대세 순응'이라는 것이다.⁴³ 그의 눈에는 '대세'인 일본 제국의 강력한 화력에 맞서 민족해방투쟁을 전개한, 만주나 시베리아 벌판의 독립군이 어떻게 보였을까? 하지만 늘 역사는 계란으로 바위 친다는 비아냥을 듣는 사람들에 의해 조금씩 나아지지 않았던가?

이 패배주의는 '강자를 따르라'는 식민주의자들의 요구에 이미 포섭된 정서이다. 특히 이길 싸움만 하는 지식인 심성, 무척 심사숙고하지만, 그래서 뭔가 깊이 생각하는 듯하지만 결국 상황의 역동성을 신뢰하지도 창출하지도 못하는 잘난 먹물 근성일 뿐이다. 그리고 이는 최근 신자유주의의 논리, '강자에게 걸라'는 신자유주의의 강제와 연결된다. 여기서 강자는 물론 그들의 시장이고 부자이다.

아무리 광해군을 띄우고 싶었어도, 적어도 '침략'이 먼저 지적되어야 하는 것이 아닐까? '대세 추종'보다 '자존심이 있는 패배', '자존심이 있는 죽음'을 택한 데 대해서는 경의를 표하는 것이 순서가 아니었을까? 침략에 대한 '저항'과 '상처'에 대해서 '가슴 아프게' 동감해야 하는 것이 아닐까?

조선의 사회와 백성들은 광해군 15년 동안의 시간을 '잃어버렸다'. 정작 '잃어버린 시간'이란 이럴 때 쓰는 말이다. 민생회복, 사회통합, 재정확보, 군비확충, 문화발전 등 어느 하나 제대로 이룬 것이 없이 반대로 흘러갔다. 그 15년을 잃지 않았다면, 동아시아 판도는 달라졌을 것이다. 조선사회가 임진왜란의 경험을 헛되이 하지도 않았을 것이며, 사회 안정과 생산력의 수준도 높였을 것이다. 사림의 헌신적인 리더십과 백성들의 발랄한 생활력이 만나 역동적이고 창의적인 문화를 훨씬 아름답게 꽃피웠을 것이다. 연산군 때 잃어버린 14년을 회복하는 데, 중종·인종·명종의 약 50년이 걸렸고, 연산군 때 늘어난 공납貢納 때문에 재정과 민생 궁핍의 후유증까지 내내 겪어야 했다. 마찬가지로 광해군 때 잃어버린 15년을 회복하는 데, 전쟁 두 번을 포함해 인조·효종의 약 30년이 걸렸다. 어처구니없게도 21세기인 지금, 광해군이 다시 부활해 그 '잃어버린 15년'을 고대하는 형국이다.

식민주의 프레임

위와 같이 다채롭게 왜곡된 논리를 구사하는 광해군 부활론자들은 크게 두 가지의 프레임에 걸려든 것으로 보인다. 하나는 식민주의 프레임이고, 또 하나는 근대주의 프레임이다. 둘은 동전의 양면이다.

우선 광해군 부활의 선두주자 이나바 이와키치의 경우를 보자. 이나바는 1908년부터 1914년까지 만철조사실滿鐵調査室에서 만주사를 연구했고, 1915년부터 1922년까지 육군참모본부와 육군대학에서 동양사를 강의했다. 그리고 조선사편수회의 간사로 있으면서(1922~1937) 『광해군시대의 만선관계(光海君時代の滿鮮關係)』를 저술했다. 이나바의 요점은 명의 원병 요청을 거부하고 후금과 화친하려고 했던 광해군의 외교는 현실적이고 백성들에게 은혜로운 정책이었다는 것이다. 이나바의 경력이나 연구 경향으로 보아 일견 만선사관滿鮮史觀의 결과로 볼 수도 있으나, 사실은 만선사관의 문제가 아니었다. 조선사를 명에서 청으로의 전환, 즉 중국사의 변동을 통해서 규정짓는 관점이었다.

이는 전형적인 타율성론이다. 조선사의 변화 및 규정성이 중국이나 일본의 외부 조건에 의해 좌우된다는 식민사관이다. 타율성론은 정체성론, 즉 조선사는 늘 발전이 없는 정체된 사회에 머물렀다는 사관과 안팎의 짝을 이루며 식민사관을 이끌었다. 그리고 이 타율성론과 정체성론을 뒷받침하는 성리학 공리공담론, 사대주의론, 당쟁론, 명분론 등 조선의 정치와 사상, 문화, 경제에 대한 왜곡된 담론들이 배치되었다.

그런데 만주를 포함한 중국사의 변동에 따라 조선사가 결정되었다는 이나바의 관점에 의해 광해군의 외교가 높이 평가된 데는 더 깊은 이유가 있었다. 첫째는, 광해군을 폐위시킨 반정 세력에 대한 해석의 문제이다.

이나바는 광해군의 '실리주의' 외교와 반정 세력의 '명분론'을 대립시키면서, 이 명분론을 명에 대한 사대주의로 규정했다. 식민사관의 사대주의론은 이렇게 광해군이 부활하면서 완성되었다. 이나바는 광해군을 평가할 때 내정과 외교를 철저히 분리하고, 파탄난 내정이 외교를 어떻게 기회주의적으로 왜곡시켰는지는 전혀 안중에 없었다. 당초 저술의 목적이 그것이 아니었기 때문이다.

이렇게 이나바에 이르러 완성된 사대주의론은 물론 이나바 개인의 창조물이 아니었다. 이른바 '침략삼서侵略三書'부터 축적된 논리이자 자료의 가공이다.[44] 타율성론 – 사대주의론 – 실리 외교론은 정교한 이데올로기적 장치이다. 그렇기 때문에 이나바의 광해군 이해를 '만선사관'이라고 차치하는 것으로는 전혀 극복될 수 없다. 더욱이 잘한 것도 있고 잘못한 것도 있다는 식의 광해군에 대한 적당한 절충적 평가로는 극복되지 않는 더 근본적인 문제가 있다.

사대주의론은 식민지 조선인, 특히 지식인들에게는 치명적인 상처였다. 죽은 자만 말이 없는 것이 아니라, 망한 나라도 할 말이 없는 것이다. 반정은 쿠데타로 폄하되었으며, 광해군처럼 실리 외교에 따라 후금(청)과 화친했으면 전쟁도 없었고 잘 살 수 있었으리라는 이나바의 설교에 대항할 논리가 없었다. 나라가 망한 판이니까. 식민지, '술 권하는 사회'의 지식인들에게 이 '사대주의 – 명분론 vs 실리론'은 뇌에 깊이 각인되었다.

내면화와 미래

이 문제는 사대라는 담론을 계보학으로 분석해 해결해야 할 것이고, 또 그만 한 준비가 필요하다. 비슷한 사례를 통해 미래의 단서를 찾아보자.

흥미롭기도 하고, 안타깝기도 한데, 이웃나라 일본도 남이 만들어준 이런 표상表象과 씨름하고 있다.⁴⁵ E. W. 사이드는 이런 류의 흐름을 '오리엔탈리즘(Orientalism)'으로 설명했는데, 이런 오리엔탈리즘은 유럽인이 동양을 왜곡한다는 데 그치지 않는다. '동양'은 스스로 자신을 드러내지 못하고, 유럽의 언어와 그 언어로 만들어진 표상에 의해서만 자신을 드러낸다는 지적이었다.⁴⁶

사대와 실리 담론으로 조선인들이 고생한 만큼, 일본인들을 지금까지 괴롭히는 담론을 제공한 사람은 『국화와 칼』의 저자인 루스 베네딕트이다. 그는 '부끄러움의 문화'와 '죄의 문화'라는 인류학 개념을 만들어 일본 문화를 전자에, 서유럽 문화를 후자에 배속시켰다.

> 진정한 죄의 문화가 내면적인 죄의 자각에 바탕으로 두고 선행을 하는 데 반해, 진정한 부끄러움의 문화는 외면적 강제력에 바탕을 두고 선행을 행한다. 부끄러움은 타인의 비평에 대한 반응이다. …… 자기의 행동에 대한 세간의 평가에 신경을 쓴다는 것을 의미한다.

한국의 어설픈 글쟁이들이 조선문화를 '체면문화' 운운하면서 유형화할 때, 그 원형은 바로 이 진술에 있었다. 이런 베네딕트의 선언은, 물론 승전국인 미국이 패전국인 일본의 점령정책을 마련하기 위해 작성된 것이다. 2차세계대전 이전에는 문화상대주의의 입장에서, 즉 어느 문화든 나름의 가치를 갖는다며 반전反戰 운동까지 했던 베네딕트였는데, 일종의 전향서를 쓴 셈이다. 1947년에 간행된 『국화와 칼』은 베네딕트가 미국 정보국에 제출했던 보고서를 기초로 출간된 것이기 때문이다.

아무튼 이 책이 출간된 뒤, 마치 식민지 조선의 지식인이나 21세기 대한민국 지식인들이 그러하듯이, 일본의 지식인들도 베네딕트가 강제한 '표상'에 대응했다. 전형적인 것이 1950년에 글을 발표한 와쓰지 테쓰로和辻哲郞처럼 "일부 일본인은 그렇다, 그렇지만 대부분은 그렇지 않다"는 식의 대응이었다. 조선은 사대를 했지만, 고려시대에는 '황제'라고 했고, 고구려도 그랬다고 주장하는 것과 마찬가지 반론이다. '슬픈 골계滑稽'가 아닐까. 그런데 이 순간 그 프레임에 빠진다. 말하자면 해당 명제에 대항한다고는 했지만 실제로는 내면화해버리는 것이다.

사쿠타 게이이치作田啓一는 다른 방식으로 이에 대응해 새로운 가능성을 열었다. 그는 '부끄러움'의 층위를 따져보았다. 그리고 출구를 열었다. 즉 동시대의 많은 근대주의적 지식인들이 같은 전쟁체험에서 '부끄러움의 문화'를 전근대적이고 봉건적인 에토스로 간주하면서 일본이 자율적인 개인으로 구성되는 근대사회로 다시 태어나기 위해 극복해야 할 질곡으로 생각했던 데 비해, 사쿠타는 오히려 경쟁에서 개인의 업적이 사람을 평가하는 유일한 기준이 되는 '공업화가 현저하게 진행된 대중사회'에서야말로 '부끄러움'은 미래에 대한 어떤 적극적인 의미를 가질 수 있다고 생각했다. 간단히 말하면 '부끄러움'이 일본문화의 성격을 규정짓는 담론에서 벗어나 인간에게 보편적인 의미로 확장해갈 가능성을 열었다는 것이다.

사쿠타의 견해에 찬성하고 말고 하는 문제를 제기하는 것이 아니다. 문제를 제기하는 방식을 말하는 것이다. '사대'를 직시할 수 있는가. 강제된 담론의 내면화에서 벗어날 수 있는가. '사대'는 과연 '전근대적' 담론인가. 그렇다면 우리는 정확한 분석에서 마쳐도 되지만, 그렇지 않다면, 즉 표현을 달리 하기는 해도 그것이 여전히 존재하는 인간사회의 어떤 모습이라고 한다면, '사대' 담론의 계보학적 분석을 통해 현재와 미래를 말해야 한다.

사대事大와 사소事小

사대의 문제를 정면으로 보자고 강조하는 데는 또 다른 이유가 있다. 그것은 『맹자』에서 얻은 고민이었다. 앞서 말했듯이, 맹자는 '사대事大'라는 말과 함께 '사소事小'라는 말도 함께 썼다. 몹시 고민스러웠다. '사대'까지는 많이 들어봤지만, 과연 '사소'가 무슨 뜻일까 하는 것이었다. 나에게 이 말이 어려웠던 데는 이유가 있었다. 조선은 '사대'가 중요했고, 그나마 지금은 남북으로 쪼개져서 나라의 품격(國格)으로 보아 '사소'가 우리의 의식에 떠오르기에는 거리가 있었다.

그러다가 우연한 계기에 맹자의 그 말뜻을 조금 이해할 수 있게 되었다. 그 계기는 어떤 현수막이었다. 답사 가는 길에 길가에서 나부끼던 '베트남 처녀는 도망가지 않습니다—국제결혼 전화번호 ○○○○○○'라는 현수막. 나는 생식과 성욕이라는 기본적인 인간의 욕구 해결이 복지사회의 전제조건이라고 생각한다. 여기서 그 현수막의 사회적 의미를 따지고 싶지 않다. 다만, 나중에 외교문제로 비화되었고, 설령 외교문제가 아니더라도 보는 순간 공연히 속으로 화끈거렸던 그 현수막이, 왜 지금 '사소'의 문제를 고민할 때가 되었는지를 선명하게 일러주었다는 점만 말하고 싶다.

'사소'는 민주주의나 인권의 성장, 경제적 안정, 문화 수준 등에서 앞선 나라가 그렇지 못한 나라에 대한 태도를 말하는 것이었다. 이제 한국은 부족하나마 민주주의의 발전을 이루어가고 있고, 경제 규모에서 OECD(경제협력개발기구)에 가입할 정도가 되었기에, 한국 정도에 이르지 못한 나라에 대해 한국이 어떤 외교적 태도를 가져야하는가가 맹자가 말했던 '사소'의 내용이었다. 문제는 '사대'를 직시하지 못한 결과, '사소'도 우리에게 어색한 것이 되었다. 다시 생각해보자. 어떻게 '사대'하고, 어떻게 '사소'할 것인가?

베트남 사람들은 한국 사람들이 가지지 못한 자긍심을 가지고 있다는 말을 하곤 한다. 나도 인정한다. 그들은 프랑스, 일본, 중국, 미국 등 시대별 강대국 랭킹 1위와 맞붙어서 모두 링 밖으로 밀어낸 사람들이다. 이 대목에서 베트남 인민들은 '사대'를 어떻게 받아들이고 있는지 궁금하다. 아무튼 조심해야 할 주변국 랭킹으로 1위 조선, 2위 베트남을 꼽았던 명나라 태조의 우려가, 조선에는 해당되지 않았더라도 베트남에게는 해당된다고 판단한다. 그러므로 베트남이란 나라가 대한민국의 '사소' 대상일지에 대해서는 회의적이다. 안타깝게도 '사소'에 대한 나의 인식 수준이 천박해, 현수막을 보다 보니 베트남이 대상이 되고 말았다. 미안하다, 베트남.

다시 한 번, 이나바의 메시지는 무엇이었을까? 앞으로 실리주의 외교를 펴면 식민지 조선이 잘 살게 될 것이라는 충고였을까? 그럴 수도 있겠다. 이나바는 광해군의 외교가 갖는 본질적 성격을 충분히 알고 있었다. 원칙과 비전, 즉 명분이 있는 실리가 아닌, 명분이 배제된 실리, 즉 힘의 강약에 따라 시세를 쫓는 외교방식이 광해군 외교의 본질이라는 것을 누구보다도 정확히 파악하고 있었던 것이 이나바였다. 그러므로 사실 왜곡까지 감수하면서도 '택민'을 운운하고 광해군의 외교정책을 부활시켜 선전했다. 그것이 곧 식민지인으로 전락한 사람들을 골수부터 일본제국주의에 투항시키는 유력한 수단이라는 것을 간파했던 것이다. '만선사관'이 조선사의 자주성을 부인하는 실제 논리적 메커니즘이 여기에 있다. 또한 조선사를 만주사에 부속시켜 이해하기 때문에 '만선사관'이 조선사의 자주성을 부인한다고 보는 것이 참으로 순진한 견해인 까닭이 여기에 있다. 1923년에 〈동아일보〉에 '민족개조론民族改造論'을 실어 또 다른 '혹세무민의 요설'을 펼쳤던 이광수는 아마 누구보다도 이나바의 메시지를 잘 이해했을 것이다.

광해군을 제자리로

　광해군의 부활, 광해군에 대한 세간의 재평가에 조선시대 이해의 핵심적 담론과 관점이 모두 응축되어 있다고 생각해 글이 길어졌다. 자, 이제 우리의 과제는 분명해진다. 사대는 그리 구차한 것이 아니다. 큰 나라도 작은 나라의 눈치를 본다. 조선시대에만 있었던 것이 아니라, 지금도 있다. 내치와 외교가 분리되어 있지 않다. 명분과 실리가 따로 존재하지도 않는다. 콤플렉스나, 논리적 오염은 이제 걷어내자.

　외교는 자국의 실리를 극대화하기 위해 존재하기도 한다. 경우에 따라서는 구스르기도 하고, 눈치를 볼 때도 있고, 참고 견뎌야 할 때도 있다. 그러나 이 모든 것은 서로 지향하는 이상과 비전의 가치가 무엇인가에 따라 정당성을 갖는다. 그 가치를 구현하기 위해 신뢰를 갖춘 파트너십, 그것을 뒷받침해주는 국민의 지지, 담당자의 헌신과 치밀한 전략이 그 가치의 실현을 가능하게 해준다. 남북관계에서, 동아시아에서, 그리고 세계에서 우리는 어떤 공동선共同善의 이상을 제시할 것인가? 어떻게 신뢰를 구축할 것이고, 우리 자신의 진정성을 확보할 것인가? 어떤 교육을 통해 담당할 인재를 양성할 것인가? 적어도 광해군이 그 모델인 것 같지는 않다.

7장 당쟁과 기氣에 대한 오해

거울(鑑)과 '대화'

누구나 아는 사실이지만, 역사는 과거에 있었던 사건 그 자체가 아니다. 그것은 역사가의 눈을 통해 비추어진 과거이다. 그러니 우리가 과거의 사실이라고 믿는 역사를 이해하기 위해서는 당연히 그 '역사가'의 배경을 이해해야 한다. 여기서 '역사가'는 대단한 전문성을 지닌 사람이 아니라, '역사를 공부하는 사람'이라는 일반적 의미로 보아도 될 것이다. 역사는 과거의 어떤 사건이 남긴 '사실에 대한 해석'이다. 그런 점에서 늘 관점, 즉 역사가의 주관성은 논란을 불러일으키는 숙명을 갖는다.

이로부터 주관과 객관이라는 근대 철학의 고민이 나온다. 이 고민은 역사학에서 '사실과 해석'이라는 주제로 나타난다. 그런데 우리의 일상 어법에서는 '좋지 않은 느낌'의 주관과 '좀 더 나은 무엇이라는 느낌'의 객관으로 슬며시 탈바꿈되기도 한다. 여기서 질문 하나를 던져 놓고 가자. "객관적인 주관은 불가능한가?", 나아가 "주관과 객관은 양립 불가능한 것인가?"

우리가 어떤 과거의 사실을 이해할 때 거기에는 '역사가의 관점'이 개입되기 마련이므로, '왜 역사를 그렇게 해석할까' 하는 질문을 던지게 된다. 다시 말하면 역사를 해석하는 우리들의 인식을 반성의 대상으로 삼아야 한다. 이것을 '인식론적 반성(Epistemological Reflection)'이라고 부른다.

전통 역사학에서는 역사를 거울(鑑)에 비유했다. 『사기史記』의 편찬자인 사마천司馬遷과 함께, 중국 역사학계에서 '양 사마兩司馬'의 명예를 차지하는 사마광司馬光이 대표 편찬자였던 『자치통감資治通鑑』과, 성종 때 편찬된 『동국통감東國通鑑』에도 '거울 감鑑' 자가 들어가 있다.

역사를 거울에 비유한다? 더 정확히 말하면, 역사를 '거울 보기'로 이해하는 것이다. '거울에 비춘다'는 행위는 생각처럼 단순하지 않다. 우선 거울에는 거울이 비치지 않는다. 거울에 비치는 것은 내 얼굴뿐이다.

이 이치를 그대로 역사에 대입해보자. 내가 역사를 배우면(나를 거울에 비추면) 과거가 보이는 것이 아니라(거울이 보이는 것이 아니라) 지금의 내가 보인다. (거울에 내가 비친다) 재미있지 않은가! 마치 "거울아, 거울아, 누가 가장 예쁘니?" 하고 묻는 동화 속의 마녀처럼 우리는 거울(사실)과 대화를 하는 것이다. 이런 점에서 E. H. 카의 '역사는 과거와 현재의 대화'라는 말도 결국 '거울(鑑) 보기'의 다른 표현이었던 셈이다. 같은 뜻, 다른 표현. 그런데도 우리는 다르다고만 생각하고 있었다.

'거울(鑑)'을 통해, 예전 사람들이 역사를 공부했던 목적이 '지금의 나'를 이해하기 위해서였음을 알 수 있다. 그리고 그것은 현재 우리가 역사를 배우는 목적과 다르지 않다. 이런 것을 보편성이라고 부른다. 인간 또는 인간을 둘러싼 문제는 우리 생각보다 훨씬 보편적인 측면이 많다. 그래서 인간의 경험인 역사가 거울이 될 수 있는 것이다. 조선시대 인간들이 살면서 가졌던 고민이 나와 다르다면, 즉 보편성이 없다면, 그들의 역사가 나의 거울이 될 수 없다.

부정적 접근과 불임의 논법

조선시대를 부정적으로 이해하거나 해석하는 관점에 따르면, 임진왜란과 병자호란을 계기로 민란이 일어났고, 지배층은 청나라를 공격하자는 북벌론北伐論이나 어떤 상복을 입을 것인지나 따지는 예론禮論 등의 공리공담空理空談에 젖어 조선사회가 탄력성을 상실했다. 이는 이른바 조선 후기를 봉건해체기로 보는 시각이다. 이런 관점에서 보면, 조선시대에서 세종 재위 기간 정도가 '민족문화 창달'에 기여한 공으로 의미 있다고 평가받을 수 있을 것이다. 좀 더 덧붙인다고 해도 퇴계 이황이나 율곡 이이 정도가 긍정적인 평가를 받을 수 있을 것이다.

일제 식민사학자들은 조선사회의 내적 발전 능력의 부재를 정체성론과 타율성론으로 체계화했다. 그런데 식민사학을 극복하려고 제시된 '실학과 맹아론'의 관점에서도, 식민사학에서와 마찬가지로, 여전히 조선문명의 본령은 봉건해체기의 증상을 띤 역사적 청산 대상으로 남았다. 흥미롭게도 조선문명은 식민사학자로부터도, 식민사학을 극복하려던 학자들로부터도 외면을 받았던 셈이다.

> 백성이 나라를 엎어버리기도 하고 천자가 되는 것도 백성에게 달려 있다고 생각하는 조식과, 백성은 사대부의 지배를 받아야 하는 피지배층이라고 생각하는 주자학자들은 생각이 다를 수밖에 없었다. 조식의 사상은 주자학에 매몰되지 않았다. …… 칼을 찬 선비 조식의 진가는 임진왜란 때 발휘되었다.

…… 그의 제자들로 형성된 북인은 의병장을 대거 배출하며 정권을 장악했고 …… 그러나 광해군과 전란 극복에 힘쓰던 북인은 인조반정으로 정계에서 축출되고, 주요 인사들이 사형되면서 정계에서 사라지고 말았다.[1]

로마사라고 하면 '쇠망'이라는 말이 돌아온다. 그것이 지금까지 일반적인 경향이었다. 에드워드 기번의 『로마제국 쇠망사』의 영향이 아닐까 싶지만, 내 첫 번째 의문은 여기에서 출발한다. 쇠망했다면 그 전에 우선 융성했어야 할 텐데, 왜 융성기에는 관심을 갖지 않고 쇠퇴기만 문제 삼는가 하는 의문이었으니까. 그래서 우선 로마는 왜, 어떻게 해서 융성했는가를 알고 싶어졌다.[2]

두 진술은 우리가 앞서 인식론적 반성과, 거울에서 제시한 문제의식을 이해하는 데 매우 적절한 사례로 보인다. 먼저 남명南冥 조식曺植(1501~1572)을 설명한 이덕일의 칼럼을 보자.

어떤 글이든 선명한 대립구도를 설정하면 몰입이 쉽고 줄줄 읽힌다. 콩쥐팥쥐, 흥부놀부가 고전이 될 수 있는 까닭이 여기에 있다. 위의 진술은 이런 구성에 충실한데, 도표로 정리하면 다음과 같다.

조식, 백성(피지배층)	對	주자학자, 사대부(지배층)
의병	對	?
광해군과 북인	對	인조반정의 주체들

조식의 제자들이 의병으로 활동했다는 진술에는 대립항이 빠져 있다.

맥락으로 보면, 주자학자들이나 인조반정의 주체들이 의병의 대립항에 들어가야 할 것이다. 그런데 그런 대립 구도는 실제 역사적 사실과 다르기에 유보한 듯싶다. 즉 인조반정의 주체였던 서인이나 남인들 사이에서도 많은 의병이 나왔기 때문이다. 이런 대립구도는 앞서 소개했던 식민사관이나, 식민사관을 비판하는 반식민사관이 모두 공유하는 공통의 대립구도이다. 그리고 이런 구도는 최근 더 강화되고 있는 '광해군 부활'의 흐름과 궤를 같이한다.

여기서 그 대립구도가 본래 부당하다는 주장을 펴려는 것이 아니다. 앞의 대립구도에는 상식적인 질문에 대한 답이 빠져 있다는 점을 지적하는 것이다. 조식은 과연 주자학자(=성리학자)의 스펙트럼에 들어가지 않는지, 백성이 하늘이라는 언명을 두고 왜 조식에게만 진정성을 부여하고 똑같은 말을 했던 나머지 '주자학자'들의 말에서는 진정성을 도외시하는지, 북인 의병장이라고 열거한 사람들의 정체성은 차치하고라도 700의총으로 유명한 조헌趙憲을 비롯한 서인이나 그 밖의 의병 활동이 북인의 의병 활동에 견주어 낮게 평가될 수 있는지, 남명 조식이 살아 있었다면 조식을 높이기 위해 이언적과 이황을 폄하했던 정인홍의 처사를 잘했다고 했을지, 광해군 즉위 초반 북인/서인/남인의 연합정권이었을 때 잠시 대동법을 논의했을 뿐 이후 궁궐 축성과 교하交河로 수도를 옮기자는 천도 논의로 재정적 부담을 증가시킨 것을 전란 극복의 노력이라고 볼 수 있는지, 왜 인조반정(계해반정)에 대해 일부 대북大北을 제외한 서인/남인/북인이 가담하고 동조 또는 묵인했는지. 이런 질문들에 대한 답이 결여된 대립구도의 문제점을 간과해서는 안 된다는 것이다.

한편 앞의 대립구도에는 고개를 끄덕이며 수긍하게 만드는 또 하나의 장치가 있다. 그것은 '백성'과 '피지배층'의 입장으로 나누는 '정의로움'이다. 이런 점이 이 대립구도를 진보적으로 보이게 만드는 조건이 되는지도 모르겠다. 실제로 많은 민중사학이 이런 관점에 기대어 정당성을 확보했다.

내가 문제로 삼는 것은 그런 진정성을 조식에게만 부여하는 논법에 있다. 이런 접근법은 보는 이들에게 한쪽은 좋은 나라 사람, 다른 쪽은 나쁜 나라 사람 식의 인상 — 사실이 아니라 — 을 심어준다. 그런 진정성이 조식에게도 있었고, 이황에게도 있었다는 논법을 허락하지 않는 것이다. 이런 논법의 결론은 비극적이다. 대표적인 것이 당파성론이다. 앞의 표에서 보듯이 북인이나 북인 중의 일부만 좋은 나라 사람이 되고 주자학자, 인조반정의 주체들은 나쁜 나라 사람이 된다. 필자인 이덕일 자신이 북인이라는 당색의 입장에서 당쟁을 반복하는 셈이다. 식민사관의 재현이라고 말하기 이전에, 이러한 논법은 지식인과 인민의 관계에 대한 고민과 동시대인들의 보편적 고민에 대한 숙고의 가능성을 차단한다는 점에서 불임不姙의 논법이기도 하다. 이런 점에서 소극적이기도 하다.

적극적 접근의 전망

애당초 이런 부정적 접근의 실체는 '소극적 접근'이 아니었나 한다. 식민지로 전락한 조선에서 뭔가 의미를 발견한다는 것이 불가능하리라는 선입견(콤플렉스)이 낳은 소극성이, 대중을 불편하게 하지 않으려는 편의적 도식과 결합한 결과이다.

이런 일련의 시각이 어떤 개인의 문제라고 생각하지는 않는다. 조선 문명이 그 속에서 살았던 주체들의 손에 의해 정리되지 못한 채, 20세기는 식민주의와 군사주의, 반공주의로 점철되었다. 도무지 상황을 평심하게 읽어낼 수 있는 여유나 안목이 길러질 틈도 없었다는 현실을 이해한다.

그러나 이제 삶의 품격을 고민하는 민주주의 시대에 맞게 역사해석의 지평을 고민해볼 때가 되지 않았을까. 이런 뜻에서 앞서 '인식론적 반성'을 거론한 것이다.

조선시대에 대한 부정적 시각에 맞서, 긍정적 접근을 시도하는 논문들이 늘어나고 있다. 긍정이란 말은 원래 '있는 그대로'를 인정한다는 의미이다. 그런 점에서 '실증'은 역사 연구의 기본이다. 그러나 역사 연구의 목적이 부정-긍정의 치고받기도 아닐 뿐더러, 부정을 의식한 긍정은 또 다른 콤플렉스를 낳게 마련이다. 이런 점에서 애초에 '부정적 접근'이 아니라 '소극적 접근'이었기 때문에, 이제 새로이 '적극적 접근'을 하자고 제안하는 것이다.

'적극적 접근'의 한 사례로 시오노 나나미를 들고 싶다. 시오노가 한 말 중에 어떤 말을 '융성'이라고 번역했는지 모르지만, 조선이라는 나라가 500년을 지속했다는 점에서 보면 그 사람의 말대로 '쇠망(해체)'을 말하기 전에 '융성'의 모습을 떠올려보는 것도 충분히 재미있는 출발점인 듯하다. 다만 '융성'이라는 거창한 모습보다는 조선시대 사람들에게서 우리와 비슷한 모습을 찾고 싶다. 아, 우리와 비슷한 인간이었고, 비슷한 고민을 했는데, 고민을 이렇게 저렇게 풀면서 살았구나 하는 모습을 보고 싶다. 이리하여 역사는 비로소 거울이 된다.

그런데 역사 연구에서 조심해야 할 두 가지 병폐가 있다. 하나는 천박한 역사인식이고, 다른 하나는 자신도 무슨 말을 하는지 모르면서 쓰는 글이다. 천박한 역사인식이란 자신의 인간 이해에 상응하는 사료를 편한 대로 주워 모아서 역사상을 구성하는 일이다. 특히 인물의 이해에서 이런 식의 서술이 많지만, 꼭 인물 연구에만 국한되지는 않는다. 흔히 인물은 그가 활동하는 역사무대가 있고 거기서 사건이 펼쳐지기 때문에 곧장 역사상의 형성에도 영향을 미친다.

  대개는 어떤 일이 발생하고 전개되는 몇 가지 이유를 이리저리 고민, 갈등하는 과정을 통해 차츰 마음 놓고 보여줄 수 있는 역사상에 도달하는데, 그런 과정을 생략하기 때문에 간단명료하다. 그래서 쉽다. 더욱이 이런 결론이나 관점이 기존 대중들의 관점과 부합하는 데가 있으면 한층 더 설득력(?)을 얻게 된다. 역사학의 포퓰리즘이라고 할 만하다.

  자신도 무슨 말을 하는지 모르면서 글을 쓴다는 것은 이러하다. 이는 역사상을 구성하는 사건이나 인간의 복잡성에 대한 검토를 거치지 않는 단순화 때문에 나타나는 어쩔 수 없는 결과이다.

  한편 포퓰리즘은 역으로 필자 자신의 관점과 해석을 강화한다. 대중의 호의가 그에게는 이제 독이 된다. 아니, 어쩌면 알게 모르게 필자는 독자의 달콤한 독을 즐겼는지도 모른다. 필자에 대한 독자의 호의는 언제나 경계할 일이다. 모든 생명이 그렇듯이 긴장이 사라지는 순간이 쇠락의 시작일지니.

  아무튼 현상적인 인과성 또는 연관성의 경중을 고려하지 않은 사료의 선택과, 그에 따른 역사상의 구성이 습관화되면서 필자는 미다스의 손을 갖게 된다. 단장취의斷章取義나 견강부회牽强附會라는 말이 어울리는 글이 되고, 그래서 결국 이제는 '새 역사를 창조'하는 경지에까지 이르게 된다. 내가 경계 삼아 가진 지론이 있다. 역사상을 완벽하게 재구성해주는 사료는 없지만, 역설적으로 우리는 원하는 역사상을 그려내지 못할 정도로 사료가 없는 것도 아니라는 것이다.

  이제 이 두 가지 병폐를 보여주는 사례들에 대해 이야기해보자. 하나는 〈한겨레〉 기자가 『유성룡』(이덕일 지음)을 소개하는 글이고, 다른 하나는 이덕일이 〈한겨레21〉에 쓴 글이다.

'질투의 화신' 선조는 못 말려

2007년 5월 10일 〈한겨레〉[3]에 다음과 같은 제목의 기사가 실렸다. 기사제목이 시쳇말로 '섹시'해서 들여다보았다. 그 제목은 「'질투의 화신', 선조는 못 말려」였다. 기사를 읽게 만들었으니, 과연 성공한 기사 제목일까? 기사는 당시 이덕일의 신작인 『유성룡』을 소개하는 글이었다. 그런데 첫 대목부터 심상치 않다.

> 당파싸움이 조선 망국의 주요 요인이었다는 오랜 통설은 식민사관에 찌든 사실오인의 전형일 수 있다는 주장들이 힘을 얻고 있다. 개중에는 당파싸움을 정책 중심의 정파들 간 정권경쟁 차원으로 파악함으로써 근대 서구 정당제도 발전에 비견될 만한 선구적 정치 행태로 보는 시각도 있다. 세계사적으로 예가 드문 조선왕조의 500년 장수를 '아시아적 정체' 따위의 부정적 시각이 아니라 긍정적으로 보는 사람들은 당파경쟁이 알려진 것만큼 저급하진 않았으며, 그것이야말로 장수의 비결이었다고 지적하기도 한다. 일제가 한국사를 조직적으로 깎아내렸고 그 영향이 지금까지도 짙게 이어지고 있다는 건 의심할 여지가 없다. 그러나 조선조 최대 재난이었던 임진왜란 당시 선조와 권신들의 과도한 붕당적 처신들은 그런 수정주의적 시각에 일말의 회의를 품게 한다.

간단히 말하면, 당파싸움 때문에 조선이 망했다는 식민사관을 극복하고자 정책 및 정권 경쟁이라는 긍정적 관점으로 보는 '수정주의적 시각'조차도 '회의를 품게' 할 만큼 임진왜란 당시 선조와 권신들의 '과도한 붕당적' 처신은 한심했다는 것이다.

아무려면 한 나라를 끌고 가는 데 권력투쟁만 해서야 나라가 유지될 리 없다는 상식에 입각해, 조선시대 '당쟁'을 정책 / 이념(학파)의 투쟁으로 보거나 그 '당쟁'의 적극적인 역할을 설명하는 연구와 관점을 '수정주의적 시각'이라고 하나 보다. 원래 나는 가능하면 '주의主義'라는 표현을 삼가는 편이라서 학계 또는 언론계에서 그렇게 부르는지도 몰랐다.

그나마 쌓아가고 있는 연구 성과에 회의를 품게 할 만한 상황이라면 이는 심각한 상황이다. 나도 거기에 몇 편 논문을 보탠 업業이 있기 때문에 죄를 벗어날 수 없을 것이다. 어쩐다? 다음을 보자.

전란이 한창이던 선조 29년(1596) 이몽학의 난이 일어났다. 조사 과정에서 가담자들이 의병장들 이름을 발설했다. 항전의 영웅 김덕령도 연루됐다. 전란 발발 이듬해부터 7년에 걸쳐 영의정과 도체찰사를 겸직한 남인의 거두 서애 유성룡은 졸지에 서울로 압송된 김덕령의 치죄를 신중히 따져가며 하도록 간했으나 서인 거두 판중추부사 윤두수 등은 신속한 처리를 주장했다.

한국사 관련 저술로서는 드물게 숱한 베스트셀러를 내며 역사 대중화를 선도하고 있는 이덕일의 『유성룡』(역사의아침)은 그때 선조의 처신을 이렇게 전한다.

"그러나 선조가 알고 싶은 것은 김덕령의 유·무죄 여부가 아니었다. 그는 백성들의 신망을 얻은 전쟁영웅들을 질시했다. 그는 이런 전쟁영웅들이 올무에 걸리기만 기다리고 있었다. 올무에 걸리면 그것으로 끝이었다. 김덕령은 '수백 번의 형장신문으로 마침내 정강이뼈가 모두 부러졌다'고 『선조수정실록』이 전한 것처럼 숱한 형장을 받았다. 그는 '다만 신이 모집한 용사 최담령 등이 죄 없이 옥에 갇혀 있으니 원컨대 죽이지 말고 쓰도록 하소서'라고 주청했으나 그 자신은 물론 그의 별장 최담령도 고문을 받다가 죽고 말았다.

민심은 극도로 분개했다."

역사공부를 처음 시작하는 사람이 있다면, 그에게 연대기 즉 '실록實錄'을 통독하라고 권하고 싶다. 현재로서는 실록만큼 시대 상황을 이해하기 쉬운 사료가 없기 때문이다. 물론 실록은 사료 비판의 여지가 많다. 아직 우리 학계가 실록에 대한 사료 비판론을 체계적으로 만들어가고 있지 못하지만, 실록은 분명 이를 편찬한 사람들의 정치적 입장이 반영되어 있다.

몇 년 전에 『선조실록』과 『선조수정실록』에 대해 비교, 검토해본 적이 있다.[4] 그런데 위에 인용한 기사의 글을 읽은 뒤, 오래 전에 두 실록을 읽어본 기억이 나면서, '그게 아니었는데 ……' 싶었다. 다시 실록을 뒤져보았다. 사료를 일별하던 내 눈이 의심스러웠다.

점입가경 漸入佳境

김덕령과 관련된 사료를 먼저 살펴보자. 우선 위 인용문의 첫 번째 문단, '남인의 거두 서애 유성룡은 졸지에 서울로 압송된 김덕령의 치죄를 신중히 따져가며 하도록 간했으나 서인 거두 판중추부사 윤두수 등은 신속한 처리를 주장했다'는 대목과 관련된 사료이다.

> 유성룡柳成龍이 아뢰기를,
> "김덕령은 역적들의 공초에 나왔으니 의심할 것이 없습니다마는 여러 역적들이 도착하기를 기다린 다음에 의논하여 처리해야 할 것입니다."
> 하니, 상이 이르기를,
> "옛적부터 역적을 다스리는 일은 반드시 문서를 기다려 본 다음에야

다스렸던 것은 아니었다. 여러 역적들의 공초에 나왔는데 어찌 의심할 것이 있겠는가."

했다. 유성룡이 아뢰기를,

"상황이 이러하니 반드시 살게 둘 수는 없겠습니다마는, 그래도 차차 따져 물어 실정을 얻어내야 합니다."

하고, 윤두수尹斗壽는 아뢰기를,

"이와 같이 큰 옥사는 비록 뒷날까지 기다리더라도 반드시 끝까지 알아내기 어려울 것이니 우선 오늘 문초해야 합니다."[5]

유성룡이 아뢰기를,

"김덕령은 송유진宋儒眞 때에 자주 역적들의 공초에 나왔으나 그때는 사람들이 의심하지 않았습니다. 그런데 이번에 또 한현韓絢의 초사 속에 나왔으니, 이는 의심할 만한 일입니다."

했다. 상이 이르기를,

"그대로 가두어 두는 일은 함께 의논해서 하라."

하니, 유성룡이 아뢰기를,

"만일 엄하게 형신刑訊을 가한다면 먼저 죽어버릴 염려가 있습니다. 머물러 두고 기다렸다가 추문할 일이 있을지도 모르니, 우선은 형벌을 정지하고 기다리는 것이 좋겠습니다."

했다. 상이 이르기를,

"속히 국문해야 할 듯도 싶다. 그러나 만일 잡아 오는 사람이 도착하기를 기다리려고 한다면 우선 서서히 하도록 하라."

하고, 죄인을 하옥下獄하도록 명했다. 미시未時에 국문을 파했다.[6]

8월 4일(첫째 사료)에서는 유성룡이 김덕령에 대한 문초를 미루고 윤두수는 바로 문초하자는 의견이었다. 여기서 확인하자. 기사에서는 윤두수가 '신속한 처리'를 주장했다고 썼지만, 실제로 윤두수는 '문초'를 주장했다. 추국推鞫에서 '문초'는 '심문審問 또는 신문訊問'이지만, '처리'는 말 그대로 '조치'라는 의미도 있지만 주로 '처형'을 포함한 판결을 의미한다.[7] 〈한겨레〉 기사의 문맥에서 보면 '처리'가 '처형'으로 읽히지 않는가. 그런 점에서 그 기사의 서술은 부정확하다.

또한 8월 4일 실록 기록에서 보다시피 유성룡은 김덕령이 살아남기 어려울 것이라는 의견을 피력하고 있다. 8월 8일의 기록에서도 유성룡은 김덕령이 이몽학과 연루된 것이 의심할 만하다는 의견을 내고 있다. 결국 이 사안에 대한 유성룡과 윤두수의 의견 사이에는, 〈한겨레〉 기사에서 언급하는 것 같은 대단한 차이는 보이지 않는다.

이러한 조정의 논의는 반역 사건이 발생하고, 이를 담당할 추국청推鞫廳이 열리면 언제든지 있는 일이다. 반역 사건이 발생하면 국왕과 담당 관원들이 모여 사건의 처리방향 등을 논의하는 자리가 마련되며, 앞의 대화는 바로 그런 데서 개진되는 의견을 기록한 것이다. 윤두수의 말처럼 역적모의에 연루되었는지는 일단 조사를 해봐야 아는 측면도 있고, 유성룡의 말처럼 주요 용의자일수록 다른 용의자를 조사한 뒤 실정實情을 밝힐 수도 있는 것이다. 특히 죄를 자백하지 않은 상태에서 형장刑杖을 받다가 죽는 경우도 있다.

어렸을 때 흔히 할아버지들은 동네 아이들을 겁줄 때 "물고를 낸다"고 했는데, 그 '물고物故'가 이런 경우이다. 이것은 '잘못된 처형(失刑)'이었다. 이 실형은, 국왕에게는 부덕不德이고, 천지의 기운에 부조화를 가져와 가뭄이나 홍수 같은 자연재해의 원인이 되고 민심을 동요시키는 원인으로 보아,

추국에서 가장 경계하는 결과의 하나였다. 유성룡은 이 점을 경계한 것이었다.

더군다나 이런 의견교환을 놓고 〈한겨레〉의 기사처럼 '남인의 거두'와 '서인의 거두'를 들먹일 이유는 전혀 없다. 김덕령은 서인인 이귀李貴가 장성 현감長城縣監으로 있으면서 상소를 하여 장수로 천거했던 인물이다.[8] 만약 김덕령의 죽음에 당파싸움이 개재되어 있었더라면 '서인들'은 김덕령을 구원하려고 노력했어야 앞뒤가 맞는다. 더 나아가 정말 '서인 거두' 윤두수를 비롯한 서인들이 김덕령을 죽이려고 했다면, '서인'이 중심이 되어 편찬한 『선조수정실록』에서 김덕령의 죽음을 그토록 애도하며 자세히 기록하면서 남도南道 민심이 애통해했다고 전하는 것은[9] 상식에 부합하지 않는다.

이덕일의 『유성룡』에는 '설득과 통합의 리더'라는 부제가 달려 있다. 안타깝지만, 이렇게 써서는 절대 '설득과 통합'이 되지 않는다. 팥쥐를 만들어, 또는 팥쥐로 조작해 유성룡을 추앙하려는 이런 방식에 대해, 유성룡이 살았으면 무어라고 말했을까? 참으로 궁금하다.

또 다른 희생자, 선조

'콩쥐 유성룡'을 빛나게 했던 또 다른 팥쥐가 있다. 선조이다. 그 기사에 따르면, 이덕일은 '선조가 알고 싶은 것은 김덕령의 유·무죄 여부가 아니었다. 그는 백성들의 신망을 얻은 전쟁영웅들을 질시했다'는 것이다. 그래서 김덕령을 혹심한 형장 끝에 죽였다는 것이다. 윤두수 등 서인에 이어 이번에 올무에 걸려든 것은 정작 선조이다. 다시 관련 사료를 보자. 바로 그 기사가 근거로 삼은 『선조수정실록』이다.

김덕령이 순순히 체포되어 하옥되었는데 상上이 직접 국문했다. 이에 김덕령은 사실대로 답변했으나 증거는 없었다. 그는 갑자기 유명해진 까닭에 이시언李時言 등의 시기를 받았으며 조정 또한 그의 날쌔고 사나움을 제어하기 어려울지 모른다고 의심했으므로 기회를 타서 그를 제거하려고 많은 사람들이 그를 놓아주는 것은 옳지 않다고 말했다. 상의 뜻도 역시 그러했는데 대질해 심문하고는 오히려 그를 아깝게 여겨 좌우에게 묻기를,

"이 사람을 살려줄 도리가 없는가?"

하니, 대신 유성룡 등이 아뢰기를,

"이 사람이 살 길은 없습니다. 다만 아직 그대로 가두어 두고 그의 일당들을 국문한 뒤에 처리하심이 어떻겠습니까?"

했고, 판의금 최황崔滉 등은 즉시 형신刑訊할 것을 청했다. 상은 재삼 난색을 지었으나 아무도 구원하지 않았을 뿐 아니라, 또

"그는 살인을 많이 했으니 그 죄는 죽어 마땅하며 조금도 애석할 것이 없습니다."

하기도 했다. 정언 김택룡金澤龍은 아뢰기를,

"국가가 차츰 편안해지는데 장수 하나쯤 무슨 대수입니까. 즉시 처형해 후환을 없애야 합니다."

하여 사람들의 웃음을 샀다.[10]

이 기록에 따르면, 선조도 당초 김덕령을 풀어주지 않으려고 했다가 직접 심문을 한 뒤 '아깝게 여겨' 살려주려고 했다. 형신해야 한다는 최황의 말에도 불구하고 선조는 '재삼 난색'을 표시했다. 과연 어디에서 '질투의 화신' 선조가 '전쟁영웅 김덕령'을 올무에 걸리기를 기다렸다가 처형했다는 증좌를 읽을 수 있는가. 오히려 사료는 다른 사실을 말해준다.

상이 이르기를,

"김덕령은 내가 잘 모른다. 당초에 사람들이 사실과 너무 지나치게 말하더니, 지금은 도리어 무능하다고 여긴다. 권위가 꺾이자 군졸들이 떨어져 나간다고 한다. 나의 생각에는 비록 필부의 용맹이라 하더라도 쉽게 얻을 수 없는데 그는 한쪽 지역을 방어하게 할 만한 역량이 있으니, 지금 전라감사에게 명령을 내려 군병을 뽑아 보내 주기도 하고 또는 군량을 계속 공급해 주기도 해서 군세를 돕게 하는 것이 어떻겠는가? 이처럼 해이하게 두어서는 안 된다."[11]

이렇듯이, 김덕령의 이름이 알려지고 그 때문에 사람들의 입방아에 오르내릴 때도 선조는 김덕령을 신중하게 판단하고 있었고, 그가 지닌 장수의 재능에 맞게 지원하는 모습까지 보인다. 물론 김덕령이 사람을 죽인 일이 있었을 때, 선조는 김덕령의 죄를 다스리지 않는 담당 관리를 질책한 경우도 있었다.[12] 그렇지만 윤근수를 통해 김덕령이 장재將才가 있는지를 묻는 등 선조의 관심은 계속되었다.[13] 김덕령이 사람을 죽인 일을 사헌부에서 계속 거론하자, 선조는 이미 소환하지 않기로 한 일이라며 따르지 않았다.[14] 결국 사헌부의 비판에 굴복해 김덕령을 불러와서 조사하기로 한 뒤에도, 오히려 선조는 김덕령에게 전투에 쓸 말을 내려주었다.[15] 다음은 김덕령이 내려간 뒤, 선조가 승정원에 내린 전교와 승정원의 보고이다.

상이 승정원承政院에 전교하기를,
"김덕령金德齡을 불러오라."
하니, 승정원이 다시 보고하기를,
"김덕령이 내려간 지 벌써 이틀이 지났습니다."

했다. 상이 이르기를,

"도원수都元帥와 함께 내려가게 했는데 어찌하여 내려갔다고 하는가?"

하니, 보고하기를,

"김덕령과 도원수가 함께 내려갈 것을 전일 연중筵中에서 전교하셨는데, 지금 김덕령이 벌써 내려갔다는 말이 들리기에 이상히 여겨 도원수 권율에게 그 까닭을 물었더니, 김덕령은 식량이 떨어져 부득이 하여 내려갔다고 합니다."

하자, 상이 이르기를,

"어찌하여 양식이 떨어져 내려가게까지 했는가. 담당 관리는 어찌하여 상황을 이 지경으로 만들었단 말인가. 온당치 못하다. 내가 그를 만나보고자 했는데 볼 수가 없게 되었구나."

했다.[16]

아무리 질투는 사랑의 또 다른 표현이라고 해도, 위에서 읽히는 선조의 김덕령에 대한 감정이 질투인지, 애틋함인지, 그 판단은 독자들에게 맡긴다.

사라진 '침략'과 '전쟁'

이 시기 '당쟁'에 대해서는 참으로 신중한 접근이 필요하다. 왜냐하면 그 시대의 정치활동이 임진왜란이라는 '전쟁', 명확한 '침략' 전쟁을 배경으로 하고 있기 때문이다. 전쟁을 겪지 않은 세대인 내가 '전쟁' 운운하는 것이 어떨지 모르겠다.

우리 장모님께서는 황해도에서 피난 오셨다. TV에서 전쟁 영화가 방영될 때마다 말씀하신다. "뭣 하러 저런 것을 만들어 ……." 영화로조차 되새기고 싶지 않은 체험과 기억. 물론 영화를 통해 전쟁을 간접 경험하면서 큰 교훈을 얻는다는 점도 부정하지는 못한다. 당신 말씀대로 '전쟁 영화'를 제작하는 것조차도 차마 못할 짓이라고 생각하게 만드는 상황이 전쟁이라는 것을, 전쟁을 겪지 않은 우리가 짐작이나 해보자는 것이다.

망가진 일상이 평온을 대신했다. 불확실한 미래, 분노와 좌절, 치욕과 자존, 책임과 회피가 공존하며, 무려 7년 동안 사람들의 삶을 서서히 옥죄었다. 그 어느 것 하나 자신이 선택한 것이 아니었음에도 그 짓이겨진 공포 속에서 삶을 수습해나간다. 그래서 나는 전쟁을 겪었던 시대의 사람들에 대해 공과나 포폄을 일단 뒤로 미룬다. 그리고 공과나 포폄에 대한 언급을 피할 수 없을 경우에도 조심스러울 수밖에 없다.

그런데 '당쟁'에 대한 언급이 시작되면서 우리는 종종 그 '전쟁'을 잊는다. 그 '침략' 전쟁을 잊는다. 그 침략전쟁이 사람들의 심리에, 사고에, 처신에, 결국 삶에 미치는 외상外傷을 고려하지 않고 보통 평온한 일상을 사는 사람들로 이해한다. 우리가 비교적 평온한 일상을 살고 있어서 생각이 미치지 않는 것일까?[17] 그뿐 아니라 인간의 품위도 존엄도 어느덧 사라진다. 전쟁이 인간의 품위와 존엄을 뭉개는 것이 아니라, '당쟁'에 대한 사설邪說이 인간의 품위와 존엄을 뭉개고 있다. 불행하게도 앞서 『유성룡』을 소개한 기사에서 '침략전쟁'도, '인간의 품위와 존엄'도 읽을 수가 없다. 놀라운 제국주의 프레임!

불쌍한 '전근대'

〈한겨레〉는 여차하면 '전근대적' 운운하는 말을 자주 쓴다. 그런데 정작 '전근대'와 전혀 맥락이 닿지 않는 뜻으로 쓴다. '못된', '몰상식한', '턱도 없는', '무식한'이란 형용사를 '전근대적'이란 용어와 혼동한 결과일 뿐이다.

노동자가 자신의 일에 정당한 보상을 받기 위해 애쓰는 것은 우리나라는 물론 국제적으로도 보장된 권리다. 사려 깊은 지도자라면, 그 회사의 노동자들이 일에 대한 보상을 과연 제대로 받고 있는지부터 생각했어야 한다. 그의 말에선 노동자는 그저 주는 대로 받으라는 '전근대적인' 사용자의 시각이 묻어난다.[18]

거듭 말하지만, 우리는 기자실로 상징되는 과거 언론의 잘못된 모습이 없어져야 한다는 데 반대하는 게 아니다. 이를 핑계로 언론의 취재활동을 제한하겠다는 '전근대적인' 발상을 반대하는 것이다. 또 감시의 대상이어야 할 정부가 스스로 감시의 방법을 정하겠다는, 어처구니없는 월권을 비판하는 것이다.[19]

'주는 대로 받으라는 사용자의 시각'에서 왜 대뜸 '전근대'가 나오는가. '언론의 취재활동을 제한하겠다는 발상'에서 왜 느닷없이 '전근대'가 나오는가. 전근대와 근대를 '콩쥐-팥쥐' 프레임으로 보는 전형적인 어설픈 진보주의 사관이다.

'주는 대로 받으라는 사용자의 시각'이나 '언론의 취재활동을 제한하겠다는 발상'은 '근대'인 나치시대와 한국의 군부독재시대에도 있었다. 다시 말하면, 위 글을 쓴 사람들은 '근대'를 성찰하는 훈련부터 먼저 해야 한다. 그런 식으로 '근대'를 소박하게 이해했다가는 '근대'에게 잡아먹힐 것이다. 민주주의와 이성의 근대는, 세계자본주의와 핵폭탄으로 무장한 리바이어던이기도 하다.

기철학과 주기론

앞에서 역사 연구의 기본인 사료의 정확한 검토를 무시하고 입맛에 맞는 사료만 선택하는 태도가 낳는 병폐로 첫째는 천박한 역사의식, 둘째는 자기가 무슨 말을 하는지도 모르면서 글을 쓰는 습관에 대해 이야기했다. 첫 번째 병폐의 사료로, 어떤 책에 대한 소개 기사를 짚어보았다.

이제 두 번째 병폐에 대해 살펴볼 차례이다. 공교롭게도 앞에서 언급했던 이덕일을 다시 비판하게 되었다. 이덕일은 김시습에 대한 소론小論에서, 김시습에 대한 이황과 이이의 평가를 언급한 뒤 다음과 같이 말했다.

> 두 대유大儒의 서로 다른 평가는 실상 김시습의 사상에 대한 서로 다른 판단에서 비롯되는 것이다. 김시습은 불교에 입도해 선도에 심취했지만 정작 그 철학적 기초는 물질을 중시하는 기氣 철학이었다.
> "천지 사이에는 오직 하나의 기가 운동하고 있을 따름이다. 그 나타나는 현상을 말하면 굽혔다 펴기도 하고, 차기도(盈) 하고 비기도(虛) 한다. …… 펴면 가득 차고, 구부리면 텅 비지만, 가득 차면 도로 나오고 텅 비면 도로 돌아간다. 나오면 '신神'이라 하고 돌아가면 '귀鬼'라 하지만 그 실리實理는 하나요, 그 나눔이 다를 뿐이다."(「귀신설鬼神說」)[20]

누구나 그의 재주를 아까워했다는 천재 매월당 김시습을 소개하고 기리는 것을 뭐라 탓할 것은 없다. 더욱이 지식이든 무엇이든 가진 자들이 세태를 비판하고 불의에 저항하기보다는 오히려 거기에 편승, 야합하려는 시대에, 나는 새도 떨어뜨릴 권력에 온몸으로 저항했던 김시습과 같은 인물임에랴. 그렇기에 김시습에 대한 평전과 소개도 여럿 나와 있다.[21] 다만, 위의 글에는 자칫 오해가 있을 수 있는 대목이 있어 짚어보고자 한다. 이덕일은 김시습 사상의 핵심이 '물질을 중시하는 기氣 철학'이라고 정의했다.

칼럼에 인용된 김시습의 「신귀설神鬼說」[22]은 김시습의 창견이라기보다 주자朱子 이래 성리학자들의 공통된 '기론氣論'이다. 주자의 귀신론을 살펴보자.

> 신神은 펴지는 것이고, 귀鬼는 구부려지는 것이다. …… 귀신鬼神은 음양陰陽이 사라지고 자라는 것뿐이다. 머무르고 죽는 것, 변화하고 자라는 것, 바람과 비, 그리고 어두움, 이 모두 그러하다. 사람의 경우로 말하자면, 정精이 백魄이다. 백은 귀가 왕성한 상태이다. 기氣가 곧 혼魂이니 혼은 신이 왕성한 상태이다. 정과 기가 모이면 물物이 된다. 그러므로 귀신이 없는 물은 없다!
>
> 귀신이 바로 기이다. 펴지고 구부리고 오고가는 것이 기이다. 천지 사이에 기 아닌 것이 없다. 사람의 기와 천지의 기는 항상 맞닿아 있고 끊어져 있지 않으나 사람들이 스스로 보지 못한다. 사람의 마음이 움직이고 나면 반드시 기에 이르러 곧 펴지고 구부리고 오고가는 존재와 서로 감응하고 통한다.[23]

주자와 김시습의 견해는 너무도 흡사하다. 아니, 흡사한 게 아니라 같다! 나는 김시습이 성리학자라고 생각한다. 절에 들어갔던지, 선禪에 심취했던지 간에, 그의 글을 보면서 판단되는 그의 관념과 지향이 그렇다는 뜻이다. 당시에는 김시습처럼 관직에 뜻을 버린 학자는 서원書院에 갈 수도 없었다. 서원은 이로부터 반세기가 훨씬 지나야 세워졌기 때문이다. 그때까지만 해도 아직 성리학자들의 커뮤니티가 중앙의 집현전集賢殿만큼 체계적인 데가 없었다. 물론 세조는 단종 복위운동을 계기로 집현전마저 없앴다. 결국 배운다는 것은, 무오사화에서 화를 당한 사람들이었던 김종직金宗直에게 김일손金馹孫이 그랬듯이, 귀양지에 가서 배우든지, 아니면 그나마 공부할 여건이 되었던 절로 가는 수밖에 없었다.

가상의 팥쥐를 만들고

김시습의 신귀설 일부를 보자.

> 나오면 '신神'이라 하고 돌아가면 '귀鬼'라 하지만 그 실제 리(實理)는 하나요, 그 나눔이 다를 뿐이다.(出則曰神, 而歸則曰鬼. 其實理則一而其分則殊)

이는 전형적으로 불교에서 빌려온 '이일분수理一分殊'의 성리학 철학체계가 된다.[24] 여기서 말하는 '실리'는 그저 '실제 이치'이다.

다시 확인하건대, 나는 김시습과 주자의 귀신론이 같다고 생각한다. 이 맥락에서 볼 때, 과연 이덕일이 어떻게 다음과 같은 주장을 하는지 의문이다.

> 이는 만물의 본질이 기, 즉 물질이라는 주기론主氣論으로서 그 시대 사대부의 상식인 주리론主理論을 정면에서 거부한 것이다. 그는 만물의 본질을 리理로 보는 주자학의 주리론이 사대부 지배체제를 합리화하기 위한 이념임을 간파하고 주기론을 주장한 것이다.
> …… 김시습보다 66살 뒷사람인 퇴계 이황(1501~1570)까지도 주리론에 따른 이기이원론理氣二元論을 주장했던 판국에 그의 주기론은 사상계의 혁명

이 아닐 수 없었다. 주기론은 율곡 이이(1536~1584)에 이르러서야 비로소 조선 성리학의 정통 이론의 하나가 된다.

만물은 그 원리인 리理와 그 운동 및 현상인 기氣로 개념화할 수 있다는 것이 이기론이고, 주지하듯이 주자에게서 정립되었다. 이를 성리학性理學이라고 한다. 모든 사물의 본성에는 이치 = 천리天理가 내재한다는 뜻이다. 주자가 리를 중심으로 놓고 말할 때도 있고, 기를 중심으로 놓고 말할 때도 있지만, 적어도 학계에서 주자의 학문을 '주리론'이라고 평가하지는 않는다. 이덕일은 '만물의 본질을 리理로 보는 주자학의 주리론'이라고 했으니, 문맥으로 보아 주자학은 곧 주리론이라는 말 같은데, 이 역시 타당하지 않다. 주자의 성리학을 놓고 주기론이니 주리론이니 하는 논의에는 동의할 수 없다.

주리론과 주기론이라는 용어의 어원을 먼저 살펴보자. '주리론'이니, '주기론'이니 하는 개념화는 퇴계와 율곡을 지나며 등장했다. 실제로 이들 용어는 사료에서 거의 발견되지 않는다. 효종 초 율곡의 문묘종사文廟從祀를 반대하는 데서 '주기主氣'라는 표현이 처음 나올 정도로 희귀한 용어이다.[25] 이 용어는 퇴계의 이기호발설理氣互發說을 통해 자신들을 '주리론'으로 규정한 퇴계학파 일부가 율곡학파를 상대적으로 '주기론'이라고 규정하면서 사용되었고, 막상 율곡학파에서는 스스로를 '주기론'이라고 부르지도 않았다. 그리고 이 말은 일제시대 다카하시 도오루高橋亨가 조선사상사를 도식화하는 용어로 채택한 이래 오늘날까지 쓰이고 있는 것이다.[26] 이러한 도식은 참으로 많은 오해의 근원이 되고 있다.

아무튼 이덕일이 칼럼에서 '주리론'이라는 말을 꺼낸 데는 이런 논의조차 제대로 정리하지 못하고 있는 학계의 책임이 우선 크다. 한국 철학계든,

사상사 전공자들이든 반성할 일이다. 그러나 그렇다고 해서 앞 칼럼의 오류, 즉 똑같은 귀신론을 두고 주자는 '주리론'이 되고, 김시습은 '주기론'이 되는 논리가 오류라는 사실이 변하지는 않는다.

이덕일의 주장과는 달리, '주리론'이 당시 사대부의 상식이었던 것도 물론 아니다. 그 글에서 말한 주기론이 앞서 설명한 귀신론에 근거한 것이라면, 오히려 그 '주기론'이야말로 당시 성리학을 받아들인 새로운 지식계층이었던 '사림'들의 공통된 지향이었다. 불교·도교를 유학과 비교하면서 나온 경연에서의 논리도 바로 주자의 귀신론이자 김시습의 귀신론이었다. 다음은 조선 건국 초기 정종 때 경연에서 나온 말이다.

> 인간은 천지 음양의 기운을 받아 태어나니, 음양이란 귀신입니다. 인간이 산 것은 신이고, 죽은 것은 귀입니다. 사람의 동정動靜과 호흡呼吸, 해와 달이 차고 기우는 일, 풀과 나무가 피고 지는 일, 이 모두가 귀신의 이치가 아닌 것은 없습니다.[27]

그러면 주자, 김시습을 비롯해, 조선의 경연에 참여했던 집현전 성리학자들이 귀신론을 통해서 무엇을 정리하려고 했을까. 즉 귀신론의 문제의식은 무엇이었을까. 그것은 불교의 윤회론에 근거한 생사관生死觀을 해체하는 것이었다고 생각한다. 조선을 세우고 제도를 만들었어도, 또 말폐末弊를 드러낸 불교를 극복하려고 개혁을 추진하면서도, 사람들의 의식은 그리 쉽게 변하지 않았다. 특히 죽음과 관련해서는. 종교의 본질은 두려움이다. 유한자가 무한한(또는 절대적인) 그 무엇에 대해 느끼는 두려움. 그래서 "천당지옥은 없다, 기의 취산聚散만이 있을 뿐이다, 걱정하지 말라, 내세는 없다"라고 설득했던 논리가 귀신론의 핵심이었다.

이쯤에서 1차 결론. 김시습을 주기론자로 볼 수 없다. 만일 칼럼에서 말하는 주기론을 '주기론'이라고 부를 수 있다면, 주자를 비롯한 조선이나 중국의 성리학자들도 모두 주기론자로 보아야 한다. 그러므로 김시습의 '주기론'이, '주자학의 주리론이 사대부 지배체제를 합리화하기 위한 이념임을 간파하고 주기론을 주창한 것'이라는 주장은 성립할 수 없다. 그 주장은 애당초 또 하나의 콩쥐 - 팥쥐였다고 판단한다. 콩쥐 김시습 대 (사실은 존재하지도 않았던 '주리론자'인) 팥쥐 사대부.

부활!

이렇게 상상의 팥쥐를 만들어 일단 '콩쥐 - 팥쥐' 프레임을 완성한 다음, 그의 논리는 이제 거침이 없다. 이번에는 김시습과 짝을 이룰 또 다른 콩쥐를 찾아 나선다. 유성룡에서 이순신과 권율이 필요했듯이, 그래야 외롭지만 혼자는 아니라는 든든한 안도감과 비장감이 무대에 흐를 수 있기 때문에, 김시습에게도 짝이 필요했다. 이리하여, 율곡의 부활!

이 칼럼을 썼던 필자는 다음과 같이 말했다. 기억을 되살리기 위해 다시 한 번 인용한다.

> 백성이 나라를 엎어버리기도 하고 천자가 되는 것도 백성에게 달려 있다고 생각하는 조식과, 백성은 사대부의 지배를 받아야 하는 피지배층이라고 생각하는 주자학자들은 생각이 다를 수밖에 없었다. 조식의 사상은 주자학에 매몰되지 않았다.[28]

이때 율곡 이이는 남명 조식과는 다른 '주자학자'로 서술되었다. 불과

석 달 전의 칼럼에서 율곡은 '주자학에 매몰'된 인물이었지만, 이제 다시 김시습의 '주기론'의 세례를 받은 '혁명적' 사상가로 거듭났다. 그 뿐 아니라 율곡은 일약 '조선 성리학의 정통'이 되었다. '조선 성리학'은 이제야 그 진보성을 인정받게 되는 것인가?

당초 '만물의 본질이 기, 즉 물질'이라는 철학적 견해는 '주기론'이 아니다. 좀 더 개념화가 필요하지만 이건 유물론唯物論 쪽에 가깝다. 기는 물질이 아니기 때문이다. 또 율곡의 철학을 '주기론'이라고 하는 문제와 관련해, 율곡학파조차도 사용하지 않는 용어이므로 참 쓰기 싫은 표현이지만, 그래도 현재의 맥락에서 율곡철학을 정의해보면, '만물은 그 원리인 리理와, 그 운동 및 현상태인 기로 개념화할 수 있는데, 이 중 리는 원리로서 내재하고 기를 따라 발현된다'는 이기일원론理氣一元論이라고 부를 수 있다.

그런 점에서 율곡은 이기호발설理氣互發說을 주장하는 퇴계의 이기이원론을 철학적으로 더 정합성 있게 발전시켰다고 볼 수 있다. 그 철학 논리나 실천적 의미는 기회가 되는 대로 한번 더 논의하기로 하겠지만,[29] 통상 주기론, 주리론이라는 용어는 이런 철학 논의를 배경으로 이해해야 한다.

결국 분명한 것은 어떻게 엮어도 김시습의 귀신론과 율곡의 이기일원론은 똑같은 '주기론'이 될 수 없다. 논의 차원이 다른 것이다. 철학이든 다른 학문이든 논의 차원을 혼동하면 얘기가 안 된다는 것이 2차 결론이다. 퇴계나 율곡의 시대가 되면, 매월당 김시습의 귀신론은 이미 상식이 되었던 것이다. 시대와 그 시대에 대한 문제의식이 달라진 것이다. 이런 시간의 흐름이 인간과 사회를 이해하는 데 중요하기 때문에 우리는 역사를 배우는 것이다.

왜 조심해야 하는가

1차 결론과 2차 결론을 종합하면, 이 칼럼을 검토한 답이 나올 것이다. "매월당의 이론은 '주기론'이 아니다. 설령 그것을 '주기론'이라고 하더라도, 율곡의 '주기론'과는 논의 차원이 다르다."

어떤 사실의 일면을, 그것도 부정확한 이해를 바탕으로, 부정확하게 이해된 다른 사실과 연관시켜 역사상을 구성할 때, 그 역사상이 왜곡될 것임은 필연의 이치이다. 이런 일이 자꾸 반복되다 보면, 앞의 말과 뒤의 말이 다르게 된다. 그런데도 돌아보지 않고 또 자꾸 말하다보면, 결국에는 스스로 무슨 말을 하는지도 모르는 지경에 이르게 된다. 이것이 내가 앞서 두 번째 병폐라고 불렀던 이유이다.

결국 제자인 유성룡은 '설득과 통합의 리더'인데, 그 스승인 퇴계는 '사대부 지배체제를 합리화하기 위한 이념'인 '주리론에 따른 이기이원론'만 주장하는 판국이 된다. '주자학에 매몰되었던' 율곡은 석달 만에 '혁명적' '조선 성리학의 정통'이 되는가 하면, 퇴계는 여전히 구원받지 못하고 있다. 그나저나 율곡이 '혁명적' '조선 성리학이 정통'이 되었으니, 그토록 추앙했던 남명은 이제 어떻게 되나?

희화하려고 하는 말이 아니다. 이렇게 보다 보면 우선 '학파學派'라는 개념 자체가 성립하지 않는다. 뭔가 사상적 연관이 세대별, 문제의식별로 전개되어야 하는데, 그런 줄기가 전혀 잡히지 않기 때문이다. 그러다 보니 정치는 사상적 연관이나 전망이 없는 집단이나, 개인이 싸우는 권력투쟁의 마당으로밖에 설명되지 않는 것이다. 일제 식민사관이 그런 식으로, 조선은 공리공담에 빠져 당쟁만 일삼다가 망했다고 매도하지 않았던가? 바로 앞의 칼럼처럼 보면 조선 사상계는 '공리공담'이나 했던 셈이 되고, 앞서 인용했던

〈한겨레〉 기사처럼 보면 조선 정치계는 '당쟁만 일삼았던' 세상이 되게끔 되어 있다.

　이런 역사서술과 이해로는 현재 우리가 풀어야 할 역사서술이나 이해의 한계와 과제를 넘어설 수 없다. 그 안에서 맴돌며 재생산을 반복할 것이다. 앞서 나는 그것을 불임不姙의 논리라고 말했다. 불임이 안타깝게도 인간의 세대를 잇지 못하는 생리적 장애이듯이, 불임의 논리는 생산적인 논의를 차단한다.

　우리는 완벽한 역사의 진실을 추구하지만, 어쩌면 그것을 이루는 것은 불가능하지도 모른다. 그러나 좀 더 나은 방법론을 개발하고 관점을 공유하면서 한 걸음, 한 걸음 거기에 다가가려고 노력한다. 그래서 진실은 하늘의 몫이지만, 진실에 다가가려고 노력하는 것은 우리 인간의 몫이라고, 성리학의 발달과 함께 '사서四書'의 하나가 된 『중용』의 저자는 말했다.[30]

　이 글의 초고를 쓴 2007년은 남인 서애 유성룡이 돌아간 지 400년이 되는 해이고, 서인 우암 송시열이 난 지 400년이 되는 해였다. 이제 우리들이, 그 분들의 당색을 답습하는 것이 아니라, 그 인간의 크기를 배우는 계기가 되었으면 한다. 400년이면, 그럴 때도 되지 않았는가!

[보론] 이덕일 소장의 '십만양병론 및 송강행록 조작설'에 대한 비판*

'주류학계를 쏘다'란 제목으로 역사학계에 던진 이덕일 소장의 문제제기를 보면서, '용기'라든가, '용감하다'라는, 어느덧 우리가 한쪽으로 치워버리고 있던 가치나 기개를 떠올립니다.

그러나 이덕일 소장의 대전제인, '식민사관과 연결된 노론사관이 주류학계'라는 주장부터 학계 현실과 다르다는 점을 확인해야겠습니다. 첫째, 본의가 애매하긴 하지만 대체로 '노론사관'이라면 노론이 주도적 정치세력이었던 조선 후기를 좋게 평가했을 것이고, 그렇다면 조선 후기를 당쟁과 공리공담에 물든 정체기라고 선전했던 '식민사관'과 배치되게 마련이므로 둘이 결합하기 어렵습니다. 둘째, 80년대 이후 현재 학계는 대체로 자본주의 맹아론-실학으로 대표되는 근대주의적 해석이 주류입니다.

지금은 덜 하지만, 송시열 같은 서인-노론 인물을 연구하면 '노론'이라고 하거나, 성리학을 연구하는 것만으로도 '수구守舊' 취급을 받았던 적도 있었습니다. 당장 저만 해도, 근대주의를 벗어나 조선 후기를 연구하자고 한다거나, 충북대 우암연구소 전임연구원이라는 '죄'로 서인-노론 출신이 아니냐는 질문을 여러 번 받았습니다. 그래서 유성룡이나 허목을 연구하면

* 〈한겨레〉 2009년 7월 23일 인터넷판 기사다. 이 장에서 다룬 내용에 덧붙여 거론할 만하다고 판단해서 여기에 보론으로 싣는다.

남인 출신이냐고 반문하면서 허탈하게 웃곤 합니다.

그러니 정작 '주류학계'의 입장에서 보면 황당하겠지요? 이덕일 소장의 '도발'에도 불구하고 잠잠한 것은, 역사학자들의 문제의식이 부족한 데도 이유가 있겠지만, 애당초 이 소장이 엉뚱한 곳을 쏘았기 때문이 아닐까요? 아무튼 그 성찰에 동참하는 마음으로 지난 7월 8일 게재된 9회차 '노론사관에 일그러진 조선 후기사'에 대해 몇 가지 견해를 적어보았습니다.

'이문성'과 '이문정'

먼저 십만양병설이 조작이라는 주장부터 보겠습니다. 결론부터 말하자면 이 소장이 조작이라고 내세운 근거야말로 초보적인 사실에 대한 무지를 보여주고, 그것을 근거로 조작설을 운운하는 것은 호들갑에 불과합니다. 이 소장은, 십만양병설의 근거는 이이의 문인인 김장생金長生이 편찬한 '율곡행장' 뿐이고, 광해군 때 편찬된 『선조실록』에는 나오지도 않는다고 했습니다.(이 주제를 다루면서 1948년 발간한 이병도의 『조선사대관朝鮮史大觀』을 인용했듯이, '이병도 박사'를 매개로 노론사관과 식민사관이 연결되어 있다는 게 이덕일 소장의 관찰인데, 이 문제는 따로 논의하겠습니다.) 그리고 십만양병설을 떠올리며 유성룡이 했다는, '이문성은 참으로 성인이다.'라는 말을 조작의 증거로 들었습니다. '문성文成'은 이이의 시호이고, 유성룡은 이이의 시호를 내리기 17년 전에 세상을 떴으니, 행장이 조작이라는 것이지요.

헌데, 이항복이 쓴 이이의 신도비문神道碑文을 보면, '이문성'이 아니라, '이문정李文靖'이라고 되어 있습니다. 이이의 시호는 '문성'이기 때문에 이항복이 잘못 쓴 것으로 생각할 수도 있지만, 이항복 역시 이이가 시호를 받기 6년 전인 광해군 10년(1618)에 세상을 떴습니다. 그렇다면 이항복이 쓴 이이 신도비문마저 후일 누가 조작했거나 아니면 뭔가 사연이 있다는 말이 됩니다. 다시 확인해보니, 같은 김장생이 쓴 행장이라도,『율곡전서』에 실린 행장에는 '이문성'이라고 되어 있지만, 막상 김장생 자신의 문집인 『사계집沙溪集』에는 이항복의 신도비문과 마찬가지로 '이문정李文靖'이라고 되어 있습니다. 어찌 된 일일까요?

엉뚱한 사람을 쏜 선무당

그런데 이이의 시장諡狀을 지은 이정구李廷龜도, 십만양병설의 일화를 소개하면서 '이문정李文靖은 참으로 성인이다.'라고 했던 겁니다. 시장을 짓는 사람이 본문에서 당사자의 시호를 잘못 기재한다는 것은 있을 수가 없습니다. 이렇게 되면, '이문정'은 실수가 아니라 뭔가 이유가 있는 기록이라고 보는 편이 더 상식적입니다. 열쇠는, '이문정'이 이이가 아니라는 데 있었습니다. '이문정'은 바로 이항李沆이라는 인물이었습니다.

이항은 중국 송나라 사람으로, 진종眞宗 때의 명신名臣입니다. 송나라가 거란과 평화조약을 체결하자, 이항은 나라가 너무 편안하면 오히려 화근이 된다고 걱정합니다. 그리고 가뭄이나 홍수가 나면 꼭 진종에게 보고해 일부러 긴장하게 만들었습니다. 이항이 세상을 뜬 뒤, 진종은 나라가 태평하다는 것을 믿고 궁궐을 짓고 간신을 등용하는 등 국정을 어지럽혔습니다. 그러자 이항의 옛 동료였던 왕단王旦은 뒤늦게 이항의 선견지명을 인정하면서, '이문정은 참으로 성인'이라고 칭찬합니다. 이후 이 말은 입에서 입으로 전해져서 상투어가 됩니다. 그러니까 유성룡은 '이이는 참으로 이항 같은 선견지명이 있는 성인이다'라고 말한 것입니다. 그러므로 이항복의 신도비명, 이정구의 시장,『사계집』에 실린 이이 행장은 모두 잘못 쓴 게 아니며,

유성룡의 말에 나오는 '이문성', 아니 '이문정'이, 이이의 십만양병설을 조작하기 위해 김장생과 송시열이 기록을 날조했다는 근거가 될 수는 없습니다.

그러면, '이문성'이라고 기록되어 있어서, 이덕일 소장이 '조작'의 증거로 인용한 『율곡연보』는 어떻게 된 것일까요? 순조 14년(1814)에 간행된 『율곡전서』에는 '이문정'이 아니라, '이문성'으로 나와 있습니다. 현재 한국고전번역원에서 웹서비스를 제공하는 판본도 이 판본이기 때문에 거기에도 자연 '李文成'으로 나와 있습니다. 저와 이덕일 소장이 당초 근거로 한 자료가 바로 이 판본이었습니다. 그러나 영조 25년(1749)에 간행된 『율곡전서』에는 '李文靖'으로 되어 있습니다.

간단히 말하자면, 순조 14년판 『율곡전서』의 교정자가 이이의 시호가 '문성'이라는 건 알고, 『율곡연보』에서 말한 '이문정'에 대한 고사는 몰랐던 까닭에 '문정'이 틀린 줄 알고는 '문성'으로 덜컥 고쳤던 겁니다.

역사학자의 아포리아

선조 7년(1574), 이이는 황해감사로 부임하면서, 이원익李元翼을 군관軍官으로 수행하여 군적軍籍(요즘의 병적兵籍)을 정리하게 했는데, 이후 황해도의 군적이 전국에서 가장 잘 정비되었다는 평을 듣습니다. 그런 이이가 선조 16년 병조판서로 있으면서 '십만양병'을 주장하는 것이 과연 그렇게 어색한 일일까요? 국방부장관이 국군정예화를 주장하는 것이 어색한 일일까요? 특히 이이는 특산물을 거두어들이는 공안貢案 개정을 주장해 대동법의 물꼬를 틉니다. 비록 광해군과 대북세력에 의해 좌절되기는 했지만, 이원익은 이런 이이와의 인연으로 후일 광해군 초반 대동법 논의를 주도했던 것입니다. 이이의 『만언봉사萬言封事』에서 보듯이, 민생과 국방, 모두 그의 개혁론에서 뗄 수 없는 구성요소였습니다.

이들 자료가 모두 서인 중심의 기록이므로 믿을 수 없다고 말할지도 모르겠습니다. 어떤 기록을 믿을 수 있을 것인가, 하는 질문에 역사학자들은 종종 무력해지는 것이 사실입니다. 그렇기에 '텍스트'로서의 자료에 대한 문제는 역사학의 오랜 아포리아(難題)이기도 합니다. 그럼에도 불구하고, 관련 사료를 엮고, 상식과 합리적인 판단을 공유하면서, 진실에 더 가깝게 다가가려고 역사학자들은 노력합니다. 저의 비평도 그런 노력의 하나로 받아들여졌으면 합니다.

반복되는 '날조'와 '조작'

조선 후기사 왜곡의 유력한 증거로 이 소장은 김장생의 『송강행록』을 들었습니다. 이 역시 시기를 잘못 본 데서 온 오류였으며, 김장생이야말로 이덕일 소장에게 느닷없이 매도를 당한 경우입니다.

이 소장은, 김장생이 날조했다는 근거로, '유성룡이 위관委官(수사책임자)을 맡아 이발의 노모와 어린아이를 죽였다'는 기록, '정철이 유성룡에게 왜 노모와 아이까지 죽였느냐고 따졌다'는 기록을 들었습니다. 그러면서 이 소장은, 이발의 노모와 아들이 형벌을 받은 날짜는 선조 23년(1590) 5월 13일인데, 당시 유성룡은 어머니 이씨李氏의 장례 등의 이유로 조정에 없었다고 했습니다. 그러니, 있지도 않았던 유성룡이 추관을 맡아 사람을 죽였다고 김장생이 왜곡했고, 이는 유성룡에게 허물을 뒤집어씌우려는 의도였다고 이덕일 소장은 주장한 것이지요.

문제는 여기에 있습니다. 이발의 노모와 아들들이 국문을 받다가 죽은 시기는, 이 소장이 말한 선조 23년이 아니라 한 해 뒤인 선조 24년 5월의 일이었습니다. 그러니까 같은 5월경이었기 때문인지, 이 소장이 연도를 잘못 본 것이지요. 김장생의 기록처럼, 선조 24년(1591) 4~5월경 추국의 위관은 유성룡이었고, 5월 어느 무렵에 위관이 다시 이양원으로 바뀌었습니다. 이때 정철은 이 해 윤3월에 이미 파직을 당한 상태였습니다. 파직당한 정철은 5월에 진주晉州로 유배되려다가, 선조가 아주 변방으로 옮기라고 명령해 강계江界로 유배를 갑니다. 이런 상황에서 정철이 추관을 맡는다는 것은 상상할 수도 없는 일입니다. '착각'을 한 것인지, '날조'를 한 것인지는 이 소장 자신만이 알겠지만, 그래놓고 이 소장은 오히려 김장생이 날조했다고 비난했던 것이지요.

삼척동자와 단장취의斷章取義

또한 정철과 유성룡이 나눈 대화의 의미도 이 소장의 주장과 상당히 다릅니다. 김장생이 쓴 『송강행록』을 보면, 이 소장의 말처럼, '유성룡이 이발의 노모와 어린아이까지 죽였다'고 한 듯한 기록이 있습니다. 김장생은, 정철이 유성룡에게, '이발의 노모와 어린 자식을 공은 어찌하여 죽였습니까?' 하고 물었다는 기록이 그것입니다. 그런데 바로 뒤의 기록을 읽어보면 다릅니다. 정철이 이렇게 묻자, "유 정승이 말하기를, '공이었다면 그들의 죽음을 구할 수 있었겠습니까?'라고 물었다. 공이 '나라면 구했을 것입니다.' 하자, 유 정승이 말하기를, '그럴 수 있었을까요?' 했다."고 기록했습니다. 결국 문맥은, 이 소장의 단정과는 달리, '유성룡이 이발의 노모와 어린 자식을 죽였다'고 한 것이 아니라, '유성룡이 이발의 노모와 어린 자식을 구하지 못했다'고 한 것입니다.

특히 김장생이, '유성룡과 이양원 등 또한 그 노부인과 어린 아들을 어찌 살려 주고 싶지 않았겠는가. 하지만 결국 구해 주지 못한 것은 당시 형편(事勢)이 그러했기 때문이다'라고 말한 데 이르면, 실제 행록의 논지와 이덕일 소장의 해석이 얼마나 다른 느낌과 맥락을 보여주는지 알 수 있습니다. 이 말이 유성룡에게 허물을 덮어씌우려는 말인지, 유성룡의 입장도 헤아려야 한다는 말인지는 삼척동자도 알 수 있을 것입니다. 결국 이 소장의 주장은 일부 사실만 떼어 내서 전체 상황과 흐름을 왜곡하는 단장취의斷章取義의 전형인 것이지요.

이덕일 소장이 '노론사관'에 의해 왜곡된 조선 후기사의 사례로 제시한 자료를 검토한 결과는 좀 허망하기까지 합니다. 허망하다 못해 무슨 다른 의도가 아닌가 하는 의심이 들 정도입니다. 제가 그런 왜곡을 걱정하는 이유는, 이미 그런 류의 '날조'와 왜곡이 낳은 결과를 식민사관에서 보았기 때문입니다. '정책도 이념도 없이, 권모술수와 음모로 점철될 조선 후기사', 이것이 식민사관이 주입하려던 표상이었는데, 안타깝게도 그런 표상이 이덕일 소장의 글에서도 여지없이 재생산되고 있습니다. 이 소장의 시도가 논쟁의 물꼬를 트려고 했다는 점에서 언뜻 한 걸음 나아간 듯이 보이면서도, 조선 후기사의 다양하고 역동적인 면모를 밝힌 학계의 연구와 문제의식보다 두어 걸음, 아니 서너 걸음 뒤처져 있다는 생각이 드는 이유입니다.

물론 이 책임이 이 소장 개인에게 있지 않습니다. 2009년 한국사회의 천박한 정치와 책임의식 없는 학문 수준의 반영일 것입니다. 이런 현실과, 자료의 성격이나 용례도 고려하지 않은 채 이이의 십만양병론을 조작이라고 단정하는 부박함은 거리가 그리 멀지 않습니다.

끝으로, 당색을 떠나, 조선시대를 이끌어갔던 학자, 관료, 정치가들은 그렇게 호락호락한 분들이 아니었음을 상기하고자 합니다. 무엇보다도 조선 백성들이 사이비를 용납하지 않았기 때문입니다. 그렇기에 그들이 가졌던 자부심과 긍지라는 가치는 절대 날조와 왜곡을 기반으로 해서는 유지될 수도 없고 애당초 만들어질 수도 없는 그런 종류의 것입니다. 문득 우리의 얄팍한 안목으로는 당분간 조선문명의 진수에 다가갈 수 없을 지도 모른다는 불길한 예감이 듭니다. 누군가 저의 예감이 틀렸다고 위로해 주었으면 합니다.

[보론] 이덕일 소장의 반론에 대한 재반론*

저는 지난 번, 이이의 십만양병론을 부정한 이덕일 소장의 주장이 판본과 전거에 대한 무지에서 비롯되었으며, 기축옥사에 대한 김장생의 기록이 서인에 유리하게 날조되었다는 이덕일 소장의 주장 역시 연도의 착각과 사료의 단장취의에서 시작된 왜곡이었다고 밝혔습니다. 이에 대해, 그는 실수나 오류를 인정하지 않고 자신의 주장을 반복했습니다.

이 소장은 '이이의 십만양병론에 대한 1차 사료적 근거를 제시하면 간단'하다고 했는데, 저는 이미 서인과 남인이 함께 편찬한 『선조수정실록』, 이정구의 '시장諡狀', 이항복의 '신도비문' 등, '1차 사료적 근거'를 제시했습니다. 그런데 그러는 이 소장은 십만양병설을 부정할 '1차 사료적 근거'를 제시한 적이 없습니다.

게다가 그는 '황해도 군적을 잘 정비한 것과 십만양병 주장이 서로 연결되지 못한다는 것은 누구나 알 수 있는 일'이라고까지 했습니다. 군사를 키우려면 현황부터 파악하는 건 상식입니다. 군적 정리와 십만양병론이 연결되지 않는다는 그의 해설에 이르면 경악스러울 뿐입니다.

그는 제가 '서지학자처럼 문정文靖이니 문성文成이니 하는 판본의 문제를 장황하게 서술해 논점을 흐렸다'고 했습니다. 그는 정말 자신의 논거가

* 〈한겨레〉 2009년 8월 6일 종이판 기사.

무너진 것을 모르나봅니다. 이 소장은 또, '이이의 주장은 현 국방부장관이 국세 징수는 20% 이상 삭감하되 군사비는 1천% 이상 올려 군사를 600만 명으로 늘리자고 주장했다는 것과 마찬가지'라고 했는데, 이 비유에 나온 통계의 근거가 궁금하기만 합니다.

정철과 유성룡의 대화를 기록한 김장생의 『송강행록』이 조작이라고 이 소장은 주장했습니다. 선조 23년에 위관委官은 정철이었는데, 마치 유성룡인 것처럼 김장생이 기록해 이발의 노모와 아들을 유성룡이 죽인 것처럼 덮어씌웠다는 게 그의 주장이었습니다. 저는 이 일이 선조 23년이 아닌 선조 24년의 일이었다고 바로잡아 그의 오류를 지적했습니다.

그런데도 그는 여전히 '광해군 9년(1617) 생원 양몽거楊夢擧의 상소'와 '아계 이상국(이산해)연보'를 근거로 선조 23년이 옳다고 주장했습니다. 인조반정 이후의 서인들 기록에서부터 '선조 24년'으로 바뀌었다는 것입니다. 하지만 양몽거의 상소는 광해군 9년이 아니라, 60년 뒤인 숙종 3년(1677)의 일이었습니다. 그 뒤 이 양몽거의 상소에 대해, 신묘년(선조 24)을 경인년(선조 23)으로 잘못 보았다는 다른 이들의 비판이 이어집니다. '아계 이상국연보'도 광해군 때가 아니라 인조반정 이후에 편찬된 것입니다. 이것이 '장황한 판본 조사'가 중요한 이유입니다. 이발의 노모와 아들들이 죽은 시기는 분명 선조 23년 5월이 아니라 유성룡과 이양원이 위관을 맡았던 선조 24년 5월입니다.

이덕일 소장도 뭐가 걸렸던지, '가장 중요한 것은 사건의 기본 성격을 파악하는 것'이라고 짐짓 논조를 바꿉니다. 아니지요. 기본 성격은 바로 이러한 사실들에 대한 면밀한 검토에서 도출되는 것입니다. 이 소장과 같은 방식으로 사료를 인용하면서 주장하는 '기본 성격'을 저는 신뢰하지 않습니다.

이덕일 소장은 일부 집안에서 전해지는 사랑방 이야기를 '사실'로 둔갑시키는 오류를 범하고 있습니다. 이런 오류는 이미 정조독살설에 대한 이 소장의 주장에서도 반복된 적이 있습니다. 다른 학자들에게는 엄격한 '1차 사료적 근거'를 요구하면서도, 이 소장 자신은 사랑방 이야기와 사실을 혼동하는 이유가 궁금해집니다.

저는 이덕일 소장의 편견이 원인이라고 생각합니다. 그 편견의 기반은, 식민사관에서 시작되어 근대주의적 역사관, 즉 '자본주의맹아론 – 실학' 구도에서 강화된 당쟁론입니다. 제가 '콩쥐 – 팥쥐' 프레임이라고 부르는 한국 지성사의 안타까운 일면입니다. 이런 점에서, 이 소장은 비장하리만큼 자신과 '주류학계'를 구별하려고 하지만, 제가 보기에 그는 '주류학계'의 충실한 일원입니다.

제가 근대주의를 비판하기는 했지만, 근대사회의 이성과 자유, 민주주의는 긍정적 가치이기도 합니다. 그러나 이성은 독단적 신화가 되고, 자유는 일자리에서 밀려날 자유만 남고, 민주주의는 인민을 합법적으로 주권에서 배제하는 수단이 되어버린 것도 사실입니다. 장차 근대적 삶과 가치에 대해 성찰하든 대안을 찾든, 역사학자가 볼 때 조선시대는 참으로 풍부한 가능성을 품고 있습니다. 앞으로 여러 계기를 통해 조선시대에서 희망을 길어 올리는 논의가 계속되었으면 합니다.

8장 역사 바로 세우기 _ 단종과 사육신

청령포 단상

어느 해 8월 하순, 뜨거운 여름 햇볕과 잦아드는 무료함에서 벗어나기 위해, 불현듯 단종端宗을 떠올리고는 강원도 영월의 청령포淸泠浦로 길을 잡았다. 청령포는 지류인 서강西江이 휘돌아 흐르는데, 남강이라고도 부른다고 사공이 일러주었다. 삼면이 U턴을 하는 강으로 둘러싸여 있고, 그 배면은 깎아지른 절벽, 그리고 또 산이었다. 영월에 사는 친구는 일제시대에 지어진 화력발전소(우리도 지리 시간에 배웠던 영월화력발전소) 이야기를 하면서, 일본인들이 이런 첩첩산중에 화력발전소를 지은 걸 생각할 때마다 새삼 섬뜩하다고 했다. 청령포에 이르러 단종이 귀양 살던 옛터를 돌아보면서 제일 먼저 든 생각도 유사했다. 어떻게 여기에 이런 천연의 귀양지가 있는 줄을 알고 이곳으로 유배 보냈을까.

건국 이래 조선의 조정은 통치에 필요한 자료를 확보하기 위해, 일차적으로 각도의 지리지를 편찬하기 시작했다. 이때의 지리서는 물론 인문지리서에 해당된다. 세종대에는 『팔도지리지八道地理志』(『세종실록』에 수록되어 있어서 『세종실록지리지』라고도 부른다)가 편찬되었고, 성종대에는 『팔도지리지』가 부족했던지 『동국여지승람東國輿地勝覽』을 편찬하기에 이른다. 단종이 유배된 때가 세조 2년이니까, 바로 이런 지리지의 편찬을 통해 전국의 지역적 특성과 지형을 중앙조정에서 이미 파악하고 있었던 시기였다. 그러므로 이런 척박한 외지를 귀양지로 택할 수 있었던 것이다. 지리지의 편찬을 명한 사람이 세종이었는데, 과연 훗날 아들 수양대군이 손자 단종을 유배 보내는 데 그 지리지를 이용할 것이라고 어찌 상상이나 했겠는가. 사람이 하는 일이란 참으로 모를 일이다.

적막하기만 한 청령포에 홀로 거닐다 보니 만상이 교차한다. 어느 곳이나 단종의 적적함과 슬픔이 배어있지 않은 곳이 없으련만 세월의 흐름은 그 어떤 자취도 허락하지 않는다. 북쪽으로 올라가다 보니 바로 절벽이고 밑으로 강물이 흐른다. 단종의 발걸음은 이곳에도 닿았으리라. 여기서 단종이 한양을 바라보며 품은 한을, 무심한 과객이라 하여 어찌 한 줄기 가슴에 스치는 파문 없이 외면하겠는가. 멀리 의구하게 버티고 선 산자락은 체념을 재촉했을 것이고, 막아선 강물은 하염없는 눈물로 불어났을 것이다.

역사의 변화를 찾고 설명하는 연구가 많이 있었다. 역사의 변화는 삶의 구조의 변화일 수도, 체제의 변화일 수도 있다. 그러나 그 변화의 현실화는 늘 구체적인 인간의 삶, 그 발걸음 하나에서 목도될 뿐이지 않는가? 다소 낭만적인 술회인지는 모르겠으나, 나는 청령포에서 다시 한 번 그 역사의 변화를 단종의 삶 속에서 실감한다. 아니, 만일 역사의 격동기가 한 인간의 삶 속에서 서술될 수 없다면, 그때의 격동이란 한갓 픽션일 뿐이라고 단정해 본다.

청령포는 양쪽 강안을 연결하는 로프에 의지해 오고가는 배를 타고 건너간다. 청령포라는 이름답게 이곳은 아직 뜨거운 여름 햇살에도 신선한 기운을 느끼게 한다. 우리나라 어디서나 볼 수 있는 소나무가 아름드리로 자라 있다. 그런 아늑함과 낯설지 않은 풍광이 주는 편안함이, 오히려 역사를 뛰어넘어 펼쳐지는 500여 년 전 그날에 대한 회상과 대비되면서 참배객의 가슴을 에는 그런 곳이다.

궁금해진 상식, 노산군과 단종

아주 상식적인 의문이 들었다. 상식적인 것이라서 그랬는지 한 번도 반문해보지 않은 질문이었다. 아무 생각 없이 조선조의 한 임금을 단종이라고 불렀고, 폐위된 단종을 복위시키려다 발각되어 세상을 뜬 신하들을 사육신死六臣, 살아남은 사람들을 생육신生六臣이라고 불렀다. 현재 한강철교와 제1한강교 사이에, 멀리는 북악北岳을 바라보고 발 아래치에 한강漢江을 굽어보는 야트막한 노량진 쪽 산등성이에는 사육신묘가 자리잡고 있다.

TV와 영화에서는 그 드라마틱한 역사의 한 장면을 다투어 다루었다. 내 기억에만도 성격파 연극배우 정진이 열연한 〈설중매〉와, 중견급 연기자인 이덕화가 주연으로 나온 〈한명회〉가 남아있다. 모두 세조의 제갈량諸葛亮이니 장량張良이니 하는 식으로 한명회韓明澮란 희대의 인물을 다룬 드라마였지만,[1] 그가 드라마의 주인공으로 등장한 배경은 바로 단종의 폐위와 세조의 집권을 무대로 했기에 가능했다. 내가 가진 새삼스런 의문이란 참으로 단순한 것이었다. 그러면 폐위되었던 단종은 언제부터 단종으로 불렸는가, 역적으로 몰려 죽임을 당했던 사육신과 조정을 떠났던 생육신은 언제부터 충신으로 평가되었는가.

조선 역사에는 임금으로 있다가 폐위廢位(임금의 자리에서 쫓겨남)된 사람들이 있었다. 노산군魯山君·연산군燕山君·광해군光海君이 그들이다. 우리가 흔히 알고 있는 임금에 대한 명칭, 예를 들어 세종世宗, 효종孝宗 같은 말은 돌아간 뒤에 올리는 묘호廟號이다. 임금이 돌아가면 종묘宗廟에서 제사를 드리는데, 그 종묘에 봉안奉安된 위패位牌를 부르는 이름이 묘호가 되고, 돌아간 임금을 부르는 호칭으로 쓰는 것이다. 그러니까 세종이나 효종이나 생전의 재위 기간에는 그런 이름이 없는 것이다. 주변에 혹시 선조宣祖 때 나온 책이라면서 그 증거로 그 책에 '선조 운운' 하는 내용을 들이댄다면 위에 말한 근거로 그 책은 적어도 선조 때의 책이 아니라고 반박할 수 있다.[2]

한편 '군'이란 원래 왕자를 지칭하는 말이다. 왕의 적처, 즉 왕비에게서 난 왕자를 '대군'이라고 부르고, 빈嬪(우리가 통칭 후궁이라고 부르는)에게서 난 왕자를 '군'이라고 부른다. 수양대군首陽大君(뒤의 세조)은 세종의 왕비 소헌왕후昭憲王后 심씨의 둘째 아들(첫째는 단종의 아버지인 문종)이었으므로, 즉위하기 전에는 '대군'으로 불렸다. 광해군은 선조의 후궁인 공빈恭嬪 김씨의 아들이었으므로, 왕자였을 때 '군'이라고 불렸다. 폐위된 뒤 강등된 위의 세 경우는 모두 국왕의 지위에서 서자庶子 왕자로 낮추어졌음을 의미한다.

그런데 왜 '대군'이 아니라, '군'일까? 연산군, 광해군 할 때의 '군'이 왕자군의 '군'일까? 아니었다. 이 문제는 전혀 다른 데서 단서를 찾을 수 있었다. 폐왕에게 묘호를 올리지 않고 폄칭해 '노산군', '연산군'이라고 한 것은 그 전거를 확인할 수 있다. 즉 왕을 참칭한 경우는 '아무개 군君 누구'라는 식으로 기록한다는, 주자의 『자치통감강목』 범례가 그 근거이다.[3] 역사 기록에서 국왕답지 못했던 참칭한 군주를 '군'이라고 표현했던 것처럼, 국왕을 폐위시킨 뒤에는 '군'의 칭호로 격하해 불렀던 것이다.

또한 마찬가지 이치로 생각해볼 수 있는 것이 『단종실록』이라는 공식기록이다. 『조선왕조실록』은 조선시대의 많은 자료를 담고 있는 귀중한 자료로서 세계적으로 보기 드문 역사적 유산이다. 중국이 자랑하는 『이십오사二十五史』의 분량보다도 양적으로 많을 뿐 아니라, 그 기록을 남긴 역사가들의 수준도 결코 뒤떨어지지 않는다.

그런데 이 '실록'이라는 명칭은 그냥 붙이는 것이 아니다. 이것은 내용도 내용이거니와 정통성正統性을 확보한 왕의 시대를 기록한 역사서라는 상징성을 가지고 있다. 그러므로 '실록'이란 이름은 국가 최고의 가치와 권위를 가진 기록이라는 의미가 있다. 그 외의 기록에는 '일기', '등록' 등의 명칭이 붙는다. 『승정원일기』, 『춘방일기春坊日記(시강원일기의 별칭으로, 세자궁의 일기)』, 『비변사등록備邊司謄錄』 등이 그것이다.

따라서 폐위된 세 임금에 대한 기록은 각각 『노산군일기』, 『연산군일기』, 『광해군일기』라는 이름으로 불렸던 것이다. 지금도 『연산군일기』와 『광해군일기』는 여전히 그대로 부르고 있다. 다만 『노산군일기』는 지금 『단종실록』이라 부르고 있는 점이 다르다.

반성의 실마리

언젠가 『선조실록』을 읽던 중, 이상한 기록을 보게 되었다. 남효온南孝溫이라는 학자가 남긴 사육신의 기록을 선조가 보고는, 사육신을 '충신처럼' 묘사한 점을 지적하면서 그 책을 '불온서적'으로 말하고 있었던 것이다. 또 그 전후한 시기에 '단종'은 아직 '노산군'으로 불리고 있었다.

선조의 즉위는 조선 정치사에서 매우 중요한 전환기였다. 세조의 쿠데타로 금이 갔던, 조선 건국 이래의 이상이 실현되던 시기였기 때문이다. 태종에서 세종 때까지 조선은 문치주의를 제도화하는 데 진력했고, 그 결과는 집현전으로 나타났다. 그러나 세조는 집현전을 혁파했다. 여기에는 두 가지 의미가 있었다. 하나는 건국 이래 양성되었던 상당수의 집현전 학자들이 세조에게 죽임을 당함으로써 막대한 인적 손실을 입었다는 것이다. 둘째는 살아남은 집현전 출신 인사들도 세조에게 빌붙어야 했던 현실 때문에 원칙이 있는 위민寫民정치와 왕도정치의 비전을 정책으로 수립하고 추진하기보다는 공신 세력이 되어 사사로운 기득권의 유지와 향유에 만족할 수밖에 없었다.

결국 이런 현실은 성종 때 집현전 학자들의 학문적 후예들인 사림을 등용함으로써 조금 나아졌으나, 그 싹은 다시 연산군의 무오사화에서 짓밟혔다. 한 번 잘못 끼운 첫 단추가 옷 모양새를 그르치듯, 사화는 중종대의 기묘사화와 명종대의 을사사화로 반복되었는데, 그 본질은 기득권층인 척신戚臣과 공신세력들이 자신들의 권력 쟁탈과 세력 유지를 위해 민본정치를 주장하던 사림을 탄압하는 과정이었다. 선조의 즉위는 이런 악순환의 고리를 끊는 계기였다. 학계에서는 이를 사림정치의 시작으로 본다.

바로 이러한 배경 때문에 선조 때도 여전히 '단종'이 아니라 '노산군'이라 했던 것이고, '사육신'을 충신으로 묘사하는 책이 금서가 된 것이다. 처음에는 막연하게 불러왔던 명칭이나 그에 대한 역사적 평가가, 처음부터 그랬던 것이 아니라 그 역시도 기나긴 역사적 과정을 거쳐 수렴된 평가라는, 너무도 당연한 상식이 아직도 나에게는 상식이 되지 못했다는 역사학도로서의 자괴감이 들기도 했다. 그러나 선조대만 해도 단종의 폐위로부터 이미 100년이 지난 시기였고, 앞서 말한 배경을 감안한다면 내 자신을 박학비재薄學鄙才라고 자괴감까지 느낄 일은 아니었다. 아무튼 나는 단종의 복위가 단지 중종 연간의 어느 무렵이라고 대충 추측하고 있었을 뿐이었다.

사안의 중대성에 비추어볼 때 단종의 복위는 간단한 문제가 아니었다. 그것은 곧 세조의 정통성을 부정하는 것이 된다. 이런 일은 역사바로잡기를 수행할 문화적 역량의 축적이 필요한 사안이었다. 그 역량을 이끌 여론층이 형성되어야 하고, 그 평가 작업을 지속적으로 추진할 수 있을 만큼 인간의 삶과 역사적 가치에 대해 사상적으로 성숙되어야 하는 등, 결코 만만치 않은 장애들을 헤쳐야 할 과제였다.

연도, 그 시간 구획

그러면 왜 세조의 즉위가 논란이 되는지를 알아보기 위해 몇 가지 사실을 반추해보자.

> 단종은 세종의 손자이고, 문종의 외아들이다. 세종 23년(1441)에 태어났는데, 모친인 현덕왕후는 단종을 낳다가 돌아갔다. 문종이 즉위하자(1450), 단종은 세자로 책봉되었다. 문종이 재위 2년 만에 승하하자, 단종은 12살의 어린 몸으로 왕위에 올랐다(1452). 그로부터 만 3년 뒤에(단종 3년, 1455) 세조에게 선위하고 단종은 상왕이 되며, 이듬해(세조 2년, 1456) 상왕에서 폐위되어 영월로 유배되며, 유배된 다음해인 세조 3년에 세상을 떴다.

이것은 사실史實이다. 여기서 잠시 토막상식을 확인하고 넘어가자. 조선시대에는 1450년이니, 1452년이니 하는 서양 연호가 없었다. 따라서 엄밀히 말하자면 '15세기의 조선사회' 운운하는 표현은 성립할 수 없는 셈이다. 당시에는 '무슨 왕王 몇 년 간지干支(중국연호로는 몇 년)', 예를 들면, '세종世宗 20년年 무오戊午(正統3年)' 하는 식으로 표기하는 것이 상례였다. 지금의 서양 연호처럼 매년 숫자가 하나씩 더해지는 방식의 연도 관념과는 달리, 어느 왕이 승하하면 다시 1부터 시작해 햇수를 계산했다. 말하자면, 학생들이 가끔 쓰는 '분단조국 몇 년'이나, 일본에서 쓰는 방식대로 '소화昭和 몇 년' 하는 식이라고 이해하면 될 것이다. 연도의 표기방식이야말로 역사관이 가장 명료하게 반영된 것이 아닐까 하는 생각을 해본다. 단순히 양적으로 더하기를 하는 것이 아니라, 해당 역사 시기를 구획하는 인식체계이기 때문이다.[4]

이런 점을 염두에 두고 당시의 연도 표기 방법을 한 번 더 살펴보자. 우선 연도 표기는 왕의 재위 기간을 기점으로 따진다. 그런데 즉위했다고 해서 원년, 즉 1년이 되는 것은 아니다. 왜냐하면 즉위년은 통상 선왕先王의 마지막 해가 되기 때문이다.

> 태종 18년 = 세종 즉위년 = 서기 1418년
> 세종 원년(1년) = 서기 1419년

물론 사료에서는 1418년에 일어난 사건을 기록할 때, 태종 재위시에 일어난 일은 '태종 18년 무슨 일'로 쓰고, 세종 즉위 후에 일어난 일은 '세종 즉위년 무슨 일'로 적는다. 그런데 선왕이 승하한 뒤에 세자가 왕위에 오르는 통상의 왕위계승과는 달리, 선양禪讓이나 폐위廢位라는 것이 있다. 선양은 요·순·우 임금처럼 살아 있을 때 왕위를 물려주는 것을 말하는데, 조선 초기에 태조가 정종에게, 정종이 태종에게, 태종이 세종에게, 그리고 단종이 세조에게 왕위를 넘긴 것이 이에 해당한다. 이러한 선양의 경우에도, 앞서 예로 든 태종과 세종의 경우처럼, 연도 표기는 통상의 경우와 같다. 그러나 폐위되었을 경우는 문제가 달라진다. 우리가 살펴볼 노산군이나, 연산군·광해군은 폐위된 임금이었다. 이 경우에는 이들이 폐위된 뒤 왕위에 오른 왕을 기준으로 즉위년이라 하지 않고 곧바로 원년元年이라고 표기했다.

노산군 3년 = 세조 원년 = 서기 1455년

연산군 12년 = 중종 원년 = 서기 1506년

광해군 15년 = 인조 원년 = 서기 1623년(癸亥反正)

그런데 단종은 왕위를 세조에게 선양했다가 폐위당한, 아주 이상한 경우였다. 아무튼 단종으로 복위되기 전에 이미 세조의 재위 기간이 정해졌기 때문에, 그 뒤에도 단종은 여전히 다른 폐위 군주들과 마찬가지로 단종 3년이 세조 원년으로 남아 있어야 했다. 단종 3년을 세조 즉위년으로 하기에는 너무 복잡한 문제들을 해결해야 했기 때문이다.

합수부장과 9사단장

잠깐만. 전두환, 노태우 두 전직 대통령들의 재판을 보면서 떠오른 단상이 있다.[5] 피고인으로 재판정에 선 두 전직 대통령의 호칭에 관해 검찰 측에서도 고심했다고 하는데, 결국 피고 아무개 식으로 정리되었다. 법정에서는 그렇다 치고 일반 국민들 사이에서도 그들에 대한 호칭에 대해 아직 일정한 합의가 없는 듯하다. 그래서 이 기회에 하나의 제안을 하고 싶다.

'대통령'이란 지위는 국가의 원수元首이다. 그것은 국민들이 인정하는 공적公的 지위이다. 특히 국민국가(Nation-State)에서는 대외적 위신을 위해서도 그에 상응하는 지위를 헌법으로 보장하는 것이 상례이다. 그런데 우리나라의 한 전직 대통령은 귀양 갔다가 다시 법정에 섰고, 다른 전직 대통령은 잘 넘어가나 싶었더니 지은 업보가 있어 나란히 법정에 섰다. 그리고 '선양禪讓'을 한 또 다른 대통령은 선양을 하고도 국민 보기를 부끄러워했다.[6] 조선사회에서 했던 국왕에 대한 평가에서 힌트를 얻어 두 전직 대통령의 호칭을 어떻게 부를까 생각해보자. 일단 백담사 유배를 다녀오고, 감옥에 갇혔으니, 조선시대 왕으로 치면 '폐위'에 해당하는 조치가 확실한 것으로 보인다. 그러니까 '왕위에 있던 아무개는 폐위되어 연산군이 되었다'는 조선시대 기록을 통해 풀어보자. 지금 우리가 합의하고 있지 못한 것은 '대통령직에 있던 아무개는 폐위되어 무엇이 되었다'에서 '무엇'이다.

평범하게 '씨'를 붙이는 것은 너무 무책임하다. 왜냐하면 이것은 건강한 모든 국민들에게 통용되는 범칭이기 때문이다. 그래서 고심한 끝에 '대통령' 직함을 강등시켜서 한 사람에게는 '합동수사본부장 아무개'나 '중앙정보부장 아무개' 또는 '국보위 위원장'이라는 칭호를, 다른 한 사람에게는 '9사단장 아무개'나 '민정당 대표 아무개'라는 칭호를 주자는 생각을 하게 되었다. 그러면 대통령이란 국민의 공적 지위가 가지는 명예를 더럽히지 않아서 좋고, 그 칭호에 대한 역사적 평가가 있을 것이므로 그 자체로 그들에 대한 역사적 평가가 담긴 호칭이 될 것이기 때문이다.

그러면 '아무개 씨'라고 부르는 데서 오는 익명성으로의 도피도 막을 수 있고, 그 호칭 때문에 느낄지 모를 선량한 국민들의 피해의식도 덜 수 있지 않을까. 그런데 이러다 보면 '국가재건 최고회의 의장 아무개'도 나올지 모르겠다. 그뿐이랴! 4·19 의거로 폐위된 대통령은 어떻게 부르나? 한국 현대사가 힘들게 지나온 것은 틀림없는 듯하다. 내가 제안한 것은 국사國史에 기록될 정식 명칭에 관한 것이다. 국민 개개인이 나름의 생각에서 어떻게 부르느냐는 문제까지 간여할 필요는 없다고 본다.

선위禪位의 명분

세조에 대한 학계의 평가는 조금 복잡하다. 우선, 단종에게서 왕위를 빼앗았다고 보는 점에는 큰 차이가 없는 듯하다. 그러나 세조대의 업적, 예를 들면 북방 개척이나 『경국대전』의 완성 같은 문화 발전을 들어 세조 정권을 긍정적으로 평가하는 시각도 있다. 한편에서는 세조 정권이 찬탈 정권(쿠데타 정권)이며 세조의 정치 운영이 반反유가적이었고, 동시에 공신功臣 중심의 권력구조를 가지고 있었다고 비판한다. 이런 시각은 국왕의 나이가 어리다고 해서 그것이 정권 이양의 명분이 될 수 없고, 세조가 당시 보편적 이념으로 자리잡아가던 유가적 정치 질서에 어긋나는 공신 중심의 정치를 펼쳤으며, 그 문화적 성과라는 것도 이미 세종조에 심어진 열매를 따먹은 것이라고 평가하는 것과 일맥상통한다.

이제 노산군이 단종으로, 성삼문을 비롯한 역적들이 충신이 되어가는 과정을 살펴보기로 하자. 앞서 우리는 우리가 알고 있는 단종이나 사육신이라는 호칭이 처음부터 당연한 것으로 받아들여지지도 않았고, 그런 호칭이 역사 속에서 정당성이 획득되기에는 많은 시간이 필요했다는 점을 확인한 적이 있다.

단종이 세조에게 선양할 때 내린 교서敎書에는 선위의 이유를 다음과 같이 기록했다.

> 내가 어린 나이로 즉위해 깊은 궁궐에 있으면서 안팎의 일들을 모르는 것이 많았다. 그래서 흉도들의 반란을 초래했고 국가에 변이 잦았다. 숙부 수양대군이 충의로운 마음으로 나를 도와 어려움을 극복했다. 그러나 흉도들이 사라지지 않고 있으니 이는 내가 진정시킬 수 있는 일이 아니다. 종묘사직의 책임이 숙부에게 있다. 덕망으로 국가에 공이 있어 천명과 인심이 귀의하고 있다. 이에 무거운 짐을 벗어 숙부에게 준다.[7]

앞의 교서는 수양대군을 비롯한 여러 신하들이 금성대군錦城大君(세종의 여섯째 아들)의 모반사건을 단종에게 보고한 이후 바로 나타나는 기사이다. 당시 수양대군은 영의정이었다. 조선시대에 종친宗親은 관직에 들지 못했는데, 수양대군이 심지어 이조판서와 병조판서까지 겸직을 한 것은 당시 정치 운영의 파행상을 보여주는 예가 될 것이다.

이에 앞서 1453년(癸酉年) 단종 원년에 안평대군安平大君(세종의 셋째 아들)을 비롯해 김종서金宗瑞·황보인皇甫仁 등 구신舊臣들이 수양대군에 의해 제거되었는데, 이를 계유정난癸酉靖難이라 한다. 이미 그 뒤부터 수양대군은 국정의 실권을 장악하고 있었다. 앞의 기사에서 말한 '흉도'란 바로 수양대군에 의해 제거된 이들을 가리킨다. 수양대군이 자신의 권력에 장애가 될 가능성이 있는 모든 세력을 제거하는 데 성공한 후 바로 이어서 단종의 선위가 이어졌다는 점은 당시 상황을 이해하는 데 시사하는 바가 크다.

그런데 눈여겨 볼 것은 아무래도 선위의 명분이 약하다는 점이다. 나이가 어리다는 것이나 국가에 변란이 많다는 것이 왕위를 내놓아야 할 이유가 되지는 못한다. 더욱이 나이가 어린 것이 이유라면 이미 문종이 승하한 후에 바로 문제가 되어야 했다. 국왕이 어린 탓에 의정부의 권한이 강해져서, 관리를 임명하는 데도 의정부에서 해당 인물에 노란 표를 하여 건의하면 단종이 낙점을 했다고 하여 당시에 '황표정사黃標政事'라는 말이 돌았다고 한다.

그러나 그렇다고 그것이 선양을 해야 할 이유가 되지는 않는다. 마찬가지로 변고가 많다는 것도 그것은 국왕이 적극적으로 해결할 문제이지, 그로 인해서 왕위를 내놓아야 할 일은 아닌 것이다. 단종이 세조에게 왕위를 넘겨준 일은 기록에는 '선위'라고 나와 있지만, 실은 세조가 빼앗았다고 보는 이유가 여기에 있다.

한 가지 더 보자면, 세조 2년에 성삼문成三問 등의 상왕上王 복위운동이 사전에 발각되어 이른바 사육신 등 70여 명이 죽음을 당하고, 이에 연루되어 단종이 노산군으로 강봉降封되어 영월로 유배를 떠나게 된 사실이다. 집현전의 학자 출신을 중심으로 세조 정권에 반대하는 세력이 상당히 결집되고 있음을 보여준 이 사건은, 동시에 상왕으로서의 단종의 지위가 얼마나 취약한 상태였는지를 단적으로 보여준다.

상왕이 강봉을 당했다는 사실! 유교정치에서는 선왕의 정치를 하나의 모범으로 인정한다. 선왕 재위 때에 제정한 법률은 물론, 관행적인 일도 함부로 바꾸지 않는 것이 불문율로 되어 있었다. 그런데 세조는 선왕인 상왕 단종을 강봉했다. 이 사실은 세조와 단종의 관계가 상왕과 금상今上의 관계가 아니라, 그런 형식에 가탁한 정치적 대립관계였음을 보여주는 것이고, 따라서 일련의 정치 상황은 그 대립적 권력투쟁에서 세조가 권력을 장악해가는 시나리오의 연장이었다.

그 어려운 첫걸음

세조가 재위 기간 중에 알지 못할 병으로 고생하다가 세상을 뜬 후, 예종睿宗(세조의 둘째 아들)이 1년 남짓 임금의 자리에 있다가 승하하고서 즉위한 임금이 성종(예종의 형인 덕종의 아들)이다. 학계에서는 이 시기에 일단 건국 이후 계속된 국가 체제의 정비가 이루어진 것으로 본다. 그러나 성종대에도 세조대의 구신舊臣들이 살아있었고, 성종이 세조의 손자였던 점을 감안한다면, 단종과 관련된 어떤 사안에 대해 말을 꺼내기가 아직은 어려웠던 것으로 짐작할 수 있다. 연산군 원년(1495)에 편찬된 『성종실록』을 보더라도, 사육신 사건의 밀고자인 김질金礩에 대해 "재상宰相의 풍모가 있고 어질며 선비를 사랑했다"고 적고 있는[8] 등, 여전히 역사적인 평가는 이전과 새로운 것이 없었다.

특히 중요한 것은 이런 문제를 제기할 힘이 아직 갖추어지지 않았다는 사실이다. 미래에 대한 전망과 기개 있는 젊은 신진 학자들이 세조에 의해 죽임을 당하고 난 뒤라, 살아있는 사람들마저 칩거하거나 방랑하면서 울분을 달래고 있었던 시절이었다. 매월당梅月堂 김시습金時習은 대표적인 인물이었다. 물론 이들은 칩거하면서도 학문을 닦고 후학을 양성해, 후일 조선사회의 활기찬 주역으로 등장한다. 이들이 바로 사림士林이다.

이런 와중에도 서서히 어떤 조짐이 보이기 시작하는데, 그 대표적인 예가 남효온南孝溫(1454~1492)에 의해 제기된 소릉昭陵 복위 상소이다. 생육신의 한 사람이기도 한 남효온은, 나중에 선조가 그가 쓴 『육신전』을 보고 사육신을 충신으로 서술했다는 이유로 금서 조치했던 일화의 주인공이다. 그런데 거의 없다는 말이 옳을 만큼 '생육신'에 대한 학계의 연구는 소략하다. '생육신'은 숙종 34년 단종이 복위된 이후 표창되는 김시습·원호元昊·남효온·성담수成聃壽·이맹전李孟專·조려趙旅 등 여섯 분이다.[9]

후일 사림의 선배로 존경받는 김종직金宗直의 문인이기도 했던 남효온은 성종 9년(1478)에 소릉을 복위하자고 상소했다. 소릉은 현덕왕후顯德王后의 능호陵號로, 통상 이렇게 능호를 사후의 칭호로 삼는다. 현덕왕후는 문종의 비妃 권씨로, 단종의 어머니이며, 단종을 낳다가 돌아갔다. 그런데 소릉의 아버지인 권자신權自身이 세조 2년에 성삼문 등의 상왕복위 운동에 참여했다가 거열형車裂刑을 당했다. 세조는 형수이기도 하지만 왕위계승의 종법宗法상으로는 자신의 할머니가 되는 현덕왕후마저 폐하는 악업을 쌓는다. 게다가 소릉을 묘자리로는 가장 나쁜 어느 강가로 옮기는 방법까지 썼다.

남효온의 상소는 도승지(현재의 대통령 비서실장. '도都'는 우두머리, 즉 여섯 승지承旨

중 '장장長'이란 뜻) 임사홍任士洪과 영의정 정창손鄭昌孫이 중간에서 차단함으로써 성종에게 들어가지 못했다. 정창손은 사육신 사건의 밀고자인 김질의 장인인데, 이후 누차에 걸친 공신책봉으로 승승장구해 영의정의 지위에 올라 있었다. 그러나 약 30년 뒤인 연산군 10년(1504)에 일어난 갑자사화 때 한명회 등과 함께 부관참시剖棺斬屍(관을 꺼내 시체의 목을 치는 형벌) 당한다.

언젠가 나는 연산군의 등장은 세조 찬탈 때 예견된 것이라는 의견을 낸 적이 있다. 물론 논문으로 제출된 것은 아니지만 어느 정도 정리된 관찰에 의한 견해였다. 정통성 없는 정권의 담당자들이 바른 일을 할 리가 없으며, 그런 배경에서 자란 후배들이 제대로 정치를 할 리가 없다는 상식을 놓고 보면, 그런 상황인식이란 것이 그리 어렵게 도출되지는 않았다. 임사홍은 찬탈 1세대가 낳은 2세대 간신이며, 정창손은 갑자사화 때 바로 2세대 간신들의 부추김을 받은 연산군에 의해 죽은 뒤에도 수모를 당한 것이었다. 인과응보라는 말이 이렇게 어울릴 수가 없다.

그러나 이들의 이전투구와 같은 권력투쟁만으로 이 시대를 이해하고 넘어가기에는 역사적 교훈이 너무 준엄하다. 이들은 권력투쟁의 와중에서도 남효온의 상소를 막았고, 뒤의 무오사화에서 보이듯이 역사의 정당한 흐름을 회복하려는 노력에 대해서는 힘을 합쳐 탄압했다. 이들이 백성들의 생활 안정에 힘을 쏟을 리는 만무했다. 잘못된 역사의 물줄기를 바로잡는 일은, 결국 이들을 극복하는 새로운 세력에 의해 성사될 수밖에 없었다.

찬탈은 간신奸臣을 낳고

임사홍任士洪은 그 아들들이 예종과 성종의 사위였으며, 이를 기화로 권력을 등에 업고 횡포를 자행하던, 조선조의 대표적인 간신이었다. 도승지에 올라 유자광柳子光과 파당을 이루어 전횡을 부렸으며, 연산군 4년(1498) 무오사화戊午士禍 때에 신진 사림들을 김일손金馹孫의 사초史草(후일 정리된 기록을 남기기 위해 사관이 그때그때 적어놓는 일차 자료) 사건에 얽어 숙청했다. 무오사화는 이극돈李克墩 등이 자신의 비위 사실을 있는 대로 적은(直敍) 사관 김일손 등에게 보복하기 위해, 김종직의 「조의제문弔義帝文」이 세조에게 죽임을 당한 단종을 애도한 글이라고 몰아가 모반죄로 얽음으로써 일어난 사건으로, 연산군 폭정의 서막이었다.

「조의제문」을 발음할 때 종종 한글을 읽는 호흡에 따라 '조의 – 제문'이라고 읽는데, 원래는 '조 – 의제 – 문'으로 읽어야 한다. 항우項羽에게 죽음을 당한 의제를 조문하는 글이란 뜻이기 때문이다. 김종직이 실제로 세조의 찬탈에 비유해 이 글을 썼는지는 알 길이 없다. 다만 임사홍 등이 그 글로 김종직 등을 모반죄에 얽었던 데는 그 글의 내용은 제쳐두고라도, 세조 찬탈의 명분에 대해 임사홍 일당과 김종직 등 사림들 사이에 첨예한 견해의 차이가 있었다는 사실을 다시 한 번 확인시켜준다. 그 명분의 차이는 경제 정책의 기조, 정치 운영의 원칙 등의 차이와 연관되어 있었다.

연산군 10년에 일어난 갑자사화甲子士禍는 참으로 참혹했다.[10] 어떤 사람들은 폐비廢妃 윤씨가 사약을 먹고 죽었을 때 흘린 피가 묻은 적삼을, 윤씨의 어머니, 그러니까 연산군의 외할머니가 연산군에게 보여주면서부터 생기기 시작한 복수심에서 일어난 사건이라고 해석한다. 그러면서 동시에 연산군에 대한 연민까지 들먹인다. 그러나 연산군은 피 묻은 적삼을 보기 전부터 이미 폭군이 되어 있었다. 말하자면, 적삼을 보고 폭군이 된 게 아니라, 이미 폭군이었는데 마침 피 묻은 적삼이 등장해서 그 광기를 한껏 발휘할 핑계가 된 것이었다.

중종반정中宗反正 이후

연산군의 폭정을 견디다 못해 일어난 일이 중종반정이다. '반정反正'이란 말은 '올바른 데로 돌린다, 정상화한다'는 의미이다. 이미 세조 때의 공신들이 모두 죽은 뒤이기도 하고, 연산군 때의 간신들이 반정으로 제거된 뒤라서, 이후의 단종과 사육신 복권 논의는 새로운 국면을 맞는다.

중종의 개혁 의욕과 조광조 등 막 정계에 자리를 잡기 시작한 사림들의 왕도정치 이상이 맞아떨어져 한창 활기찬 혁신 작업이 진행되던 중종 12년(1517) 8월에 성삼문과 박팽년 등에 대한 역사적 평가를 둘러싼 논의가 있었다. 그 대화를 들어보도록 하자.

> 정순붕鄭順朋 : 성삼문과 박팽년은 노산군을 복위하려 했는데, 죄로 말하면 죽어 마땅하지만, 두 마음을 품지 않은 절의를 죄줄 수는 없습니다. 지금까지도 난신으로 기록되어 있는데 이는 임금으로서 가져야 할 공평하고 정대한 마음이 아닙니다.
>
> 이청李淸 : 그때 당시에는 옳지 않은 듯했지만, 대의가 정해진 후에는 사람들이 의롭다고 생각하고 있으니 이제 난신이라는 오명을 씌우는 것은 안 될 일입니다.
>
> 기준奇遵 : 성삼문과 박팽년 같은 이들은 세조에게는 적신이지만 노산군에게는 충신입니다. 그때는 어쩔 수 없어 벌을 주었지만, 지금이야 무엇을 꺼릴 것이 있겠습니까.
>
> 중종中宗 : 절의를 높여서, 근본을 키우는 것은 좋은 일이다. 성삼문과 박팽년 등의 일을 대신과 의논하도록 하겠다.[11]

아침공부(朝講) 시간에 있었던 이 대화는 비교적 젊고 개혁의지를 가지고 있던 신진新進들이 중종을 설득하는 대목이다. 중종도 이들의 말을 듣고 대신들과 상의하겠다고 긍정적으로 답했다. 대화에서 보이듯이 현실정치에서 벌어지는 권력투쟁의 결과보다는 이들의 삶의 태도에 가치를 부여해야 한다는 입장을 가지고 이들의 복권 논의가 전개되고 있음을 알 수 있다. 여전히 단종은 노산군이었지만, 이제 성삼문 등에 대한 복권의 근거는 마련되어가고 있었다.

그러나 이런 노력은 불과 2년 뒤의 기묘사화로 인해 좌절되고 만다. 기묘사화는 조광조 등이 시도한 급진 개혁으로 기득권을 상실당할 위기에 놓인 반정공신 등 수구세력의 역공과, 개혁에 염증을 느낀 중종의 변심이 일으킨 정변이었다.

이후 인종 원년에 한주韓澍 등이 육신六臣에 대한 표창을 건의했으나 인종도 단명으로 세상을 떴고, 이어 명종대에는 중종비인 문정왕후를 등에 업은 윤원형 일파의 척신정치가 오랜 기간 계속되면서 복권 논의는 소강상태에 빠졌다. 명종이 즉위하자마자 을사사화乙巳士禍(1545)·정미사화丁未士禍(1547) 등 사림에 대한 탄압이 가속화되었다. 바로 이 시기에 우리가 잘 알고 있는 임꺽정도 활동했다. 하긴 소수가 권력을 농단하면서 기득권에 혈안이 되어 있는 판에 백성들의 생활이 정상적으로 유지되기를 기대하는 것은 무리일 것이다.

거스를 수 없는 대의大義

흔히 사림정치가 본격화하는 시기로 언급되는 선조대에 이르러서도 이들에 대한 복권은 여의치 않았다. 선조 2년의 어느 날 경연에서, 퇴계와의 사단칠정四端七情 논쟁으로 우리의 기억 속에 남아 있는 고봉高峯 기대승奇大升은, 그들의 의도는 단지 상왕(단종)을 복위하려는 것이었는데 반란을 일으키려는 것으로 세조가 오해했다며, 복위를 건의한 일이 있으나 별다른 성과를 얻지 못했다. 기대승의 논리는 세조에 대한 '반역'과 상왕 복위를 분리해 생각하자는 것이었다. 실은 이 논리 밖에는 없었다. 이미 사육신이 세상을 뜬 지 100년이 지난 시점이었지만, 기대승의 문제제기는 더 이상 진전되지 않았다.

그렇지만 민의는 단종의 억울함을 여전히 기억하고 있었다. 박충원朴忠元이 영월군수로 있을 때 고을에는 요사한 일들이 발생해 인명이 상했다고 한다. 특히 관청의 관리들이 이름 모를 병으로 죽어가면서 민심이 흉흉했다. 이때 사람들은 장례조차 변변히 치르지 못하고 죽은 노산군의 원혼 때문에 생긴 일이라고 했다. 실제로 노산군은 사인도 분명치 않게 죽은 뒤 영월의 아전이었던 엄흥도嚴興道의 손에 간신히 수습되어 장례를 지냈다고 한다. 아무튼 이런 민원에 따라 노산군 묘에 제문을 지어 제사를 올리고 나서야 이상한 일들이 그쳤다고 한다.

노산군의 원혼과 흉흉한 사건 사이에 실제로 관계가 있었는지 여부를 묻는 것은 어리석은 일이다. 하지만 설화나 소문 등은 그 인과관계의 합리성만으로는 설명되지 않는 다른 차원의 해석이 필요한 경우가 많다. 적어도 민심은 노산군의 억울한 죽음에 공감하고 있었고, 그런 정서를 그 사건에 연관시켜 표출한 것이었다. 그때 올린 제문은 찾을 길이 없어 알 수 없지만, 어쨌든 영월이라는 한 고을 수준에서 원혼을 달래는 일이 군수郡守라는 공식 지위를 가진 이에 의해 이루어진 셈이다.

끊이지 않는 문제제기

병자호란으로 피폐해진 나라를 재건하려는 움직임이 활발하던 효종 3년, 조경趙絅은 성삼문 등 사육신의 이름을 구체적으로 거론하면서 이들에 대한 정려旌閭(어떤 사람의 행동을 기리는 일)를 청했다. 그런데 여기서 짚고 넘어갈 것은, 관작을 회복하는 것과 정려하는 것은 다른 문제라는 점이다. 현종대에도 같은 내용이 거론되었는데, 이를 기록한 사관史官은 다음과 같이 말했다.

> 노산군은 우리 선왕의 적통을 이은 후손으로 피붙이 없이 왕위를 세조에게 양보했고, 그때의 충신, 열사들이 지금까지 피를 씻고 있을 정도이니 후사를 세워 제사를 받들게 하는 일은 당연하다. 그러나 연산의 폭정은 걸·주보다 더했고 광해의 죄는 윤리와 기강에 관련된 일이니, 어떻게 노산군과 같이 후사를 세우라고 청할 수 있는가! 성삼문 등은 상왕 복위가 이루어질 수 없다는 것을 알고도 실행했으니, 그 진실성이 지극한 데 비해 그들의 의지는 슬프다. 이들의 관작을 복직시키는 것은 훌륭하지만, 정표하고 사당을 세우는 일은 이 왕조에서 제기할 일이 아닌데 김덕원金德遠이 가볍게 말을 꺼내자, 사태를 아는 사람들은 잘못이라고 했다.[12]

이 기록은 숙종조에 서인西人이 집권하면서 다시 편찬한 『현종개수실록』에도 수정 없이 그대로 기록되어 있다. 사관의 말에 따르면 관작을 복원하는 일은 죽은 자의 신원伸寃 차원에서 할 수 있을지 모르지만, 정표하고 사당을 세워 그들의 행위에 정통성을 부여하는 일만은 조선왕조에서 거론할 수 없다고 했다. 이 기록에 나타난 사관의 견해를 통해 느낄 수 있는 분위기는 자못 체념적이기도 하고, 국가 차원의 조치는 기대할 수 없다는 판단이

깔린 듯하다.

그러나 다른 한편, 노산군이 연산군이나 광해군과는 다른 사안이라는 점, 사육신을 비롯한 희생자들에게 정통성을 부여하자는 의견이 조정에서 정식으로 제기되었다는 점에서 단순한 일은 아니었다. 실제로 현종도 몇 달 동안이나 이 상소에 대해 가타부타 답하지 않았고, 단지 김덕원의 관직만 교체했다는 데서 노산군과 사육신에 대한 역사적 평가는 일정한 합의가 이루어져가고 있었음을 알 수 있다. 문제가 되는 것은 사관의 말대로 조선왕조 기간에 할 수 있는 일인가 없는 일인가, 할 수 있다면 그 실마리는 어떻게 풀어야 하는가 하는 일이었다.

군君에서 대군大君으로

노산군을 연산군이나 광해군과 같게 보아서는 안 된다는 합의는 곧 노산군을 노산대군으로 바꾸는 것으로 현실화했다. 숙종 7년(1681), 그러니까 숙종 즉위년부터 정권을 담당했던 남인南人이 경신대출척庚申大黜陟(1680)으로 실각하고, 서인西人 정권이 들어선 이듬해 7월 무더운 어느 날의 낮 공부(晝筵) 시간에 숙종은 이렇게 말했다.

> 상이 이르기를,
> "정실의 왕비 소생은 대군이나 공주라고 부르니, 노산군도 대군으로 불러야 한다. 대신들은 의논하라."
> 했다. 대신들은 상의 말씀대로 대군으로 고쳐야 한다고 의견을 모았다.[13]

숙종의 견해는 참으로 기발하다는 생각이 든다. 이것은 이 사건에 대해

200년 이상 축적된 합의가 낳은 대안이며, 올바른 역사적 평가를 내리기 위한 여러 단계 중의 하나였다. 숙종의 착상인지, 이전에 어떤 의논이 있었는지는 확인할 길이 없지만, 이 대목은 '폐군'으로서의 노산군이 '정비의 왕자'인 노산대군으로 넘어가는 극적인 순간이었다.

따지자면, 연산군도 폐비 윤씨, 즉 성종의 정비였던 정현왕후의 왕자로 세자에 책봉되었던 까닭에 같은 폐군이라면 연산군도 연산대군으로 불러야 될 일이었다. 또 애당초 폐위된 이들에게 붙였던 '군'이란 칭호는 '군주의 자격이 없는데도 참칭했던 군주를 폄하하는 명칭'이었기 때문에 숙종이 말한 논법과는 맞지 않는 것이었다. 그런데도 신하들 중 누구도 이의를 제기하지 않았다. 숙종의 입장과 의도를 이해했기 때문일 수도 있다. 여기서 연산군은 빠지고 노산군만 대군으로 부르도록 했다는 것은, 앞서 말했듯이 다른 폐군과 노산군의 차별화가 공인되었다는 의미를 갖는다.

'단종'으로, '충신'으로

한편 이로부터 10년 후, 숙종은 노량진에 자리한 사육신묘에 제사를 지내게 하고, 복관 조치를 내리면서 사당에 편액도 하사한다. 당시 이미 민간 차원에서 사당을 짓고 제사를 지내오던 터였다. 그러므로 편액을 내림으로써 사당 건립을 사후 승인한 셈이었다. 이런 배경에는 숙종 6년에 강화유수 이선李選이, 세조도 아들인 예종에게 '사육신은 충신'이라고 유시諭示했다는 것을 근거로 사육신을 정려할 것을 요청했던 상소에서도 나타나듯이, 사육신을 충신으로 표창해야 한다는 공론이 뒷받침하고 있었다.

숙종 24년(1698)에는 현감縣監을 지낸 적이 있는 신규申奎가 노산대군의 왕호를 회복하라고 상소했다. 이후 숙종은 조정의 신하는 물론 지방관과 이미 관직을 그만두고 초야에 있는 사람들에게까지 의견을 묻도록 했다. 한 달 뒤인 10월에 숙종은 승정원에 비망기備忘記를 내려 노산대군의 왕호를 추복하게 했다. 단종이 영월 땅에서 승하한 지 햇수로 242년 만의 일이다. 비망기의 내용은 이러하다.

> 내가 기억하기로는 세조께서 선양받은 처음에는 노산을 태상왕으로 높여 받들었고, 또 매월 세 번 인사를 올렸다. 불행하게도 뒤에 처분을 내렸지만, 아마도 세조의 본심은 아니었을 것이며, 그 근원을 따져보면 저 육신에게서 유래한다. 그런데 육신은 이미 사람들의 기림을 받았으니 그들의 임금의 위호를 복위시킨다고 해서 무슨 꺼릴 것이 있겠는가. 나는 지금 추복하는 것이 세조의 성덕을 더욱 빛낼 것이라고 생각한다.[14]

이후 곧바로 온 나라의 축하 속에 단종 복위가 반포됨으로써, 영월 땅에서 쓸쓸히 승하한 이후 243년 만에 후손들에 의해 단종의 위치는 다시 본래의 자격과 평가를 받게 된다.

물론 숙종 24년의 단종 복위 결정이 나기까지도 많은 이견이 제시되었다. 단종을 복위할 경우, 세조보다 위차位次가 위가 된다는 이유를 들어 불가함을 주장하는 이도 있었다. 이는 분명 단종을 복위할 경우 세조의 정통성 문제로까지 이어지는 사안임을 염두에 둔 주장이었을 것이다. 앞서 현종조의 사관이 이 논의는 본조에서 할 수 없는 문제라고 했던 견해와 같은 맥락이다. 또 선조先朝의 일을 거론했다며, 복위를 청한 이들의 관직을 삭탈하고 단종의 신위神位를 종묘에서 내칠 것을 주장한 이도 있었다. 그러나 이와 같은 논의는 대세를 거스를 수 없었다. 이후 숙종 30년에 『노산군일기』는 비로소 『단종실록』이라는 이름을 얻게 되었다.

냄비근성은 우리의 유전자가 아니다

　대체적으로 단종 복위 논의는, 먼저 사육신의 복위 운동과 단종의 직접적 연계성을 분리하고, 또 사육신의 행동이 정당했음을 주장해 본보기가 될 모범으로 높이면서, 이어 다시 그것을 근거로 단종의 복위를 시도하는 수순을 밟아 나갔다. 하지만 이 글에서 살피고자 했던 것은 역사를 바로 세우는 과정에서 나타난 조선시대의 정치적 타협이 어떠했는가가 아니었다. 실제로 사육신과 단종의 재평가가 이루어지는 수순은, 그런 타협의 과정이 아니었다. 그것은 하나의 인간관이 형성되는 과정이며, 그러한 인간관을 추구하는 사람들의 형성 과정이었다.

　이런 질문도 가능할 것이다. 단종을 복위했다면, 세조를 폐하든지 해야 할 것이 아니냐고. 그래서 '정치적 타협'이라는 관점에서 이 문제를 생각할 수도 있지만, 그것은 정치적 타협의 문제가 아니라 체제의 문제였다. 이 문제를 좀 더 검토하기 위해서는 국왕이란 존재가 조선사회에서 과연 무엇이었나에 대한 연구와 이해가 필요할 것이다.

　또 혹자는 왕조시대의 한계라고 말할지 모르겠다. 재판을 통한 법적 판결이라는 규칙을 지키느라 지루한 재판을 인내해야 하는 것이 우리 시대의 한계라고 말한다면 나는 그것이 왕조시대의 한계라고 인정할 것이다. 그러나 단지 그것을 한계라는 관점에서 파악하기보다는 최대한의 정당성과 합의를 끌어내기 위한 인내와 노력이라고 생각한다. 그렇기에 결코 눈을 돌려서는 안 된다.

　숙종대에 이르는 역사 바로세우기는 정당했다. 그리고 적어도 이런 일을 이루어낼 수 있는 인간들이 이끌어간 사회는 불의나 협잡, 음모와 사욕으로 더럽히기 어려운 건강성을 유지할 수 있었으리라 생각한다. 이런 시대라면 한 번 살아볼 만하겠다는 부질없는 생각도 해본다.

그런데 일제시대부터 지금까지도 우리는 이 시대를 망해가는 시대로 이해하고 있다. 기껏해야 장희빈의 치마폭만 연상하게 만드는 시대로 알고 있다. 남인에서 서인으로, 다시 남인에서 노론으로, 변덕스런 당쟁이 계속된 시대로 서술하고 있다. 그러나 그들의 삶의 무대였던 조선시대는 결코 흥미 위주의 이야깃거리로 이해할 수도, 이해되지도 않는, 격조가 있던 역사의 무대였다. 단종과 사육신의 복위를 다루면서 다시 생각해보고 싶었던 것은 다름 아닌 옳은 것을 공인하기 위한 선조들의 긴 여정이었다. 사실의 확인을 통한 조선 역사의 복원이었다. 그리고 원래 조선인들은 쉽게 잊지 않는다는 것이었다. '냄비 근성'은 조선인의 유전인자가 아니라는 것이었다.

고운 님 여의옵고

제천에서 영월로 진입하는 어귀 왼편에 단종의 능침인 장릉莊陵이 있다. 장릉 건너편에서 뭔가 전해지는 장중한 무게에 눈길을 돌리자 높지 않은 산줄기에 빽빽이 들어선 소나무들이 내 몸으로 들어온다. 그랬다. 분명 그때 그 소나무들을 눈으로가 아니라 몸으로 보았다. 아니, 그 소나무들은 몸으로 보아야만 보였을 것이다. 그리고 나도 모르게 중얼거렸다. "그래, 외롭지 않았으리라 ……."

또 하나, 아직 신원이 정확이 알려지지 않은, 영월로 단종을 호송한 금부도사라고 하기도 하고, 사약을 가지고 간 금부도사라고도 하는 왕방연王邦衍의 시 한 수가 유배지 청령포 건너 길가에 시비로 남아 있다.

천만리 머나먼 길 고운 님 여의옵고
이 마음 둘 데 없어 냇가에 앉았으니
저 물도 내 안 같아 울어 밤길 예놋다

  몇 년 전 가을, 세조대를 같이 공부하던 학우들과 광릉수목원으로 잘 알려진 세조의 능침인 광릉光陵과 그 원찰願刹인 봉선사奉先寺를 답사했다. 비가 오고 일정이 지체되어 답사 후 남양주 구리에 있는 석실서원터를 더 돌아볼 요량으로, 진건면에 있는 단종비 정순왕후定順王后의 능침인 사릉思陵을 그냥 지나쳤다. 매일 산에 올라 어딘가를 보며 절을 하고 울곤 하던 여인이 있었다는데 ……. 동네 사람들도 그 여인이 정순왕후인지 몰랐다고 한다. 그래서 능호조차 '그리움 속에 살다가 간 사람의 무덤(思陵)'이던가.

에필로그

    지금 한국고전문화연구원에서 『조선왕조실록』을 재현하는 복본複本 작업을 하고 있다. 실록 출간 당시의 모습대로 재현하려는 것이다. 종이, 먹 등 모든 조건을 똑같이 할 수는 없겠지만, 현재 가능한 방법과 재료를 가지고 복본화하는 것은 보존과 활용 두 측면에서 의미 있는 일이다.
    복본화 작업에는 실록에 대한 소개 책자도 포함되어 있다. 실록과, 실록을 탄생시킨 조선사회를 대표할 사료와 그에 대한 해석이 소개 책자의 내용 중 일부이다. 그 집필을 내가 맡았는데, 막상 사료를 선별하려고 하니 이게 녹록치 않았다. 이것도 넣고 싶고, 저것도 넣고 싶고, 추리고 나면 너무 사적인 관점만 들어간 듯하고. 그래서 주위 몇몇 분들에게 이메일을 보내, 평소 연구를 하면서 실록 중에서 떠오르는 사료가 있으면 추천해달라고 했다. 그러던 중 동료 학자 한 분이 아래의 사료를 추천했다.

> 이양원李陽元을 한양에 남을 유도대장留都大將으로 삼고, 대신大臣 이산해李山海 이하 재신宰臣 수십 인으로 하여금 함께 왕을 호종扈從하도록 결정했다. 좌의정 유성룡柳成龍은 체찰사로서 미처 떠나기도 전에 왜적이 가까이 왔으므로 한양에 머물면서 지키도록 명했다. 도승지 이항복李恒福이 동료 노직盧稷에게 말하기를, "임금님의 수레가 떠난다는 명령이 내리자 벌써 대궐 안이

비었으니, 도성을 나가는 날에는 따르는 자가 틀림없이 얼마 되지 않을 것이다. 만약 평안도로 파천이 계속되어 국경에까지 이르게 되면 강 하나 사이가 바로 중국의 강토이니, 거기에 가면 분명히 교섭하고 대응해야 할 일이 있을 것이다. 지금 조정의 신하들 가운데 명민하고 능란하며 경우가 바르고 말솜씨 있는 사람은 유 정승만 한 이가 없다. 임금님의 행차가 떠나고 나면 누구도 한양을 지킬 수 없을 것이니, 유 정승이 한양에 머문다면 결국 패전한 신하가 될 수밖에 없을 것이다. 그러나 유 정승이 만약 행차를 호종해 간다면 틀림없이 많은 도움이 될 것이다" 하고, 즉시 따라가게 하도록 왕에게 요청하니, 선조가 허락하고 유도대장을 유성룡에서 이양원으로 바꾸어 명령했다.[1]

1592년 4월, 왜적의 침입으로 선조宣祖가 평안도로 파천하는 다급한 상황에서 있었던 일이다. 여기서 이 사료를 소개하는 이유는, 바로 이 사료에 대한 해석 때문이다. 그 동료 학자는 이 사료를 추천하면서 이렇게 해석했다.

    이 기사는 원래 유성룡을 유도대장으로 삼기로 되었던 것을 이항복의 건의에 따라 이양원으로 교체하는 기사입니다. 처음에 이 기사를 보았을 때 속으로 조선이 아직 망할 때가 안 되었구나, 라고 생각했습니다. 결정적인 순간에 결정적인 판단을 할 수 있는 사람이 왕 옆에 있었기 때문입니다.

나중에 만난 자리에서 나는 "그런 결정적인 판단을 국왕이 받아들일 수 있었고"라는 말을 덧붙였다. 그는 나의 동료이자 후배 학자이다. 그러나 난 그의 해설을 들으면서 순간 콤플렉스를 느꼈다. 내가 놓친 사료, 아니 놓친 해석이었기 때문이었다. 역사학자라면 사료를 보고 이런 수준의 해석을 해야 하지 않는가?

조선시대, 조선의 문명을 보여주는 사료가 너무 많아서인지, 통상 역사학자들의 해석에서는 이런 안목을 발견하기 어렵다. 나 역시 그렇다. 이 책의 에필로그에 밝히는 부끄러운 반성이다.

암흑시대(Dark Age). 계몽주의와 함께 시작된 근대의 역사학자들은 유럽의 중세 봉건사회를 이렇게 불렀다. 그리스·로마 문명의 빛을 꺼트린 중세, 그 중세에 다시 빛을 밝힌 근대, 계몽주의(Enlightenment)로의 진보가 바로 역사의 발전 과정이라는 설명이었다. 이미 이런 발전사관에 대해서는 본문에서 많이 다루었으므로, 마무리를 겸해 간단한 소감만 적는다.

원래 시간이 지나면 사람들의 관점도 변하기 때문에 해석이 달라지는 것은 자명한 이치이다. 그러므로 각 시대에 다른 가치를 부여하는 것도 충분히 있을 수 있는 일이다. 그런데 여기에는 두 가지 조건이 있다.

첫째, 적어도 사실을 왜곡하지는 말 것.
둘째, 무슨 말을 하는지 알고서 얘기할 것.

암흑시대라고 부르기 시작하면서, 방심을 틈타고 유령이 배회했다. 영화 〈브레이브 하트〉에 나오는 영주領主의 초야권初夜權, 즉 영지 안의 농노 처녀가 시집가기 전 영주가 먼저 첫날밤을 지낼 수 있는 권한도 그 중 하나였다. 나중에 이는 조작으로 밝혀졌다. 이미 많은 사람에게 중세의 '야만성'을 충분히 내면화하게 만든 뒤에 말이다. 왜곡이 언제나 마이너스인 이유는, 결국 왜곡은 근대에 대한 신뢰를 잃게 만들어, 근대의 장점마저도 의심하게 만들기 때문이다. 결국 승자는 없고 패자만 있는 게임. 역사라고 예외일 수는 없다.

　조선시대 상소문이나 편지를 보다가 어느 순간, 왜 이 사람들은 이렇게 눈물이 많아, 하는 생각을 했던 적이 있다. 임금의 잘못을 눈물로 비판하고, 은혜에 눈물로 감사하고, 친구가 와서 좋아서 울고, 친구나 아내가 죽으니까 슬퍼서 울고, 이래서 울고, 저래서 울고 …….

　그러면서 나는 '감정적으로 하지 말고, 이성적으로 하자'라는 말을 떠올린다. 이성적으로? 좌절이든 감동이든 진한 눈물이 흘러야 하고, 억압이나 만행을 보면 화가 나야 하는 것 아닐까? 『예기』의 말처럼 희로애락 모두 인간의 자연스러운 감정이니까. 그런데 왜 이성적으로 해야 하지? 이 억압기제, 분명 근대적인 것이다. 소유권과 법적 인격으로 소외되어버린 인간의 다른 표현일 가능성이 높다. 잃어버린 나를 정당화시키는 억압기제 말이다. 시비지심是非之心, 즉 이성이 인간의 자연스러운 본성의 작동이라면, 분노나 눈물도 인간의 자연스러운 본성의 작동이다. 특히 남자들, 거침없이 울어라! '근엄한 도학자'로 기억하는 조선시대 성리학자들, 참 많이 울었다. 적어도 요즘 우리들보다는 더 울었다. 정감이 있어야 격조가 있는 것이라고 생각한다. 아무튼 이래서 무슨 말을 하고 있는지 알고나 하자는 다짐을 했던 것이다.

　석사를 마칠 무렵, 조선시대사 인식, 나아가 역사 인식에 대해 비교적 긴 논문을 쓸 기회가 있었다.[2] 15년 전이다. 이제 그 문제제기에 조금 살을 덧붙일 수 있게 되었다는 생각이 들어 이 책을 구상했다. 하지만 여전히 부족한 걸 알면서도 글을 써야만 했다. 속에서 밀어 올리는 무엇 때문에. 때로는 '어쩔 수 없는' 것을 어쩔 수 없는 것으로 인정하지 않으려는 비장함도 있었다.

　답답하고 도무지 진전이 없을 것 같은 전문 연구를 거치고, 다른 학자들의 연구에 신세를 졌지만, 능력이 부쳐서 생긴 오류도 있을 것이고 다른 분들의 연구를 오해한 데도 있을 것이다. 경우에 따라서는 자신에 대한 이런 답답함 때문에 공연히 목소리가 높아지기도 했고, 어깨에 힘이 들어가기도 했다. 죄송하다는 말씀 전하고 싶다.

그동안 사람들은 조선시대에 '봉건'이라는 굴레를 씌웠다. 물론 이때의 봉건이란 말은 학문적 개념이 아니라, 신분적 억압, 부자유, 남녀차별 등 계몽주의 서사가 덧칠한 '과거', '전통'의 다른 이름이었다. 안타깝게도 이런 인식을 벗어날 가능성은 그리 높아 보이지 않는다. 자유롭고 평등한 개인에 기초한 계몽주의의 뒷받침을 받은 진보사관은 미래를 바라보는 이데올로기적 태도만의 문제가 아니기 때문이다. 그것은 여러 가지 근거, 즉 기술의 발달, 인구의 증가, 사회적 인권신장, 그와 연관된 정치체제의 변화 같은, 근원에서 샘솟는 새로운 일상 경험에 상응하는 것이었다. 그리고 그 속도는 거의 무제한으로 빨라졌다. 이는 역사 흐름의 일회성과 역사 진보의 가능성을 확인하기 위해 지나간 사건들을 귀찮게 여기고, 그 결과 흔히 거울이라고 부르는 역사의 범례적, 교훈적 성격을 와해시켰다.[3] 그리고 이 속에서 전통적 경험을 배제하는 데 우리는 너무 익숙하기 때문이다.

하지만 동시에 자본주의의 속도와 진보 / 이성의 신화에 금이 가고 그 틈새로 새로운 대안이 모색되고 있다. 사람들은 더 이상 시간과의 경쟁이, 미래를 위한 현재의 희생이 우리의 삶을 조금도 윤택하거나 평온하게 해주지 않는다는 것을 알아채기 시작했다. 바로 이 지점에서, 일상의 재편성에서, 그리고 그 연장에서 기획되지 않는 미래가 펼쳐질 것이다. 틀림없이 조선시대는 선택 가능한 오래된 미래 중 하나일 것이다.

미주

미주

1. 문치주의의 꽃

1 마르크 블로흐, 고봉만 옮김, 『역사를 위한 변명』, 한길사, 2007 재출간. 아날학파를 창시했던 마르크 블로흐는 1944년 6월, 레지스탕스 활동을 하다 체포되어 총살당했다.
2 鄭麟趾, 『高麗史』, 「進高麗史箋」. "竊聞, 新柯視舊柯以爲則, 後車鑑前車而是懲."
3 J. 호이징가, 김원수 옮김, 『문화사의 과제』, 아모르문디, 2006, 51쪽.
4 한 사람의 일생이 생중계의 대상이 되는 사회를 끔찍하게 보여준, 짐 캐리 주연의 영화.
5 이 문제의식은 최장집의 『민주화 이후의 민주주의』(후마니타스, 2005) 및 『민주주의의 민주화』(후마니타스, 2006)에서 상세하게 다루었다.
6 부족하나마 다음 글이 참고가 될 것이다. 吳恒寧, 「朝鮮初期 文翰官署의 整備와 史官制度」, 『한국사학보』 7, 1999.(『한국사관제도성립사』, 일지사, 2009에 재수록)
7 오항녕, 「세조대 '친강親講'의 역사적 성격」, 『朝鮮의 政治와 社會』, 집문당, 2002.

2. 실록, 그 돌덩이 같은 저력

1 『태종실록』 권7, 4년 2월 8일(기묘).
2 『세종실록』 권26, 6년 12월 20일(신유).
3 『문종실록』 권13, 2년 5월 1일(계사).
4 기록은 생산, 접수, 보관, 활용, 관리의 과정에서 적법한 권한을 가진 사람이나 기관에 의해 취급되어야 하는데, 그 '적법한 권한'을 관할권이라고 한다. 이는 소유권과는 다르다.
5 이에 대한 상세한 논증은 오항녕의 『韓國史官制度成立史』(일지사, 2009) I장을 참고.
6 한국에서 평균 교육을 받은 사람들이 어떤 사실에 대해 갖는 가장 큰 오해를 내게 꼽으라면, 첫 번째가 일본을 우습게 아는 것이고, 두 번째는 중국 당 태종을 우습게 보는 것이다. 당 태종의 정치는 '정관지치貞觀之治'라고 불리며, 오긍吳兢의 『정관정요貞觀政要』에 그 기록이 나온다. 『정관정요』는 성리학의 성학론聖學論이 성립할 때까지 동아시아 정치의 교본이었다.
7 이와 관련해 다음 책을 권한다. Howard J. Wechsler, *Offerings of Jade and Silk : Ritual and Symbol in the Legitimation of the T'ang Dynasty*, Yale University Press, 1985. 여기서 'Jade and Silk'는 바로 '구슬과 비단'(玉帛)을 말한다. 출전은 『논어』 권17, 「양화陽貨」이다. 공자는 "예다, 예다 하는데, 그것이 구슬이나 비단을 말하는 것이겠느냐(禮云, 禮云, 玉帛云乎 哉?) 음악이다, 음악이다 하는데, 그것이 종이나 북을 말하는 것이겠느냐(樂云樂云, 鐘鼓云乎

哉?)"하면서, 예의 형식 뿐 아니라, 상징, 함의, 기능에 대한 이해가 중요하다고 역설했다. '구슬과 비단'이라고 한 웨슬러의 작명도 일품이지만, 그와 더불어 이 책은 정말 본받아야 할 능력을 가진 역사학자의 저술이라고 생각한다.

8 실록을 '국사'라고 하니까, 어떤 학자가 실록이 어떻게 국사냐고 반문하며 정색을 했다. 실록이 '국사'라는 말은 'National Archives', 즉 '보존해야 할 국가의 문서'란 뜻이다.

9 '원본성'이란 증거 능력을 갖도록 해주는 모든 규정된 형식을 갖춘 기록에 남겨진 내용을 가리킨다. Luciana Duranti, *Diplomatics : New Uses for an Old Science*, 1998, SAA, pp.17~18. 현재 법령이나 학계에서는 내가 말하는 '원본성'을 '진본성'이라고 쓴다.

10 주관과 객관, 사실과 해석에 관련된 논의에 대해서는 김현식의 『포스트모던 시대의 '역사란 무엇인가'』(휴머니스트, 2006) 편지15를 참고. 드디어 우리 역사학계에도 이런 학자들이 나오기 시작했다. E. H. 카에게 보내는 편지 형식의 이 책은 분명 한국 역사학계의 전환점이든지, 전환점을 상징할 것이다.

11 『고종실록』(표제는 '高宗太皇帝實錄')과 『순종실록』(표제는 '純宗皇帝實錄')이 일제시대에 편찬되었으므로 왜곡되었을 것이라는 추측은 어디까지나 개연성으로 남아 있을 뿐, 검토된 것은 아니다. 다른 실록들과 함께 이들 두 실록도 여전히 검토를 기다리고 있다.

12 이에 대해서는 오항녕의 「조선시대 時政記 編纂의 規定과 實際」(『한국사학사학보』 8, 2003)를 참조.

13 『英宗大王實錄廳儀軌』, 「산절청등록」, 무술년 2월 18일.

14 『정조실록』부터는 27개 범례로 확대되는데, 이는 『일성록日省錄』의 영향 때문으로 보인다.

15 『광해군일기』 태백산본이 중초본中草本으로 현존한다. 거기에 붉은 먹으로 표시된 사항들이 '교정' 내용이었던 것으로 보인다. 현재 국사편찬위원회에서 『광해군일기』의 '교정'에 대해 조사를 벌이고 있는데, 실록 편찬 과정의 이해를 위해서 반드시 다루어야 할 연구주제라고 생각한다.

16 국립고궁박물관 특별전, 〈다시 찾은 조선왕조실록 - 오대산 사고본〉(2006).

17 유지기劉知幾의 『사통史通·외편外篇』 맨 마지막에 실려 있는 「당대 비평(忤時)」 참고.

18 『중종실록』 권3, 2년 6월 기축(17일). "日記廳啓曰, 今後漏洩史局事者, 極邊殘邑, 永屬爲奴, 子孫禁錮, 雖經赦勿原. 從之."

19 기록과 편찬을 둘러싼 갈등이 어떻게 정리되는가는 오항녕의 「조선전기 사화의 양상과 그 성격」(『한국사학보』24, 2006)을 참고.

20 『송사』 권113. "熙寧二年八月 實錄書成皆宴垂拱殿."

21 세초에 관한 가장 오래된 기록인 홍귀달洪貴達의 「성묘보전세초록成廟寶典洗草錄」에는 『성종실록』 편찬 이전에도 세초가 있었음을 보여준다. 李相泰, 1986, 「忠州史庫의 沿革과 管理」 『史庫址調査報告書』, 국사편찬위원회, 44쪽 ; 洪貴達, 『虛白亭集』 續集 권5, 「修史記」. "承政院啓 祖宗朝故事, 修史官率賜宴于議政府, 又有洗草會. 洗草云者, 蓋修史畢, 將塗抹本草, 臨流洗去之也. 命皆如例, 三月初六, 賜宴于議政府, 十四, 洗草于藏義門外遮日嚴之上."

22 『세종실록』 권82, 20년 9월 병오.
23 신승하, 『중국사학사』, 고려대학교 출판부, 2000.
24 『荀子』, 「禮論」. "故禮者養也, 芻豢稻粱, 五味調香, 所以養口也. 椒蘭芬苾, 所以養鼻也. 雕琢刻鏤, 黼黻文章, 所以養目也. 鐘鼓管磬, 琴瑟竽笙, 所以養耳也. 疏房檖貌, 越席牀第, 几筵所以養體也." '제사는 안중에 없고, 젯밥에만 마음이 있다'는 우리의 속담은 의례(=제례)의 목적과 구성요소의 통일, 긴장, 균열이 잠재된 속성을 지적한 것이다.
25 『성종실록』 권18, 3년 5월 임자.
26 이러한 관례 준수의 실제와 본질에 대한 통찰은 레이 황의 『1587 아무 일도 없었던 해』(박상이 옮김, 가지않는길, 1997)의 3장과 4장을 참고.

3. 헌법과 강상

1 여기에 도움을 받을 수 있는 책은 로버트 달의 『미국헌법과 민주주의』(최장집 서문, 박상훈·박수형 옮김, 후마니타스, 2004)로, 원제는 '미국 헌법은 과연 얼마나 민주적인가?(How Democratic is the American Constitution?)'이다.
2 『孟子』, 「公孫丑上」四端章. "是非之心, 智之端也." 어린아이가 우물에 빠지려고 하면 누구나 '어이쿠, 이 일을 어째!' 하면서 구해주려는 마음이 생긴다는 '유자입정孺子入井'의 고사로, 인仁의 단서인 측은지심惻隱之心을 말한다. 여기에 의義, 예禮, 지智 등의 단서를 합쳐 사단四端이라 말하고, 이것을 인간 본성에 내재한 도덕적 근거로 보았다. 여기서 '시비지심'은 '지혜(智)'의 단서라 했다.
3 '곤지困知'는 『논어』의 16번째 편인 「계씨季氏」에 나오는 "공자가 말하기를, '태어나면서 아는 사람은 위이고, 배워서 아는 사람은 그 다음이며, 부족하여 배워야 하는 사람은 또 그 다음이다. 부족한데도 배우지 않는 사람을 세상사람들은 아래로 친다.' 했다."(孔子曰: '生而知之者, 上也; 學而知之者, 次也; 困而學之, 又其次也; 困而不學, 民斯爲下矣')의 '곤이학지困而學之'에서 온 말이다. 타고난 재주가 없지만, 힘겹게, 어렵게 배운다는 뜻이다. 한때 나의 자호自號로 삼았다. 예전에는 학자들이 자신의 독서일기를 '곤지기困知記'라고 불렀다.
4 헌법 정신의 기초가 되는 세계인권선언(The Universal Declaration of Human Rights)도 공부하고 토론하지 않기는 마찬가지다. 세계인권선언은 1948년 6월 국제연합(UN) 인권위원회에 의해 완성된 후, 몇 차례의 수정을 거쳐 1948년 12월 10일 파리에서 개최된 총회에서 소련 등 6개국과 사우디아라비아, 남아프리카 연방이 기권한 뒤 만장일치로 채택되었다. 1948년에 남한단독정부가 수립되었기 때문에 대한민국 헌법은 이 무렵 세계인권선언의 영향을 받아 제정되었을 것이다. 인권운동사랑방(http://www.sarangbang.or.kr)에서 원문을 받아볼 수 있다.
5 로버트 달의 앞의 책 100~101쪽 및 부록에 실린 '수정헌법'을 참고. 또한 부록에 실린

민주정과 공화정에 대한 논의 소개도 꼭 일독을 권하고 싶다.
6 『논어論語』, 「위정爲政」. "道之以政, 齊之以刑, 民免而無恥. 道之以德, 齊之以禮, 有恥且格."
7 앞의 책, 「안연顔淵」. "聽訟吾猶人也, 必也使無訟乎!"
8 천샤오밍·단스렌·장융이 지음, 김영진 옮김, 『중국근대사상사약론』, 2장 유신 경학과 유토피아, 그린비, 2008, 93~95·149쪽. 길어서 요약했다.
9 『춘추春秋』가 역사서이면서도 '경'으로 분류되고, 『서경書經』이 경이면서도 '사서史書'로 이해되었던 사실에 주목할 필요가 있다. 이렇게 '경사'가 서로 중첩되는 이유, 그것은 둘의 범주가 배타적인 속성으로 이루어진 게 아니라는 증거이기도 하다. 이는 경과 사의 관계에 대한 성리학적 이론화인 '경사체용론經史體用論'과는 다른 차원에서 '경사'의 관계에 대한 설명이 필요한 현상이자, 그 관계를 설명할 수 있는 단서이다.
10 董仲舒, 『春秋繁露』 卷12, 「基義」. "天爲君而覆露之. 地爲臣而持載之. 陽爲夫而生之, 陰爲婦而助之. 春爲父而生之, 夏爲子而養之, 秋爲死而棺之, 冬爲痛而喪之. 王道之三綱, 可求於天, 天出陽, 爲煖以生之, 地出陰, 爲淸以成之. 不煖, 不生. 不淸, 不成."
11 眞德秀, 『大學演義』 卷6. "君爲臣綱, 君正則臣亦正矣. 父爲子綱, 父正則子亦正矣. 夫爲妻綱, 夫正則妻亦正矣. 故爲人君者, 必正身, 以統其臣, 爲人父者, 必正身, 以律其子, 爲人夫者, 必正身, 以率其妻. 如此, 則三綱正矣."
12 『맹자』 「등문공」 상, "后稷教民稼穡, 樹藝五穀, 五穀熟而民人育, 人之有道也, 飽食煖衣, 逸居而無教, 則近於禽獸, 聖人有憂之, 使契爲司徒, 教以人倫, 父子有親, 君臣有義, 夫婦有別, 長幼有序, 朋友有信."
13 다케우치 요시미 역주, 김정화 옮김, 『루쉰文集』 Ⅲ, 「隨感錄 抄」, 일월서각, 1985, 19쪽. 같은 책에 실려 있는 「나의 열절관烈節觀」 역시 파괴적 도덕에 대한 아픈 고발이다.
14 KBS 9시 뉴스, 2008년 10월 17일(금), "'일본 며느리' 감동의 효행 이야기".
15 다케우치 요시미 역주, 김정화 옮김, 『루쉰文集』 Ⅱ, 「二十四孝圖」, 일월서각, 1985, 77~82쪽.
16 다케우치 요시미 역주, 김정화 옮김, 『루쉰文集』 Ⅱ, 「朝花夕拾 - 後記」, 일월서각, 1985, 128~129쪽.
17 영국은 1928년에 여성의 참정권까지 모두 인정하는 보통선거가 확립되었다.(편집자 주)

4. 대동법, 혁신하는 시스템

1 군역軍役은 부세인 용庸에 포함되지 않는 것으로 보아야 한다. 부세가 온 백성의 의무인 반면, 군역은 그 대가로 나라에서 토지를 주든지, 군인이 되는 사람의 집안을 먹여 살릴 보保를 주어야 했다. 즉 직역職役과 마찬가지로 군역은 양인良人의 의무이자 권리이기도 했다. 김성우, 『조선중기 국가와 사족』, 역사비평사, 2001, 23~31쪽.
2 『退溪先生言行錄』 卷5, 類編(『退溪全書』 17, 퇴계학연구원). 嘗曰, "趙靜庵天資甚美, 而學力未

充, 其所施爲, 未免有過當處. 故終至於敗事. 若學力旣充, 德器成就, 然後出而擔當世務. 則其所成就, 未易量也."

3 오항녕, 「17세기 전반 서인산림의 사상 – 金長生·金尙憲을 중심으로」, 『역사와현실』 8, 1992 ; 지두환, 「선조 광해군대 대동법 논의」, 『한국학논총』 19, 1997 ; 이정철, 『17세기 조선의 공납제 개혁논의와 대동법의 성립』, 고려대학교 박사학위 논문, 2004. 이정철의 논문은 대동법 연구뿐 아니라, 조선시대사 연구의 고민 수준을 한 단계 높여주었다고 생각한다.

4 『효종실록』 권3, 1년 1월 21일 을해. 時烈曰 "金集以右相疏辭, 不得不去矣." 上曰 "右相疏中, 別無攻斥之語, 何乃如是決去也?" 時烈曰 "蓋以大同之議不合, 故右相便懷不平. 然皆出於公, 而到今激成至此. 必有往來游辭, 有以驚動之也."

5 『중종실록』 권67, 25년 2월 30일(경인).

6 http://www.kbs.co.kr/1tv/sisa/hankuksa/vod/index.html '다시보기'에서 17~18분쯤 지나면, 대동법에 대한 나레이터의 진술이 이어진다.

7 『광해군일기』(鼎足山本) 권4, 즉위년 5월 임진.

8 『선조수정실록』 권8, 7년 10월 1일(임인). 율곡은 조정에 돌아와 이원익을 『홍문록弘文錄』에 올렸고, 그 뒤 이원익은 사간원 정언正言에 임명되었다. 같은 책 권10, 9년 1월 2일(병신).

9 『광해군일기』(정족산본) 권3, 즉위년 4월 19일(을해).

10 『광해군일기』(정족산본) 권3, 원년 2월 28일(경진).

11 『광해군일기』(정족산본) 권33, 2년 9월 14일(병진).

12 『광해군일기』(정족산본) 권13, 1년 2월 5일(정사).

13 『광해군일기』(태백산본) 권15, 1년 4월 27일(무인).

14 『광해군일기』(정족산본) 권26, 2년 3월 22일(무술).

15 『광해군일기』(정족산본) 권25, 2년 2월 5일(신해).

16 『광해군일기』(정족산본) 권26, 2년 3월 22일(무술).

17 『광해군일기』(정족산본) 권35, 2년 11월 18일(을미).

18 MBC PD수첩, 2008년 5월 13일(화) 방영, 33:30~34:10 무렵의 인터뷰.

19 『인조실록』 권1, 원년 3월 23일(계축).

20 『인조실록』 권3, 원년 9월 3일(경인).

21 金長生, 「沙溪全書」 卷1, 「집의를 사양하면서, 13가지 사안에 대해 아뢴 상소(辭執義仍陳十三事疏)」(인조 2년 6월).

22 이 대목은 재정의 흐름 전반에 대한 배경 속에서 좀 더 정밀한 서술이 필요할 것이다. 아직 복잡한 느낌을 지울 수 없지만, 시론적인 글로는 손병규, 「총론 : 조선시대 재정과 지방의 재정운영」, 『지방으로부터 보는 조선시대 재정』, 2008년 3월 39일 발표문, 7~9쪽이 있다. 지방재정에 대한 연구는 張東杓, 『朝鮮後期 地方財政硏究』, 국학자료원, 1999 참고.

23 이성임, 「16세기 경상도 星州의 貢納制 운영 – 李文楗의 『黙齋日記』를 중심으로」, 『지방으로

부터 보는 조선시대 재정」, 2008년 3월 39일 발표문, 48~49쪽.
24 正祖, 『弘齋全書』 卷173, 『日得錄』 十三, 「人物」 3. 민유중이 호조 판서였을 때라고 했으므로, 현종 14년경의 일로 보인다.
25 『浦渚集』 卷2, 疏 「論宣惠廳疏 – 癸亥(1623)」, 韓國文集叢刊 85책.
26 正祖, 『弘齋全書』 卷12(양홍렬 역, 『국역홍재전서』 2, 민족문화추진회), 「익정공 홍봉한洪鳳漢이 올렸던 상소 중에서 재정과 부세에 대한 글을 모아 정리함(翼靖公奏藁財賦類敍)」 가운데 '대동법 개요(大同引)'.

5. 오래된 미래, 조선 성리학

1 『高麗史』 上, 世家2, 太祖 26년 4월, 54쪽. "御內殿, 召大匡朴述希, 親授訓要曰: ' …… 其一曰, 我國家大業, 必資諸佛護衛之力, 故創禪教寺院, 且遣住持焚修, 使各治其業, 後世姦臣執政, 徇僧請謁, 各業寺社, 爭相換奪, 切宜禁之. …… 其十曰, 有國有家者, 儆戒無虞, 博觀經史, 鑑古戒今, 周公大聖無逸一篇進戒成王, 宜當圖揭, 出入觀省."
2 李基白·盧鏞弼·朴貞柱·吳瑛燮, 『崔承老上疏文硏究』, 일조각, 1993, 148쪽. "臣聞之, 人之禍福貴賤, 皆稟於有生之初, 當順受之. 況崇佛敎者, 只種來生因果, 鮮有益於見報, 理國之要, 恐不在此. 且三敎各有所業, 而行之者, 不可混而一之也. 行釋敎者, 修身之本;行儒敎者, 理國之源. 修身是來生之資, 理國乃今日之務, 今日至近, 來生至遠, 舍近求遠, 不亦謬乎."
3 胡寅·容肇祖 點校, 『崇正辯斐然集』 上, 「崇正辯序」, 中華書局, 1993. "崇正辯何爲而作歟? 闢佛之邪說也, 佛之道孰不尊而畏之, 曷謂之邪也? 不親其親, 而名異姓爲慈父;不君世主, 而拜其師爲法王;棄其妻子, 而以生續爲罪垢, 是淪三綱也. 視父母如怨仇, 則無惻隱;滅類毁形而無恥, 是無羞惡;取人之財以得爲善, 則無辭讓;同我者則賢異我者則不肖, 則無是非, 是絶四端. 三綱四端, 天命之自然, 人道所由立. …… 人, 生物也, 佛不言生而言死. …… 佛不言人而言鬼."
4 호인의 '천리지자연天理之自然'이라는 말은, 주자의 사단장에 대한 주석에 그대로 채용되었다. 『맹자』, 「공손추」 상, 사단장四端章, 주자의 주.
5 『예기』 『중용』의 이러한 새로운 해석의 가능성을 최초로 체계화한 것은 아무래도 이고李翺의 공으로 돌려야 할 것이다. 그의 「복성서復性書」 참고. 「唐李翺復性書」, 長澤規矩也篇, 和刻本 漢籍文集 2, 103~108쪽.
6 우주의 원리인 천이 자연주의적인 것인가, 혹은 인문학적 관념 속에서 나온 것인가 하는 것은 별로 중요하지 않다. 둘 다일 수도 있고, 문맥에 따라 나뉘어 해석할 수도 있기 때문이다. 성리학에서 말하는 자연주의적인 천天의 문제는, 『주자어류朱子語類』 1, 권2 이기하理氣下, 천지하天地下, 중화서국, 1994 및 이에 대한 연구서인 야마다 케이지의 『주자의 자연학』(김석근 옮김, 통나무, 1991) 참고.
7 시마다 겐지 지음, 김석근·이근우 옮김, 『주자학과 양명학』, 까치, 1986, 40~44쪽.

8 『論語』,「先進」. "季路問事鬼神. 子曰 '未能事人, 焉能事鬼?' 敢問事. 曰 '未知生, 焉知死?'"
9 『朱子語類』1, 卷3 鬼神, 中華書局 ; 柳仁熙,『朱子哲學과 中國哲學』, 범학사, 1980, 261쪽.
10 오항녕,「조선 초기 경연의『資治通鑑綱目』강의」,『한국사상사학』9, 1997.(『朝鮮初期 性理學과 歷史學』, 고려대 민족문화연구원, 2007에 재수록)
11 『論語』,「述而」. "子不語怪, 力, 亂, 神."
12 위의 구절에 대한 주자의 주석. "怪異, 勇力, 悖亂之事, 非理之正, 固聖人所不語. 鬼神, 造化之吳, 雖非不正, 然非窮理之至, 有未易明者, 故亦不輕以語人也."
13 사상의 이런 측면에 대해, '문제의식'과는 다른 용어로 '문제현실'이라는 개념을 제시하는 학자도 있다. 정세근,「문제현실론 – 철학에서 전통과 창조의 문제」,『이 땅의 철학자 무엇을 생각하는가』, 철학과현실사, 2005, 223~227쪽. 아직 논의가 필요하지만 흥미로운 제안이다.
14 미우라 쿠니오 지음, 김영식·이승연 옮김,『인간 주자』, 창작과비평사, 1996, 234쪽.
15 范仲淹,「岳陽樓記」,『古文觀止』, 三民書局, p.558. "必曰, 先天下之憂而憂, 後天下之樂而樂歟. 噫, 未斯人, 吾誰與歸!"
16 퇴계는 30세에 두 번째 부인 권씨를 맞는다. 장인이 되는 권질權礩의 동생인 권전權磌(疎翁, 1490~1521)이 바로 기묘사림으로, 안처겸安處謙의 옥사 때 곤장을 맞고 사망했다.
17 한형조,『왜 조선유학인가』, 2008, 문학동네, 211쪽.
18 王守仁,「與王純甫二癸酉」,『王文成全書』권4.
19 李滉,「傳習錄論辯」,『退溪全書』10, 42쪽.
20 李德弘,『溪山記善錄』상(『退溪全書』28, 25쪽) 및 李滉,「趙士敬에게 드림」,『退溪先生文集』권23.(『退溪全書』6, 263쪽)
21 「退溪先生年譜補遺」권1(『退溪全書』27, 109쪽) 및 李滉,「小學圖」,『退溪先生文集』권7(『退溪全書』3, 118~122쪽)
22 李滉,「夙興夜寐箴圖」,『退溪先生文集』권7.(『退溪全書』3, 152~155쪽)
23 李滉,「노이재과회수신魯伊齋寡悔守慎에게 드림」,『退溪先生文集』권10.(『退溪全書』4, 87쪽)
24 李德弘,『溪山記善錄』上,『退溪全書』28, 23쪽.
25 한형조,『조선유학의 거장들』, 문학동네, 2008, 76~77쪽에서 재인용. 번역은 조금 고쳤다.
26 김영두 옮김,『퇴계와 고봉, 편지를 쓰다』, 소나무, 2003 참고.
27 李珥,『擊蒙要訣』,「接人」. "凡接人當務和敬, 年長以倍, 則父事之, 十年以長, 則兄事之, 五年以長, 亦稍加敬, 最不可恃學自高, 尙氣凌人也."
28 사단칠정논쟁에 대한 더 상세한 내용은 전호근,「사칠리기 논쟁」,『논쟁으로 본 한국철학』, 예문서원, 1995 참고.
29 한형조, 앞의 책, 108~109쪽, 각주 19. 퇴계의 본연지성과 기질지성의 관계를 놓고, 기질지성이 본연지성의 '소외'라고 해석한 것은 참 명료하다고 생각한다.

30 이황 지음, 이광호 옮김, 『성학십도』, 홍익출판사, 2001 등 참고.
31 조지프 르두, 강봉균 옮김, 『시냅스와 자아』, 도서출판 소소, 2005. 특히 「7. 정신3부작」과 「8. 다시 찾아온 감정적 뇌」, 「9. 잃어버린 세계」를 권한다.
32 로렌 슬레이터 지음, 조중열 옮김, 『스키너의 심리상자 열기』, 에코의서재, 2004. 「8장 우리가 기억하는 기억은 진짜기억인가? – 엘리자베스 로프터스의 가짜 기억 이식 실험」 참고.
33 시냅스는 그리스어로 연결부, 이음새를 말한다. 뇌의 운동은 신경세포인 뉴런(neuron) 사이의 의사소통을 통해 이루어지는데, 바로 이 연결을 시냅스가 담당한다. 조지프 르두 지음, 강봉균 옮김, 앞의 책, 68쪽. "시냅스의 과정은 특정한 상태들이나 경험들에 관여하는 다양한 뇌 시스템들 사이에서 일어나는 협동적인 상호작용들을 가능하게 해주며, 또한 이런 상호작용들이 시간의 경과와 더불어 서로 연결되도록 해준다." 및 79쪽 참조.
34 『栗谷全書』 권10, 「答成浩原 – 壬午」.
35 유가와 이단에 대한 일반론은 오항녕, 「유가의 이단, 이단인 유가」, 『오늘의 동양사상』 제9호, 2003 참고.
36 한형조, 『왜 조선유학인가』, 문학동네, 2008, 1장, 43쪽.
37 三浦國雄, 「十七世紀朝鮮における正統と異端 – 宋時烈と尹鑴」, 『朝鮮學報』, 1982.
38 정호훈, 『朝鮮後期 政治思想 硏究』, 혜안, 2004, 제5장, 265~266·268 쪽.
39 지두환, 「朝鮮後期 禮訟 硏究」, 『부대사학』 11, 1987.(『조선후기 사상사의 재조명』, 역사문화, 1998, 제2편, 제3장에 재수록)
40 『송자대전』, 『연보』 권2, 52세(1658, 효종9), 10월 기축. '先生又請行良人從母役之法' 이런 주장은 영조 6년에 결실을 맺어 실행되기에 이르렀다. 『영조실록』 권28, 6년 12월 26일(경신).
41 『송자대전』, 『연보』 권1, 47세(1653, 효종4), 윤7월 갑인.
42 이상식, 『朝鮮後期 肅宗의 政局運營과 王權 硏究』, 고려대박사학위논문, 2005.

6. 부활하는 광해군

1 『인조실록』 권1, 원년 3월 14일(갑진)
2 稻葉岩吉, 『光海君時代の滿鮮關係』, 大阪屋號書店, 1933(아세아문화사 영인, 1981), 149·197·231쪽. '택민澤民'이란 '옳은 길을 따른다(循義)'는 입장과 구별된다. 명의 요청에 따라 파병을 주장했던 비변사와, 파병할 형편이 안 된다는 광해군의 입장을 정리한 말이다. 『광해군일기』 권129, 10년 6월 20일(정축).
3 사회과학원력사연구소, 『조선전사』 9, 과학백과사전출판사, 1979, 38·43쪽.
4 한명기, 『광해군 – 탁월한 외교정책을 펼친 군주』, 역사비평사, 2000, 10쪽.
5 고등학교 『국사』, 교학사, 2007, 91~92쪽, 「6. 양난의 극복, 광해군의 중립 외교」.
6 KBS, 〈한국사 傳, 명분인가, 실리인가? 고독한 왕의 투쟁 광해군〉, 2008년 2월 9일.

7 『광해군일기』 권15, 원년 4월 29일(경진).
8 이성계가 이인임李仁任의 후손이라고 기록되어 있던 『대명회전大明會典』을 수정하기 위한 외교 사안으로, 명은 약 200년이 지난 1584년에 와서야 그 기록을 수정했다.
9 이긍익, 『국역연려실기술』 권19(5책), 「폐주 광해군 고사본말 – 명나라 조정에 주청하다」, 28쪽.
10 『광해군일기』 권50, 4년 2월 21일(병술).
11 『광해군일기』 권65, 5년 4월 25일(계축).
12 『광해군일기』(태백산본) 권75, 6년 2월 10일(임진).
13 『광해군일기』(중초본) 권66, 5년 5월 22일(기묘).
14 『광해군일기』(중초본) 권123, 10년 1월 30일(경인).
15 광해군의 궁궐 신축에 대한 연구는 홍순민의 「朝鮮王朝 宮闕 經營과 "兩闕體制"의 변천」(서울대 박사학위논문, 1996)과, 장지연의 「光海君代 宮闕營建」(『한국학보』 86, 1997)을 참고.
16 『광해군일기』(태백산본) 권138, 11년 3월 17일(경자).
17 『광해군일기』(태백산본) 권59, 4년 11월 15일(을사).
18 『광해군일기』(태백산본) 권101, 8년 3월 24일(갑오).
19 『광해군일기』 권116, 9년 6월 25일(무오).
20 『광해군일기』 권114, 9년 4월 27일(신유).
21 『度支準折目錄』, 鐵絲條, 고려대학교 도서관 귀-521.
22 『광해군일기』 권80, 6년 7월 25일(을해).
23 『광해군일기』 권101, 11년 4월 22일(을해).
24 '대운하'는 '4대강 살리기'라고 이름만 바꾸었는데, 예산은 22조원으로 늘었다. 앞으로 얼마나 더 늘어날지, 어쩌면 광해군의 궁궐 공사비용을 능가할지도 모른다.
25 『광해군일기』 권126, 10년 4월 10일(기해).
26 『광해군일기』 권25, 2년 2월 23일(기사).
27 『광해군일기』 권186, 15년 2월 5일(을축).
28 『광해군일기』 권153, 12년 6월 7일(계축).
29 『승정원일기』 1책, 인조 원년 3월 13일
30 케네스 M. 스워프, 「순망치한脣亡齒寒」, 『임진왜란 – 동아시아 삼국전쟁』, 휴머니스트, 2007, 323~324쪽.
31 『태종실록』 권13, 7년 5월 1일(갑인).
32 『맹자孟子』 「양혜왕梁惠王 하下」. "제 선왕이 물었다. '이웃 나라와 외교를 할 때 원칙이 있습니까?' 맹자가 대답하기를, '있습니다. 오직 보편성을 가진 경우에만 큰 나라이면서도 작은 나라를 존중할 수 있습니다. 그래서 탕 임금이 갈왕을 섬길 수 있었고, 문왕이 곤이를 섬길 수 있었던 것입니다. 지혜가 있어야 작은 나라를 가지고서도 큰 나라를 인정할 수 있습니다. 그래서 태왕은 훈육을 인정했고, 구천은 오나라를 인정했던 것입니다. 큰 나라로써

작은 나라를 존중하는 것은 이 차이를 기꺼이 받아들이는 것이고, 작은 나라를 가지고서 큰 나라를 인정하는 것은 이 차이를 두려워하는 것입니다. 이러한 질서를 기꺼이 받아들이는 자는 천하를 보전할 것이고, 이 질서를 두려워하는 자는 나라를 보전할 것입니다' 했다."(齊宣王問曰: '交隣國有道乎?' 孟子對曰: '有. 惟仁者, 爲能以大事小, 是故湯事葛, 文王事昆夷. 惟智者, 爲能以小事大, 故大王事獯鬻, 句踐事吳. 以大事小者, 樂天者也, 以小事大者, 畏天者也. 樂天者, 保天下, 畏天者, 保其國 ……') 우리는 '사사'를 '섬긴다'로 풀이하는데, 지금의 말로 하면 '사친事親'의 '사事'는 '섬긴다, 존경한다'는 말이 되고, '사대事大'의 '사事'는 '대국大國임을 인정한다'는 뉘앙스이며, '사소事小'의 '사事'는 '작더라도 그 나름대로의 존재를 존중해준다'는 의미이다. 그래야 인仁 = 낙천樂天, 지智 = 외천畏天의 발상과 일치한다.

33 『광해군일기』 권137, 11년 2월 3일(정사).
34 『광해군일기』 권139, 11년 4월 2일(을묘). 바로 이 날짜의 사론史論에 '강홍립의 항복은 예정되어 있었다'는 말이 있다.
35 『만문로당滿文老檔』 제9책, 天命四年三月至五月(中華書局本 上, 1990), 87~88쪽.(한명기, 『임진왜란과 한중관계』, 역사비평사, 1999, 237쪽, 각주44에서 재인용) 시기와 내용으로 보아, 광해군 11년 4월 2일에 조정에서 논의한 '호서胡書'가 이것이었을 것으로 추정된다.
36 '기미'는 소나 말의 고삐나 재갈을 가리킨다. 기미책은 중국이 주변 '오랑캐'들을 통제, 관리하는 외교정책을 의미한다. 조공 외교를 통해 포섭하는 것이 그 대표적인 사례이다.
37 이를 'New order for Old order'라고 한다. '구질서의 유지'란 뜻이다. 계승범, 「임진왜란과 누르하치」, 앞의 책, 2007, 380쪽 및 각주 70 참고.
38 『광해군일기』 권166, 13년 6월 6일(병자).
39 한명기, 앞의 책, 1999, 310~311쪽. 이 내용은 그의 앞의 책, 2000, 20~26쪽에서 다시 길게 강조되었다.
40 오항녕, 「『宣祖實錄』 修正攷」, 『한국사연구』 123, 2003.
41 한명기, 『임진왜란과 한중관계』, 역사비평사, 1999, 253쪽.
42 『광해군일기』 권142, 11년 7월 2일(계미).
43 윤덕한, 『이완용 평전』, 1999, 중심, 7쪽.
44 조동걸, 『現代韓國史學史』, 나남출판, 1998, 241~256쪽. '침략삼서'란 경술국치 이전에 조선 침략을 위한 논리와 조사를 담은 『朝鮮王國』(1896), 『朝鮮開化史』(1901), 『韓半島』(1901)를 가리킨다.
45 우카이 사토시, 「어떤 감응의 미래」, 『思想』 별책, 『흔적Traces』 1호, 2000년 11월.(미발간 번역본)
46 '오리엔탈리즘'은 사이드의 책 제목이기도 하다. 박홍규의 번역본으로, 2007년에 개정증보판이 나왔다.(교보문고 간행)

7. 당쟁과 기에 대한 오해

1 이덕일, 〈한겨레21〉 제645호, 2007년 1월 26일.
2 시오노 나나미, 〈한겨레〉 2007년 2월 8일자.
3 한승동, 「'질투의 화신', 선조는 못 말려」, 인터넷판 〈한겨레〉, 2007년 5월 10일. 나는, 독자의견이나 칼럼이 아닌 기사는 신문사의 의견이라고 생각한다. 실제로 기사 작성부터 편집, 게재의 메커니즘이 그러하다. 그러므로 이 기사는 이를 작성한 기자 한 사람의 인식이 아니라, 〈한겨레〉신문의 인식이 반영된 것이라고 본다.
4 참고로 소개한다. 『선조실록』은 광해군 때 이이첨李爾瞻이 주관해 편찬했고, 『선조수정실록』은 『선조실록』이 공정하지 못하다는 여론에 따라 인조반정 뒤에 이식李植이 주도해 편찬을 시작했지만 효종 때에야 완성되었다. 우리가 잘 아는 퇴계 이황 등의 경연기록, 의병활동, 이순신 활동은 대개 『선조실록』이 아닌 『선조수정실록』에 많이 나온다. 흥미로운 현상이다. 자료를 조사하면서, 더 심층적인 연구가 필요하겠다고 생각했지만, 여러 가지 이유에서 「『선조실록』 수정고」란 논문으로 그 연구결과를 일단 소개했다.(한국사연구 123, 2003) 이 글은 『선조실록』을 수정한 과정을 정리한 『선조실록수정청의궤』를 번역해 출간하면서 그 해제에 첨부했다.(『역주선조실록수정청의궤』, 일지사, 2004) 이 번역은 거의 첫 의궤 번역이었던 데다가 내 실력 부족이 겹쳐 오역이 많다.
5 『선조실록』 권78, 8월 4일(기해).
6 『선조실록』 권78, 8월 8일(계묘).
7 최근 나는 동료들과 조선시대 반역사건에 관한 기록인 『추안급국안推案及鞫案』을 번역했다. 『추안급국안』은 실록 편찬 때의 사료이기도 했는데, 『선조실록』이나 『선조수정실록』에 실린 추국청 기록이 바로 그것이다. 그러나 안타깝게도 추국의 원리나 체계, 심문의 논리 등에 대한 연구가 부족하다. 아마 〈한겨레〉의 글에 추국 상황에 대한 이해가 부족한 것은 이런 학계의 현실을 반영하고 있으며, 이런 점을 고려해 내가 〈한겨레〉의 기사에 가하는 비판도 이해해야 할 것이다. 과학적 수사기법 등의 미비로 인한 '전근대' 추국 신문의 한계, 추국의 성격을 어떻게 이해할 것인가 등은 별도로 정리할 연구주제들이라고 판단된다.
8 『선조수정실록』 권27, 26년 12월 1일(경술). 이귀의 이 제안을 병조판서 이덕형李德馨이 받았다. 『선조실록』 권46, 26년 12월 29일. 이런 배경에서, 김덕령의 두 겨드랑이 사이로 두 호랑이가 드나든다는 이야기를 했다든(金德齡兩腋兩虎出入之說)는 이유로, 이귀는 후일 선조의 야유를 받았다. 『선조실록』 권148, 35년 3월 6일(무진).
9 『선조수정실록』 권30, 29년 8월 1일(병신). 이 기록은 위에 인용한 〈한겨레〉 기사에 나온 바로 그 내용이다. 『선조실록』에서 보았듯이 8월 4일과 8일에도 김덕령이 살아 있었는데, 여기서는 8월 1일로 나와 의아해 할 수도 있다. 『선조수정실록』은 날짜별로 기록할 사초가 없는 상황에서 편찬되어, 모든 기사를 '1일(朔)' 아래 기재했다.

10 앞과 같은 기사. 참고로, 이 기사에서 말했던 이시언과의 불화설은 사실인지 모르겠다. 이시언만은 김덕령을 좋게 말했고. 이에 둘은 사이가 좋으니 합동 작전을 수행하게 하자는 논의도 있었기 때문이다. 『선조실록』 권60, 28년 2월 6일(기유).
11 『선조실록』 권60, 28년 2월 6일(기유). 2월 27일에도 김덕령을 지원하는 선조의 태도를 읽을 수 있다. 『선조실록』 권60, 28년 2월 27일(경오).
12 『선조실록』 권68, 28년 10월 17일(병진).
13 『선조실록』 권70, 28년 12월 28일(병인).
14 『선조실록』 권71, 29년 1월 13일(경진).
15 『선조실록』 권72, 29년 2월 28일(을축).
16 『선조실록』 권73, 29년 3월 3일(경오).
17 조두진, 『도모유키』(한겨레출판사, 2005)를 보자. 이 소설은 역사학자인 나에게 임진왜란을 이해하는 방식과 깊이에서 큰 충격을 주었다.
18 〈한겨레〉 2007년 5월 14일(월)자, 사설, 「'노동'에 대한 이명박 전 시장의 위험한 인식」.
19 〈한겨레〉 2007년 5월 26일(토)자, 사설, 「청와대, 혼자 옳다고 강변해선 안 된다」.
20 『한겨레21』 654호, 2007년 4월 5일 칼럼.
21 김시습이 지은 「금오신화金鰲新話」의 번역본도 몇몇 있지만, 특히 이문구의 소설 『매월당김시습』(문이당, 1992)을 권하고 싶다.
22 『매월당집梅月堂集』 권17(한국문집총간, 민족문화추진회, 13책) '신귀설'은 권20에 수록. 이덕일 칼럼의 '귀신설'은 '신귀설'의 착오인 듯하다.
23 『朱子語類』 권3, 「鬼神」. "神, 伸也; 鬼, 屈也. …… 鬼神, 不過陰陽消長而已. 亭毒化育, 風雨晦冥, 皆是. 在人則, 精是魄, 魄者鬼之盛也; 氣是魂, 魂者神之盛也. 精氣聚而爲物, 何物而無鬼神? …… 鬼神只是氣. 屈伸往來者, 氣也, 天地間無非氣. 人之氣與天地之氣, 常相接, 無間斷, 人自不見. 人心才動, 必達於氣, 便與這屈伸往來者相感通. …" 흔히 '귀신'에 대한 논의가 성리학의 집대성자라고 평가되는 주자에 의해 정립된 것으로 보지만, 사실은 주자의 귀신론조차도 그 이전부터 진행되어 오던 논의였다. 胡寅, 『崇正辯』 권1을 보면, 주자보다 20년 정도 선배인 호인은 그의 귀신론에 이미 주자의 귀신론과 같은 내용을 담고 있다.
24 『매월당집』 권17에 실린 '제3장 성리(性理第三)'를 보면 김시습이 분명 이기설로 성리학을 정리하고 있음을 알 수 있다.
25 '주기'란 말을 실록에서 검색하면, 딱 한 번 발견된다. 『효종실록』 권3, 1년 2월 22일(을사). "慶尙道進士柳稷等九百餘人上疏曰 …… 且珥之學, 專主氣字, 認氣爲理, 故以理氣爲一物, 而無復分別, 至以爲 '心是氣也. 四端七情, 皆氣之發.'"
26 다카하시 도오루 지음, 조남호 옮김, 『조선의 유학』, 소나무, 1999. 이런 도식은 이병도의 『한국유학사』(아세아문화사)에도 그대로 채택되었다.
27 『정종실록』 2년 10월 3일(갑오). "人受天地陰陽以生, 陰陽則鬼神, 其生者神也, 其死者鬼也. 人之動靜呼吸, 日月盈虧, 草木開落, 莫非鬼神之理."

28 이덕일, 〈한겨레21〉 645호, 2007년 1월 26일.
29 이 책의 5장 「오래된 미래, 조선 성리학」을 참고.
30 『中庸』, "誠者, 天之道也;誠之者, 人之道也." 중용은 우리가 잘 아는 『예기禮記』 31장의 편명이었다가, 주자가 '중용장구中庸章句'로 편집하면서 주註를 닮으로써 '사서四書'의 하나가 되었다.

8. 역사바로세우기 - 단종과 사육신

1 세조가 자신의 제갈량이라고 부른 인물은 양성지梁誠之였다고 한다. 양성지는 세조가 자신을 그만큼 아꼈다는 증언으로 실록청에 제출했다. 그러나 사관은 세조가 양성지에게 농담한 것이라고 적고 있다. 『성종실록』 권142, 13년 6월 11일(무신).
2 얼마 전 어느 도서관 서지 정보에서 숙종 때 출간된 『삼학사전』에 '숙종어제'가 붙어 있는 것을 보았다. 물론 『삼학사전』은 숙종 때 송시열이 편찬하기는 했지만, 숙종어제가 첨부되어 있는 이상 이 '판본'이 숙종 때 출간되었다고 할 수 없다.
3 『資治通鑑綱目』, 「凡例」, 보경문화사 영인본, 11쪽. "識稱王者曰 某君某."
4 이 뒤로 시간 구획과 인식이란 주제로 글을 쓴 적이 있다. 오항녕, 「조선시대의 시간 : 구획과 층위」, 『민족문화연구』 40, 2004.(오항녕, 『朝鮮初期 性理學과 歷史學』, 고려대 민족문화연구원, 2007에 재수록) 『시간의 종말』(끌리오, 1999)에 수록된 스티븐 제이 굴드의 「2000년과 시간의 층위들」 및 움베르토 에코의 「모든 유익한 것들을 위해」도 참고할 만하다.
5 전두환과 노태우는, 김영삼 정부 출범 후 1994년 권력을 이용해 기업 등에서 비자금을 거둔 혐의를 조사받고 1995년 12·12사태와 5·18 광주민주화운동 유혈 진압, 수천 억 원에 이르는 대통령 비자금 사건으로 구속, 수감되었다. 1997년 4월 17일 대법원에서 둘 다 징역 및 추징금 2천여 억 원을 선고받았다. 그러나 1997년 12월 18일 제15대 대통령선거에서 김대중 후보의 승리로 최초의 여·야 간 정권교체가 실현되자, 나흘 뒤인 12월 22일에 김영삼은 이들을 특별사면하고 풀어주었다.
6 최규하는 박정희 대통령이 죽은 뒤, 국무총리로 대통령직을 승계받았다. 그러나 그는 스스로 대통령직을 내놓고 전두환 정권의 탄생을 도왔다.
7 『세조실록』 권2, 원년 10월 13일(을묘).
8 『성종실록』 권89, 9년 2월 24일(정사). 김질이 죽었을 때, 졸기卒記에는, "김질은 풍의風儀가 아름답고 언론言論을 잘했으며, 부모를 효성으로 섬기고 형제를 우애友愛로 대했다."고 했고, 이에 대한 사신의 평에, "김질의 사람됨은 기국器局이 관후하고, 어진이를 좋아하고 선비를 좋아해서 재상의 풍도가 있었으나, 나라를 경륜하는 일은 잘 못했다."라고 했다.
9 여기서 주의! 사육신이나 생육신에 들어가는 인물이 누구냐를 놓고 문중들끼리 설왕설래가

있는 모양이다. 그러나 이 문제야말로 손가락이 아니라 달을 보아야 할 사안이다. 자기 조상이 사육신이네, 생육신이네 하는 문중치고 변변한 문중 없다. 그럴 수밖에. 이는 스스로 떠벌일 일이 아니라, 남들이 인정해줄 일이기 때문이다.
10 연산군 때의 폭정은 벽초 홍명희의『임꺽정』(사계절) 1권에 아주 생생하게 설명되어 있다.
11 『중종실록』권29, 12년 8월 5일(무신).
12 『현종실록』권17, 10년 8월 18일(무인).
13 『숙종실록』,「附錄」.
14 『숙종실록』권32, 24년 10월 24일(을축).

에필로그

1 『선조수정실록』권26, 25년 4월 14일(계묘).
2 오항녕,「통일시대 역사인식을 찾아서」, 김용옥 편,『삼국통일과 한국통일』, 통나무, 1993. 『朝鮮初期 性理學과 歷史學』(고려대 민족문화연구원, 2007)에 재수록.
3 라인하르트 코젤렉,『지나간 미래』, 문학동네, 1998, 64·102쪽.